Über dieses Buch Unter dem scheinbar ehrenwerten Vorwand, die innenpolitische Verfassung und die außenpolitische Bedeutung des größer gewordenen Deutschland neu zu vermessen, sind seit ein paar Jahren jüngere Rechtsintellektuelle dabei, auf überwunden geglaubte deutschnationale Traditionen zurückzugreifen und Begriffe wie »Nation« und »Mittellage« wieder diskussionsfähig zu machen. Ihre Argumente zielen explizit gegen einen liberalen, westlich geprägten Gesellschaftsbegriff, wie er sich zwischen 1949 und 1989 in der alten Bonner Republik herausgebildet hatte.

Diese neorechte politische Rhetorik, die sich der geistigen Bestände der Konservativen Revolution der zwanziger und dreißiger Jahre bedient, trifft in Deutschland zunehmend auf Verständnis und findet Resonanz nicht nur im traditionell konservativen Lager, sondern auch in der bürgerlichen Mitte, so daß man von einem neuen Extremismus der Mitte sprechen kann.

Die Autorinnen und Autoren dieses Bandes leuchten vor allem das publizistische Umfeld dieses beunruhigenden Phänomens aus und zeigen, daß der Extremismus der Mitte zwar nicht direkt verantwortlich ist für die offene Gewalt gegen Ausländer, Asyl-Suchende und andere Minderheiten, daß er aber gewissermaßen ein Ermutigungsklima herstellt, in welchem sich rechtsradikale Gewalttäter aufgehoben fühlen dürfen.

Der Herausgeber Hans-Martin Lohmann, geboren 1944, ist leitender Redakteur der Fachzeitschrift *Psyche*.

Buchveröffentlichungen: *Das Unbehagen in der Psychoanalyse* (Hg., ^{2}1985), *Die Psychoanalyse auf der Couch* (Hg., ^{2}1986), *Alexander Mitscherlich mit Selbstzeugnissen und Bilddokumenten* (1987), *Geisterfahrer. Blanqui, Marx, Adorno & Co.* (1989), *Freud zur Einführung* (^{3}1991), *Marx zur Einführung* (zus. mit Ossip K. Flechtheim, ^{2}1992), *Psychoanalyse und Nationalsozialismus* (Hg. ^{2}1994). Zahlreiche Publikationen in Zeitschriften, Zeitungen und im Rundfunk.

Extremismus der Mitte

Vom rechten Verständnis deutscher Nation

Herausgegeben von Hans-Martin Lohmann

Mit Beiträgen von
Lothar Baier, Helga Cremer-Schäfer, Ulrich Hausmann,
Joachim Kersten, Dieter Rudolf Knoell, Otto Köhler,
Wolfgang Kraushaar, Andreas Kuhlmann, Dirk van Laak,
Ludger Lütkehaus, Klaus Naumann, Elke Schmitter,
Norbert Seitz, Volker Ullrich, Hans-Ulrich Wehler,
Wolfram Wette und Maria Zens

Fischer
Taschenbuch
Verlag

Lektorat: Walter H. Pehle

Originalausgabe
Veröffentlicht im Fischer Taschenbuch Verlag GmbH,
Frankfurt am Main, September 1994

Der Abdruck des Beitrages von Helga Cremer-Schäfer
«Gewaltige Moral-Panik» erfolgt mit freundlicher Genehmigung der
Redaktion *links*, 25/1994, Heft 4, S. 30 ff.
Gesamtherstellung: Clausen & Bosse, Leck
Printed in Germany
ISBN 3-596-12534-0

Gedruckt auf chlor- und säurefreiem Papier

Inhalt

Hans-Martin Lohmann

Von der Gesellschaft zur Nation – ein deutscher Sonderweg

»Wer kein Selbstbewußtsein hat, braucht wohl ein Nationalbewußtsein.« (Lisa Fitz)

»Und wenn die deutsche Nation sich verkrampft, ist es Zeit, Alarm zu schlagen.« (Christian Meier)

1

Ist es wirklich Zeit, Alarm zu schlagen? Die Frage ist doch, ob die in einer Flut von Publikationen geäußerten Besorgnisse über eine neue »Apo von rechts« (Hans Sarkowicz), die an die der späten Weimarer Republik gemahnt, über gewisse »Türöffner von rechts« (Otto Köhler), die an Ideen und Phantasien der Konservativen Revolution anknüpfen, tatsächlich am Platz sind. Ob wir die nationalistischen »Gurus und Irrlichter« (Hans-Ulrich Wehler), deren programmatische Umdeutungen und Umdichtungen der deutschen Geschichte des 20. Jahrhunderts nicht selten die Grenzen des Ridikülen berühren, überhaupt ernst nehmen müssen. Ob ein geistiger »Führer« wie Rainer Zitelmann, von Brigitte Seebacher-Brandt in der *FAZ* flugs zur »nationalen Berühmtheit« promoviert, mit seinen verschrobenen Ängsten vor dem Feminismus und anderen »westlichen« Zeiterscheinungen nicht eher eine komische Figur ist. Ob ein Gelehrter wie Ernst Nolte, der gewiß einmal bessere Zeiten gesehen hat – ich persönlich erinnere mich an einen vorzüglichen Deutsch- und Griechischunterricht zu Beginn der sechziger Jahre, ehe Nolte vom Gymnasium an die Hochschule wechselte –, noch den Anspruch erheben kann, mit

Veröffentlichungen zum reaktiven und abgeleiteten Verbrechen des Nationalsozialismus aus dem Geiste des bolschewistischen Massenterrors für voll genommen zu werden. Ob man neorechte Zeitschriften wie *Junge Freiheit*, in denen Funktionäre der rechtsextremen Szene, vergessene Ritterkreuzträger und der politisch verwirrte Dichter Botho Strauß wahllos nebeneinander gestellt und gewürdigt werden, wegen erwiesener intellektueller Inkompetenz nicht einfach ignorieren sollte. Ob man Redakteuren der *FAZ*, die in schöner Regelmäßigkeit ihr Faible für Carl Schmitt entdecken, nicht besser den Rat geben sollte, es einmal mit Autoren und Lektüren zu versuchen, bei deren Behandlung man weniger Gefahr läuft, sich unsterblich zu blamieren. Ob schließlich – und hier sind wir beim ernstesten, vielleicht dem einzig ernsten Punkt angelangt – die grassierende Fremdenfeindlichkeit und der neu erwachte Antisemitismus in Deutschland, welch letzterer bekanntlich fast gänzlich ohne Juden auskommen muß, nicht hauptsächlich ohnmächtige Reaktionen einer Bevölkerung sind, die zutiefst verunsichert ist durch den Wegfall des übersichtlichen, identitätstiftenden Ost-West-Gegensatzes und die Heraufkunft einer »neuen Weltordnung«, von der niemand sagen kann, welche Gestalt sie einmal annehmen wird, sowie durch eine schwere ökonomische Anpassungskrise an die Realitäten der »posthistorischen« freien Marktwirtschaft und die damit verbundenen enormen Modernisierungszumutungen. Ob, mit einem Wort, das widerwärtige Grölen sozial deklassierter und politisch verhetzter Jugendlicher einerseits, das Geraune jungkonservativer Publizisten über »Nation«, »Westbindung« und deutsche »Schuldmetaphysik« (Karlheinz Weißmann) andererseits nicht doch in erster Linie das – zugegebenermaßen wenig appetitliche – Ergebnis oder genauer: Symptom der deutschen Vereinigungsneurose sind.

Diese Neurose ist so offenkundig und ihre Herkunft so banal, daß man mit einiger Berechtigung hoffen kann, sie werde sich eines Tages in dem Maße erledigen, wie es den Deutschen gelingt, die ökonomischen, politischen und moralischen Härten der Vereinigung zu überwinden und, eingebunden in die transnationalen politischen Institutionen des Westens, zu den Selbstverständlichkeiten des Gesellschaftlichen zurückzufinden. Denn das Prinzip der Gesellschaftlichkeit, von den Deutschen spät angenommenes Erbe der Aufklärung und der Französischen Revolution, dem die alte Bundesrepublik ihren gruppen- und parteienübergreifenden Konsens verdankte, ist vier Jahre nach der Vereinigung der beiden deutschen Staaten keineswegs verschwunden, sondern von der künstlichen Rhetorik des Nationalen und des »Rückrufs in die Geschichte« bloß überschattet. Auch das neuerdings wieder virulente Gerede von der deutschen Mittellage und daran anschließende geopolitische Spekulationen sollten nicht darüber hinwegtäuschen, daß die Zukunft Deutschlands und Europas andere Fragen bereithält als jene, welche die neorechten Vordenker auf die Tagesordnung setzen wollen. So gesehen dürfte sich die Aufregung legen, sobald die gravierendsten Folgen der Vereinigungskrise und der kapitalistischen Modernisierung der Wirtschaft sozial gemildert sind und sofern die Bundesrepublik an ihrer europäischen Option strikt festhält. Es könnte sogar sein, daß dieser Staat unter dem Druck der öffentlichen Meinung doch noch lernt, sein Gewaltmonopol gegen rechte Straftäter ebenso rigoros durchzusetzen, wie er es gegen linke zu tun gewohnt ist. Die Aussichten stehen so schlecht nicht.

2

Ein bißchen mehr Gelassenheit also? Es gibt Gründe, eine solche Haltung zu empfehlen, zumal der Blick über den deutschen Zaun lehrt, daß die beklagten Phänomene – Xenophobie, Antisemitismus, Nationalismus – keineswegs auf Deutschland beschränkt sind. Daß es rechtspopulistische Stimmungen und Strömungen in Frankreich, Italien, Großbritannien und anderswo gibt, die das Mißbehagen an der politischen Klasse und ihrer Korruptheit – oft zu Recht – schüren, für eine große Koalition der Parteiverdrossenen werben und dumpfe Gefühle gegen alles Fremde und irgendwie Nicht-Homogene anrufen, braucht man niemandem zu sagen. Insofern entsprechen die deutschen Verhältnisse dem europäischen Durchschnitt.
Daß dieses Buch überhaupt entstanden ist, ist freilich Indiz genug dafür, daß die Dinge komplizierter und beunruhigender sind – gerade in Deutschland. Im Unterschied zu den großen westlichen Demokratien, die auf wohlverankerte republikanische Institutionen und Tradi-

tionen zurückgreifen können und die ein Bild des Citoyen und der Bürgergesellschaft entworfen haben, das zwar nicht gänzlich krisenresistent ist, aber im Ernstfall die bedrohlichen Gegenbilder des völkischen *ius sanguinis* und des chauvinistischen Nationalismus zu überbieten vermag, stehen Demokratie und Republikanismus in Deutschland immer noch auf schwachen Füßen. Daran haben auch die, alles in allem guten, Erfahrungen mit den vierzig Jahren der alten Bonner Republik offenbar nichts ändern können. Wie prekär das Verhältnis der Deutschen zur zweiten Republik und deren demokratisch gezügeltem Machtverständnis geblieben ist, zeigt sich im nachhinein an der Verächtlichkeit, mit welcher Rechtsintellektuelle und einige Geschichtsprofessoren über die vier Jahrzehnte einer »Schönwetter-Demokratie« herziehen – als sei die westdeutsche Nachkriegsgesellschaft ein Kinderparadies gewesen und als hätten sich die Bonner Politiker machtfernen Sandkastenspielen hingegeben.

Nimmt man jene Stimmen auch nur halbwegs ernst, die ein revidiertes Verständnis der Nation, nationaler Verantwortung, deutscher Aufgaben in Europa und in der Welt anmahnen, und verbindet sie mit dem Cantus firmus all derer, die seit Jahren ein Programm der sozialen Kälte und der Fremdenabwehr predigen, um den »Standort Deutschland« und die Identität der deutschen Kulturnation zu sichern, kann man sich dem Eindruck nur schwer entziehen, daß die Epoche zwischen 1949 und 1989 lediglich als Zwischenspiel, als Transitorium begriffen wird, sozusagen als deutscher Sonderweg, mit dem jetzt Schluß gemacht werden müsse.

Jürgen Habermas hat, anläßlich einer neuerlichen Beschäftigung mit dem »Avancierriesen« Carl Schmitt, diese Beobachtung zu der Formulierung von einem »Bedürfnis nach deutschen Kontinuitäten« verdichtet. Nachdem sich der Rauch über dem Zusammenbruch der staatssozialistischen Gesellschaften Osteuropas und über der deutsch-deutschen Vereinigung verzogen hat, zeigt sich, daß dieses Bedürfnis in einem Maße virulent geblieben ist, wie man sich das noch vor ein paar Jahren nicht vorstellen konnte.

Inzwischen versteht man besser, warum die neokonservative und rechte Publizistik, von der *FAZ* bis zu *Criticón*, zur Hatz auf die Generation von 1968 bläst. Neben persönliche Motive des Gekränktseins –

ganz offensichtlich im Fall Ernst Noltes, aber wohl auch in dem der Brigitte Seebacher-Brandt – tritt der umfassendere Wunsch nach Abrechnung mit einer Generation, die wie keine deutsche vor ihr mit der heroischen Semantik des Machtstaates, der Nation und der deutschen Mittellage gebrochen hat. Zu dieser Leistung, die gewiß durch das politische Interesse der westlichen Siegermächte, deutsche Eigenbröteleien ein für allemal zu unterbinden, und durch die Konstellation des Kalten Krieges begünstigt wurde, bedurfte es der Erfahrung zweier verlorener Weltkriege und jener deutschen Untat, für welche der Name Auschwitz steht. Der Aufbruch von 1968 war der Aufbruch einer Jugend, die, um 1945 geboren, wie selbstverständlich im Geiste der westlichen Zivilisation aufwuchs und die keine Schwierigkeiten damit hatte, deren, gewiß nicht nur positive, Errungenschaften zu adaptieren – wer die sechziger und siebziger Jahre wachen Auges miterlebt hat, weiß, wovon die Rede ist. Daß die Linke in der Zeit der alten Bundesrepublik »Trägerin eines antiwestlichen Ressentiments« (Dan Diner) gewesen sein soll, kann nur einer behaupten, dem einiges durcheinandergeraten ist: Der politisch und moralisch begründete Protest gegen die amerikanische Kriegsführung in Vietnam sowie eine linke Kapitalismuskritik, die sich mit einer gewissen Plausibilität an die imperialistischen Vereinigten Staaten, aber weiß Gott nicht nur an sie heftete, ging einträchtig zusammen mit der vorbehaltlosen Öffnung für die historischen und kulturellen Erfahrungen des Westens. Natürlich gab (und gibt) es linke Stimmen, deren kapitalismuskritischer Basso ostinato gelegentlich in den Diskant eines generellen »antiwestlichen Ressentiments« umschlug, bis hin zu einem pseudopolitisch maskierten Antisemitismus; das soll nicht verschwiegen werden. Aber sie zählen wenig im Vergleich zu der Bereitschaft der Achtundsechziger, das politische und kulturelle Erbe des Westens anzutreten. Im übrigen ist nicht einzusehen – und darauf hätte man von jemandem wie Diner gerne eine Antwort –, warum sich mit dem historischen Sieg des Westens über den Kommunismus jede Kapitalismuskritik erledigt haben soll. Die Gefahr, daß diese Kritik als »antiwestliches Ressentiment« wahrgenommen wird, scheint mir nur bei denen gegeben, die sich von der Anstrengung des Begriffs und der Arbeit des Differenzierens verabschiedet haben. Erst jüngst hat der amerikanische Gelehrte Noam Chomsky mit seiner Studie über *Wirt-*

schaft und Gewalt (1993) überzeugend demonstriert, daß die Kritik von (kapitalistischer) Wirtschaft und Gewalt nichts mit antiwestlichen Vorurteilen zu tun hat. Oder ist ein linker Amerikaner ein Antiamerikaner?

Es gehört zu den Eigentümlichkeiten des Generationenkonflikts, daß sich die Söhne von den machthabenden Vätern abwenden und sich mit den Werten der machtlosen Großväter identifizieren. Das ist durchaus buchstäblich zu nehmen und artikuliert sich entsprechend in der politischen Rhetorik der neorechten Vordenker. Daß sie *jung* sind, werden sie nicht müde zu betonen, und daß sie der gesellschaftstheoretischen Rede und der nachmetaphysischen kommunikativen Vernunft der pragmatisch gewordenen Achtundsechziger überdrüssig sind, daraus machen sie kein Hehl. So kommt es mit einer gewissen Folgerichtigkeit dazu, daß in einer historischen Situation, die durch einen epochalen Bruch gekennzeichnet ist, welcher Deutschland in seine alte europäische Mittellage zurückzuzwingen scheint, die Söhne eine Kontinuität beschwören, die zuletzt die Großväter – die Flakhelfergeneration Helmut Schmidts – verkörpert hatten und die 1945 abrupt unterbrochen worden war. An die Stelle der »Gesellschaft«, die, als Antwort auf die Katastrophen des Jahrhunderts, von den verwestlichten Vätern ins Spiel gebracht worden war, tritt wieder die »Nation« der Großväter – »Die Nation denken« heißt denn auch ein programmatischer Beitrag Karlheinz Weißmanns in der *FAZ*. Vom Denken der Nation erwartet sich der Theoretiker der Konservativen Revolution die Lösung der »Krise der Gesellschaft«, und diese Krise, daran läßt er keinen Zweifel, geht auf das Konto der Linken, der Achtundsechziger: »Die forcierte Atomisierung, die Zerstörung aller spontanen Ordnungen durch gesetzliche Regeln, die Mißachtung der Überlieferung und der kulturellen Bindungen im Gefolge eines bewußt herbeigeführten Wertezerfalls und die Diskreditierung aller quiritischen Tugenden und der Institutionen waren Elemente eines hybriden Planes, an dem die Bürgerlichen natürlich auch Anteil hatten, der aber im Kern auf die Fortschrittsoptimisten der anderen Seite (der Linken, HML) zurückgeht.«

Den verschwörungstheoretischen Unsinn (»hybrider Plan«) dieser Aussage kann man getrost ignorieren. Schon weniger nachsichtig sollte man mit der Behauptung umgehen, die Atomisierung der Gesellschaft sei von der Linken »forciert« und der allseits beklagte »Wertezerfall« von ihr »herbeigeführt« worden. Selbst bei den jungen Rechten sollte sich inzwischen herumgesprochen haben, daß all jene Erscheinungen, die die zeitgenössische Soziologie mit dem Begriff der »Individualisierung« zusammenfaßt, nicht das Produkt linker Weltverbesserer ist, sondern das einer Wirtschaftsform, welche Atomisierung, Wertezerfall und »Zerstörung aller spontanen Ordnungen« geradezu erzwingt. Die ökonomische Logik, nach welcher im Kapitalismus der gesellschaftliche Reichtum (und die gesellschaftliche Armut) erzeugt wird, fragt nicht nach den Ordnungen der Familie und des sozialen Zusammenlebens, nicht nach Gültigkeit und Erhaltungswürdigkeit geistiger Traditionen und kultureller Bestände, nicht nach Individual- und Gruppenbiographien und deren Schicksalen. Daß unter dem Imperativ des *Enrichissez-vous*, der längst auch die Kindergärten und Schulen erfaßt hat, überkommene Werte pulverisiert werden und die »quiritischen Tugenden« auf der Strecke bleiben: wen kann es wundern bei einer Form der Reichtumsproduktion, die spätestens seit dem Fall der Mauer als sakrosankt gilt und somit jeder Kritik entzogen ist. Die intellektuelle Neorechte will »die Nation denken«, um dem Desaster der Gesellschaft beizukommen – um wieviel näher an der Sache wäre sie, wenn sie erst einmal den globalen Kapitalismus dächte.

Wenn man über die Hintergründe und Motive rätselt, von denen die Jungrechten getrieben werden, stößt man nicht nur auf das naheliegende Bedürfnis nach Emanzipation von der Vätergeneration, die in ihren Augen die Bundesrepublik völlig beherrscht (»Heute sind die 68er auf dem Höhepunkt ihrer Macht«, so Zitelmann im Sommer 1993). Man stößt auch, wie es Heinz Bude kürzlich formuliert hat, auf das Bedürfnis, »die westliche Ironie mit östlicher Tragik aufzufüllen«. In der Tat ist der schwerblütige, wenn auch definitorisch verschwommene Begriff der Nation besser als der luftige, rationale Gesellschaftsbegriff geeignet, der Seichtheit der kollektiven Existenz unterm Kapitalismus zu entkommen und dem Leben Leidenschaft, Dramatik, ja Tragik zurückzugewinnen. Der antiwestliche Affekt der neuen Rechtsintellektuellen, der sie auf eine von ihnen wohl kaum beabsichtigte Weise mit exkommunistischen Intellektuellen wie Heiner Müller verbindet, bezieht seine Kraft aus einer spezifisch deut-

schen Tradition und Seelenlage, die seit 200 Jahren an der gesellschaftlichen Moderne leidet.
Mitten im Ersten Weltkrieg, 1915, veröffentlichte Werner Sombart, ein heute leider weithin vergessener Wirtschaftshistoriker, eine bemerkenswerte Schrift, *Händler und Helden*, worin er die deutsche Befindlichkeit auf den Punkt brachte. Der Westen – das ist die Welt der Konzernherren und der Bankiers, des Geschäfts und des Geldes, des Tauschens und des Feilschens, kurz, des schnöden Materialismus, eben der Zivilisation. Deutschland – das ist der Kosmos der Dichter und Denker, tiefen Sinns und hoher Werte, heldenhafter Daseinsbewältigung und tragischer Lebensgefühle, kurz, der erhabenen Metaphysik, eben der Kultur. Noch in der Friedrich-Biographie (1928) des jüdischen Historikers Ernst Kantorowicz, der wenig später emigrieren mußte, werden zu Beginn »unsere« Kaiser und Helden angerufen, gleichsam als die Schutzheiligen des »geheimen Deutschland«, das für Nation und Reich einsteht, jenseits der banalen Physik des bloßen Sozialen. Männer wie Sombart und Kantorowicz, was immer sonst sie real getrennt haben mag, sind Repräsentanten einer persistierenden deutschen Gefühlslage, die den Zumutungen der Moderne entkommen will, indem sie die Leerstelle, die ein freilich nur um den Preis der Regression umkehrbarer Säkularisationseffekt hinterläßt, mit »Sinn« zu füllen trachtet. Auch Weißmann möchte endlich wieder von »Helden« und »Ehre« sprechen dürfen, ohne deshalb zur Raison gerufen zu werden.

Es ist nicht ohne Ironie: Während sich die deutsche Linke *cum grano salis*, bei allerdings stark ermäßigter Kapitalismuskritik, mit der untragischen liberalen Kultur des Westens längst ausgesöhnt hat, klagt die Neorechte mit der Rehabilitierung von »Nation«, »Staatsgesinnung« (Ernst Forsthoff) und »Mittellage« etwas ein, dessen Fundament sie selber zu zerstören hilft, indem sie jenes Produktionsverhältnis, das Nation, Tradition und Geographie ebenso hinwegfegt, wie es für die globale Bedrohung der natürlichen und sozialen Umwelt verantwortlich ist, nicht nur unangetastet läßt, sondern sogar blind affirmiert. Diese widersprüchliche Melange aus radikaler Affirmierung des wirtschaftlichen und technisch-wissenschaftlichen Fortschritts und radikaler Absage an die politischen und kulturellen Überlieferungen des Westens ist in der Tat ein deutsches Problem, das jetzt wieder auf die Tagesordnung kommt, nachdem es bereits gelöst schien.

Das Unbehagen der Jungrechten an einer durch und durch profanen und pragmatischen Gesellschaft, die von ihnen mit Vorliebe als eine solche mit »Vollkasko-Mentalität« diffamiert wird, und ihr Bedürfnis, an ältere Gefühlslagen anzuschließen, mag zudem mit dem Umstand zusammenhängen, daß die Bonner Republik in den siebziger und achtziger Jahren einen starken Feminisierungsschub erlebte: Zur westdeutschen Bürgergesellschaft zählten zunehmend auch die Frauen, was sich nicht nur auf einer symbolischen Ebene zeigte. Wenn man sich andererseits klarmacht, mit welcher Beharrlichkeit und Energie ein Mann wie der ehemalige *FAZ*-Herausgeber Joachim Fest, aber nicht nur er, dafür sorgte, daß der Name Carl Schmitts, dieses gar nicht »geheimen Principe« (Hanno Kesting) des *FAZ*-Feuilletons, stets präsent blieb und daß dort noch die trivialsten literarischen Hervorbringungen des greisen Ernst Jünger regelmäßig belobigt wurden, dann erhält man vielleicht einen ganz guten Eindruck davon, was es mit den Bedürfnissen nach deutschen Kontinuitäten auf sich hat. Mehr als andere Namen stehen diejenigen Schmitts und Jüngers für die Beschwörung des Machtstaates, des Nationalen und den Mythos der heroisch-männlichen Existenz. Noch in Fests Buch über seine Wanderungen durch Italien hallt das ästhetische Echo solcher Phantasmen nach.

Sind es auch Phantasmen, so fehlt es ihnen doch nicht an politischer Brisanz. Die national gefärbten Diskurse der neorechten Intellektuellen können in der gegenwärtigen Situation, die von Unsicherheit und Zukunftsängsten bestimmt ist, mit einiger Aussicht auf Erfolg an Affekte und Stimmungen appellieren, die in Deutschland nie ganz untergegangen sind. Anders als die großen Demokratien des Westens, in denen die »Vergesellschaftung der Nation« (Heinz Bude) zu einem Gutteil geglückt ist, steht die zweite deutsche Republik in der permanenten Gefahr, das wieder zu verspielen, was sie zwischen 1949 und 1989 an demokratischem Selbstverständnis, Gesellschaftlichkeit, Zivilität und Bürgersinn gewonnen hat. Deutschland ist wieder einmal dabei, sich zu verkrampfen und so jene »westlichen« Errungenschaften preiszugeben, denen es den Charme eines durchaus gewöhnlichen, eines nicht-exzeptionellen und unheroischen Gemeinwesens verdankt. Deshalb ist es Zeit, Alarm zu schlagen.

3

Der Titel des vorliegenden Buches, *Extremismus der Mitte*, ist mit Bedacht gewählt. Es läßt sich mit Händen greifen, daß die jungrechten Theoretiker der Nation, mögen ihre Thesen bisweilen auch reichlich überspannt, ja bizarr wirken, keineswegs isoliert sind. Bis weit in die bürgerliche Mitte, bis weit in die Parteien und Institutionen, bis weit in die liberalen Medien hinein finden die nationalen Botschaften der neuen Rechten wenn nicht explizite Billigung und Zustimmung, so doch zumindest Duldung. Eine Flut von Publikationen, nicht nur der respektablen Häuser Ullstein und Siedler, in denen das Ende des Sozialstaats, die Wiederentdeckung der Nation als »Schutzgemeinschaft« (Wolfgang Schäuble) und Deutschlands Rückkehr auf die Weltbühne (Hans-Peter Schwarz) verkündet werden, popularisiert Einstellungen und Erwartungen, die nichts Gutes ahnen lassen. Innen- wie außenpolitisch soll endlich Remedur geschaffen werden. Die neuen Asylregelungen geben lediglich einen Vorgeschmack dessen, was die Extremisten der Mitte zu bieten haben, falls man ihnen den Weg von der Gesellschaft zurück zur Nation nicht entschieden verlegt. Es ist pure Heuchelei, wenn diejenigen, die nicht müde werden, über die angeblich bedrohte »Identität« der Deutschen und Deutschlands öffentlich zu räsonieren, so tun, als gehe sie die fremdenfeindliche Gewalt auf der Straße nichts an. Wenn etwa die *FAZ*, deren Kolumnisten das Ihre dazu beigetragen haben, den rechten Extremismus in der reputierlichen bürgerlichen Mitte salonfähig zu machen, über ein Treffen des Bundeskanzlers mit Unternehmern berichtet und kommentarlos deren Bemerkung abdruckt, Ausländer und Asylanten »würden schon besser behandelt als die Deutschen selbst«, dann dürfen die, die nicht mit Worten, sondern mit Brandsätzen hantieren, sich durchaus ermutigt fühlen. Um ein letztesmal die *FAZ* zu zitieren: »Die Ursachen für die gewalttätige Fremdenfeindlichkeit liegen nach Auffassung Schnoors (des derzeitigen Innenministers von Nordrhein-Westfalen, HML) ›mitten in unserer Gesellschaft‹. Die Täter ›greifen das auf, was viele denken und sagen, und sie übersteigern dies zu mörderischer Gewalt‹.«

Der Extremismus der Mitte hat viele Gestalten und viele Namen – und er hat auch eine Geschichte, real wie begrifflich. In seinem einleitenden Beitrag legt Wolfgang Kraushaar detailliert dar, welchem sozialhistorischen und soziologischen Kontext Phänomen und Begriff eines Extremismus der Mitte entstammen. Volker Ullrich nimmt sich des sogenannten Weimar-Syndroms an und zeigt Parallelen und Ähnlichkeiten zwischen der damaligen und heutigen Parteienverdrossenheit in Deutschland auf, die von der Neorechten aggressiv popularisiert und politisch instrumentalisiert wird. Klaus Naumann geht der Frage nach, worin der Gründungskonsens der alten Bundesrepublik bestand und mit welchen Argumenten die jungen Rechten um Zitelmann versuchen, diesen demokratischen Konsens als den eigentlichen deutschen Sonderweg darzustellen, dem es nun, nach erfolgter »Normalisierung«, abzuschwören gelte. Die Aufsätze von Dirk van Laak und Maria Zens nehmen konkret jene Publikationen unter die Lupe, die, vorwiegend im Hause Ullstein/Propyläen verlegt, die Westbindung Deutschlands in Frage stellen, eine »zweite Schuld« (Ralph Giordano) bestreiten und den Faschismus als eine Keule der Linken betrachten, die man ihr aus der Hand schlagen müsse. Elke Schmitter schließlich macht sich Gedanken über die Tatsache, daß im Milieu der neuen Rechten Frauen weder vorkommen noch vorgesehen sind, wenn man von Brigitte Seebacher-Brandt absieht.

Hans-Ulrich Wehlers Beitrag (der in einer gekürzten Version bereits im *Spiegel* zu lesen war) prangert die Unbelehrbarkeit eines Ernst Nolte an, der sich auch durch empirische Einwände nicht von seiner These abbringen läßt, der Nationalsozialismus und seine Verbrechen seien eine Art Notwehrmaßnahme gegen die Fundamentalbedrohung durch den Bolschewismus gewesen. Dieter Rudolf Knoell nimmt sich neuere Veröffentlichungen des Frankfurter Soziologen Karl Otto Hondrich vor (*Lehrmeister Krieg*) und enttarnt diesen als einen geradezu typischen Vertreter des Extremismus der Mitte, der im seriösen Habit des Professors mit der Lunte spielt. Auch der *Spiegel*-Herausgeber Rudolf Augstein muß sich, von Norbert Seitz, daran messen lassen, was ihm in den letzten Jahren zur deutschen Westbindung, zu Frankreich, zum Antisemitismus und zum »Historikerstreit« eingefallen ist. Otto Köhler sucht und findet in Leben und Werk des neuen Bundespräsidenten Roman Herzog (und seines Lehrers Theodor Maunz) jene deutschen Kontinuitäten, welche die vierzig Jahre der Bonner Republik problemlos überdauert haben.

Wolfram Wette und Ludger Lütkehaus beschäftigen sich in ihren Beiträgen mit der von der liberalen Öffentlichkeit viel zu wenig beachteten Frage, welche Aufgaben die Planungsstäbe der Bundeswehr der deutschen Armee für die Zukunft zuweisen, welche Rolle der Generalinspekteur Klaus Naumann bei diesen Planungen spielt und in welchem Maße die Wehr, einst als demokratische Armee (»Bürger in Uniform«) konzipiert, als außen- und sicherheitspolitisches Instrument sich remilitarisiert und neue (Macht-)Ansprüche an die Gesellschaft stellt. Die Aufsätze von Andreas Kuhlmann, Helga Cremer-Schäfer und Joachim Kersten kreisen, mit unterschiedlicher Akzentsetzung, um das die Gemüter erhitzende Problem der Gewalt. Alle drei plädieren angesichts der Grobschlächtigkeit, mit der allenthalben Gewaltszenarien beschworen (oder auch erfunden) werden, für eine Sublimierung der Diskussion, die als entsublimierte nur jenen in die Hände arbeitet, die schon immer für *Law and Order* eintraten.

Der Blick über die Grenze kann helfen, die eigene Situation besser zu verstehen dadurch, daß man sie in einen größeren Kontext rückt. Lothar Baier hat nach Frankreich geschaut und dabei festgestellt, daß bei der »Nouvelle Droite« trotz Kostümwechsel alles beim alten geblieben ist. Ulrich Hausmann schildert die italienischen Verhältnisse im Lichte der jüngsten politischen Umbrüche, die zur Etablierung einer rechten Regierungskoalition unter Einschluß der Neofaschisten geführt haben.

Extremismus der Mitte, Nation, Sonderweg

Wolfgang Kraushaar

Extremismus der Mitte

Zur Geschichte einer soziologischen und sozialhistorischen Interpretationsfigur

1

Die Offensive von rechts hat die bundesdeutsche Gesellschaft in ihrem Selbstverständnis wie kaum ein anderer Vorgang herausgefordert. Jede Anschlagwelle hat eine neue Dramatisierung des Öffentlichen ausgelöst. Insbesondere die sich wiederholende Erfahrung, daß die Sicherheitsorgane untätig blieben und den angegriffenen Nicht-Deutschen keinen Schutz boten, hat bei Teilen der Bevölkerung zu einer tiefen Verunsicherung in ihrem Verhältnis zum Staat geführt. Das Versagen der Polizei- und Justizbehörden in Kombination mit dem undurchsichtigen Verhalten eines Großteils der politischen Klasse, deren Vertreter sich zu kaum mehr als Lippenbekenntnissen bewegen ließen, hat zahlreiche Spekulationen über den politischen Kurs ausgelöst, den das vereinigte Deutschland eingeschlagen hat.

In den Diskussionen, Kommentaren, Einschätzungen und Analysen wurden die unterschiedlichsten soziologischen, politikwissenschaftlichen, sozialpsychologischen und pädagogischen Erklärungsansätze bemüht, um die naheliegenden Fragen nach Tätern und Opfern, dem Verhältnis zwischen neuen und alten Bundesländern, den lokalen Milieus im einzelnen und der Jugendkultur im allgemeinen zu beantworten. Dabei rückte vor allem das Problem in den Vordergrund, wie das fragwürdige Verhalten der verantwortlichen Landes- und Bundespolitiker zu erklären sei. Unübersehbar waren nicht nur die Korrespondenzen, die es zwischen der Asylpolitik Wolfgang Schäubles, Klaus Wedemeyers und Edmund Stoibers und den »Ausländer-Raus«-Parolen der jungen Rechten im allgemeinen gab, sondern auch die Vielzahl von ermunternden Begleitkommentaren, Tatduldungen und ausgesetzten Strafverfolgungen, zu denen es an den Anschlagorten im besonderen kam.

Wie von einem unsichtbaren Magneten angezogen, rückte dabei eine These immer mehr ins Zentrum der Debatte: die These vom Extremismus der Mitte. Die rassistischen Aktionen, hieß es, würden nicht von Tätern begangen, die vom Rand der Gesellschaft kämen, sondern aus deren Mitte. Das, was als Aggressions- und Destruktionspotential ausgemacht werden könne, gehe nicht von der sozialen Peripherie, sondern vom Zentrum aus. Weil die Mehrzahl der Täter als integriert gelten müsse, könnten sich Politiker wie Wissenschaftler nicht länger mehr an der Erkenntnis vorbeimogeln, daß es sich bei den Schlägern und Brandstiftern um Exponenten einer gesellschaftlichen Normalität handle. Mit dieser radikalen These, so schien es, konnten sich der Nebel, der über den Ereignissen lag, durchdringen und einige Rätsel lüften lassen.

Sie richtete sich vor allem gegen die von Politikern seit Jahren bei rechtsradikalen Anschlägen immer wieder vorgebrachte Behauptung, sie seien von Einzel- bzw. Spontantätern, von denen sich außerdem viele in alkoholisiertem Zustand befunden hätten, verübt worden. So hatte Franz Josef Strauß etwa nach dem spektakulären Bombenanschlag auf das Oktoberfest in München im September 1980, bei dem 13 Menschen ums Leben gekommen waren, hartnäckig an der Hypothese festgehalten, daß es sich bei dem Attentäter um einen unpolitischen Einzeltäter handle, obwohl dessen Beziehungen zur rechtsterroristischen »Wehrsportgruppe Hoffmann« leicht nachweisbar waren.[1] Dieses Argument wurde in ähnlichen Fällen in geradezu stereotyper Weise vorgebracht. Indem damit ein organisierter politischer Zusammenhang erst einmal kategorisch bestritten wurde, hatte es eine entlastende Funktion für die jeweiligen Innenministerien sowie die zuständigen Polizei- und Staatsschutzbehörden. Darüber hinaus hatte es jedoch, was langfristig von noch größerer Bedeutung war, eine entpolitisierende Funktion, weil es einer gesellschaftlichen Debatte über das soziale Umfeld, die intentionalen und mentalen Hintergründe von Terroranschlägen den Boden entzog.

Daß die These vom Extremismus der Mitte innerhalb kürzester Zeit

1 Vgl. dazu Ulrich Chaussy, *Oktoberfest, Ein Attentat*, Darmstadt/Neuwied 1985

so viele Befürworter gefunden hat, liegt allerdings weniger an ihrer begrifflichen Stringenz als an den deutungsbedürftigen Umständen, die ihre Verwendung so nahegelegt haben. Vor allem das Menetekel von Rostock-Lichtenhagen, wo sich die bundesdeutsche Öffentlichkeit im August 1992 via Television fast eine Woche lang Abend für Abend die Attacken auf vietnamesische Familien ansehen konnte, hatte Wirkung gezeigt. Die pogromähnlichen Züge dieser Vorfälle[2] mitsamt den Anzeichen für eine Kumpanei zwischen Polizeiorganen und rechtsradikalen Drahtziehern, die bei Beobachtern vor Ort sogar die Vermutung nahelegten, daß es ein Stillhalteabkommen zwischen beiden Seiten gegeben haben müsse,[3] haben den Boden für die Verbreitung der These vom Extremismus der Mitte bereitet. Es ist also nicht auszuschließen, daß es sich dabei nur um ein weiteres Schlagwort in einer überaus deutungsbedürftigen Situation handelt.

Die Gefahren jedenfalls liegen auf der Hand. Der Mitte-Begriff ist mythologisch aufgeladen und der Begriff des Extremismus wegen seiner ideologischen Implikationen ebenfalls nicht unumstritten. Wenn beide miteinander kombiniert, in gewisser Weise sogar kurzgeschlossen werden, könnten sich die in ihnen enthaltenen irrationalen Momente sogar potenzieren. Semantisch spricht zunächst kaum etwas für eine solche Begriffskombination. Durch ihre Verwendung könnte unter Umständen mehr Verwirrung als Aufklärung gestiftet werden. Nicht zuletzt auch deshalb, weil die mit ihm zum Ausdruck gebrachte Vorwurfsstruktur den Extremismusverdacht zunächst einmal totalisiert. Indem keine politische Strömung, Bewegung, Organisation oder Partei mehr von der Suche nach den gesellschaftlichen Wurzeln der Fremdenfeindlichkeit ausgeschlossen wird, kann es zu einem Relativismus bei den verursachenden Faktoren kommen. Eine solche Pauschalisierung in der Zuschreibung des antidemokratischen Gefahrenpotentials würde die Ratlosigkeit jedoch nur verstärken.

Auch ohne daß in diesem Zusammenhang eine Debatte über eine empirisch gesicherte Verwendung des Begriffs Extremismus der

2 Vgl. dazu Hajo Funke, *Brandstifter. Deutschland zwischen Demokratie und völkischem Nationalismus*, Göttingen 1993

3 So z. B. Bernd Siegler, Oliver Tolmein und Charlotte Wiedemann, *Der Pakt. Die Rechten und der Staat*, Göttingen 1993

Mitte bislang geführt worden ist, läßt sich sagen, daß bisher insgesamt vier Ansätze erkennbar sind, in denen mit ihm implizit oder explizit operiert wird. Es sind dies:

1. einer zur Kennzeichnung der sozialen Herkunft der Täter;
2. einer zur Identifizierung der Komplizenschaft zwischen Tätern und Politikern, besonders zwischen rechtsradikalen Drahtziehern und staatlichen Behörden;
3. einer zur Charakterisierung moderner rechtspopulistischer Parteien und
4. einer zur Analyse reaktualisierter rechtskonservativer Ideologien.

Obwohl alle vier in der gegenwärtigen Diskussion verwendeten Varianten von einem Extremismus der Mitte mehr als nur gewisse Plausibilitäten für sich beanspruchen können, bleibt die Reichweite ihrer Aussagen doch begrenzt. Mit ihrem jeweiligen Erklärungsansatz beziehen sie sich zwar auf Nervenpunkte der sozialen, staatlich-administrativen und parteipolitischen Problematik, können dabei jedoch immer nur Segmente des Gesamtzusammenhangs bestimmen: entweder das Sozialprofil der Täter, die verdeckt ablaufenden institutionellen Beziehungen zwischen Behörden und rechten Gewalttätern, die Rolle von rechtspopulistischen Parteien in unserem politischen System oder die erneut anwachsende Bedeutung rechtskonservativer Ideologien im gesellschaftlichen Selbstverständnis. Erfaßt werden kann mit ihnen weder ein sozialer Struktur- noch ein politischer Systemzusammenhang. Dort, wo es sich bei ihnen um solche Konnexe dreht, handelt es sich immer nur um Ausschnitte. So relevant diese auch sein mögen, die daraus gewonnenen Erkenntnisse dürfen nicht einfach verallgemeinert und zu einem Gesamturteil von Politik und Gesellschaft nach der deutschen Einheit hochstilisiert werden. Die Tatsache, daß sich Extremismen der Mitte empirisch belegen lassen, darf nicht dazu führen, daß diese Formel unbegründet auf die Bundesrepublik als ganze übertragen wird. Der theoretische Wert der vier genannten Ansätze ist in Einzelaspekten sicher nicht von der Hand zu weisen, ihre gesellschaftspolitische Erklärungskraft aber nur begrenzt.

2

Von weiterreichenden soziologischen und politikwissenschaftlichen Interpretationsfiguren ist dagegen in der gegenwärtigen Debatte über die Ursprünge und die Bedeutung rechter Gewalt- und Mordtaten zu wenig Gebrauch gemacht worden. Insbesondere ist auf ein Theorem nicht zurückgegriffen worden, in dem ein zwingender Zusammenhang zwischen einer bestimmten Sozialstruktur und der Durchsetzung einer antidemokratischen Politik hergestellt und die genannte Formel zum erstenmal explizit verwendet worden ist. Die Rede ist vom Extremismus der Mitte als einem soziologischen Theorem. Es kann auf eine lange Tradition zurückblicken, verfügt auch in der Sozialgeschichte und der Politologie über erheblichen Einfluß und ist noch in jüngerer Zeit in eigenen Abhandlungen und Monographien kritisch gewürdigt worden.

Der bekannteste Exponent dieses Theorems ist der liberale amerikanische Soziologe Seymour Martin Lipset, der in einem bahnbrechenden Aufsatz aus dem Jahre 1958 den Begriff »extremism of the center« geprägt hat.[4] Er will damit die Extremismen von rechts und links um einen dritten Typus ergänzen und so den Faschismus als eine spezifische Mittelklassenbewegung erklären. Seine vor allem von liberaler Seite als provokativ aufgenommene These stützt er mit gewichtigen, empirisch ausgewiesenen Argumenten. Zentrales Beispiel ist dabei der aus der Wählerschaft der zusammenbrechenden Mitteparteien gespeiste Aufstieg der NSDAP, der zur Zerstörung der Weimarer Republik geführt hat.

Das Lipsetsche Theorem, auf das noch ausführlicher einzugehen sein wird, ist von seinem soziologischen Gehalt her erheblich älter. Es ist genauso alt wie die Sache, um deren Erklärung es ihm in seiner Beweisführung zuerst gegangen ist. Es stammt implizit aus der letzten Phase der Weimarer Republik und hat als Erklärungsansatz für die von den meisten erkannte Gefahr, die Hitler und die NSDAP für das parlamentarische System darstellten, unter den damaligen Soziologen eine ganze Reihe von Befürwortern.

4 Seymour Martin Lipset, Der »Faschismus«, die Linke, die Rechte und die Mitte, in: Ernst Nolte (Hg.), *Theorien über den Faschismus*, Köln 1967, S. 449–491

Der bedeutendste Exponent der These, daß der Nationalsozialismus seine ganz außergewöhnlichen Wahlerfolge im wesentlichen dem alten und neuen Mittelstand verdanke, ist der liberale Soziologe Theodor Geiger. In seinem 1930 unter der dramatisierenden Überschrift »Panik im Mittelstand« publizierten Aufsatz[5] unternimmt er zunächst noch den Versuch, auf die ideologische Anfälligkeit des Mittelstands für die nationalsozialistischen Parolen hinzuweisen. Damit will er die SPD dazu bewegen, die Handwerker, Kleinhändler, Angestellten und Beamten über ihren wirklichen gesellschaftlichen Standort aufzuklären, damit sie sich politisch nach Maßgabe ihrer Interessen und nicht nach der von Propagandaparolen entscheiden. Während der alte Mittelstand als »Relikt einer anderen Epoche« erscheine und ein »Schulbeispiel zeit-inadäquater Ideologien« abgebe, sei der neue Mittelstand, der sich beharrlich weigere, aus seiner objektiven Proletarisierung die subjektiven Konsequenzen zu ziehen, »der typische soziale Ort der standort-inadäquaten Ideologien«; beide Teile des Mittelstands stellten »den gesegneten Boden ideologischer Verirrung« dar. Geiger meint, daß eine »illusionäre Ideologie« den Realitäten auf Dauer nicht widerstehen könne, und wagt die Prognose: »Auch die zeit- und standort-inadäquaten Ideologien der Mittelstände werden zerflattern – und damit werden die politischen Nutznießer dieser ideologischen Verwirrung wieder in ihren Radaukonventikeln unter sich sein.«[6] Eine Prophezeiung, die sich bekanntlich bereits kurze Zeit später als Irrtum herausstellt – die Radaubrüder ziehen statt dessen verstärkt in den Reichstag ein. Geiger selbst ist Opfer einer Illusion geworden, Opfer seiner Überzeugung, daß sich in der Politik über kurz oder lang die materielle Rationalität von Interessen durchsetzen werde.

Zwei Jahre später, die NSDAP hat inzwischen bei den Reichstagswahlen vom Juli 1932 mit 37,3% der Stimmen nicht nur einen außerordentlichen Zuwachs, sondern erstmals einen Sieg errungen, der sie zur stärksten Fraktion macht, kommt Geiger im Rahmen seines grundlegenden Werkes über *Die soziale Schichtung des deutschen Volkes*, dem Versuch, auf der Basis der Berufszählungsstatistik von

5 Theodor Geiger, Panik im Mittelstand, in: *Die Arbeit*, Heft 10, 1930, S. 637–654
6 Ebd., S. 654

1925 die Sozialstruktur der deutschen Gesellschaft zu analysieren, auf die angeschnittene Problematik noch einmal zurück. An seiner Einschätzung festhaltend, daß der neue Mittelstand »das gegebene Einzugsfeld ›falscher Ideologien‹« sei, verfaßt er im Schlußteil einen Exkurs über »Die Mittelstände im Zeichen des Nationalsozialismus«. Darin stellt er fest, daß die von der NSDAP zwischen 1930 und 1932 hinzugewonnenen Wählerstimmen aus allen bürgerlichen Mittelparteien mit Ausnahme des Zentrums stammten, sofern sie nicht durch die Mobilisierung bisheriger Nichtwähler hinzugekommen seien.[7] Statistisch lasse sich »die bekannte Tatsache« belegen, daß sich die NSDAP aus den beiden Mittelständen und »den Tagewerkern für eigne Rechnung« rekrutiere.

Nach der Machtergreifung der Nazis, durch die Geiger zur Emigration gezwungen wird, widmet sich der liberale Soziologe, der an einer Universität im dänischen Aarhus eine neue Lehrstätte gefunden hat, übrigens noch einmal ausführlich dem Thema Mittelschichten. Resigniert und wütend zugleich bemerkt er in seinem Standardwerk *Die Klassengesellschaft im Schmelztiegel*, es sei ein Witz der Weltgeschichte, daß Hitler im Laufe von nur zwölf Jahren mehr zum Ruin der gewerblichen Mittelschicht beigetragen habe als der Kapitalismus während des gesamten vorigen Jahrhunderts. »Die kurze Rolle der Mittelschichten in der großen Politik«, stellt er in einem seitdem oft zitierten Satz fest, »ist ein Paradox der Gesellschaftsgeschichte: Eine Klasse leugnet mit Entrüstung, Klasse zu sein, und führt einen erbitterten Klassenkampf gegen Wirklichkeit und Idee des Klassenkampfes.«[8] Doch zurück zum Jahr 1930.

Die Zustimmung zu Geigers Einschätzung, daß sich die NS-Bewegung vor allem aus Vertretern des Mittelstands rekrutiere, ist unter Soziologen und Publizisten so stark, daß später von einem regelrechten »Chor der Mittelschichtentheoretiker« (Jürgen W. Falter) gesprochen werden wird. Im August 1930 schreibt Walter Mannzen in einem Aufsatz über »Die sozialen Grundlagen des Nationalsozialismus«, daß dieser in erster Linie »das ganze spezifische Kleinbürgertum«,

7 Theodor Geiger, *Die soziale Schichtung des deutschen Volkes. Soziographischer Versuch auf statistischer Grundlage*, Stuttgart 1932, S. 112

8 Theodor Geiger, *Die Klassengesellschaft im Schmelztiegel*, Köln/Hagen 1949, S. 168

insbesondere die selbständigen Handwerker um sich sammle.[9] Zugleich warnt er allerdings auch davor, sich darüber hinwegzutäuschen, daß »nicht wenige Arbeiter in den Hitlerschen Sturmtruppen aktiv« seien.

Ein Jahr später stellt der Sozialpsychologe Hendrik de Man mit großer Selbstsicherheit fest: »Alle soziologischen Untersuchungen über die Zusammensetzung der nationalsozialistischen Wählerschaft in Deutschland kommen zu dem selben Ergebnis: Diese Schichten gehören im wesentlichen zum proletarisierten oder mit Proletarisierung bedrohten sogenannten Mittelstand.«[10] Die NSDAP sei eine »typische Bewegung von Mittelständlern und Stehkragenproletariern«. Und der sozialdemokratische Politiker Carlo Mierendorff, der bereits früher bemerkt hatte, daß für das Programm der NSDAP vor allem die bürgerlichen Mittelschichten, die Angestellten und die Bauernschaft disponiert seien, betont in seinem Aufsatz »Was ist der Nationalsozialismus? Zur Topographie des Faschismus in Deutschland« den bei diesen Schichten und Gruppen dominanten sozialpsychologischen Aspekt, gerade wegen ihrer fortschreitenden Proletarisierung alles zu tun, um nicht dem Proletariat zugerechnet zu werden.[11]

Der Soziologe Svend Riemer wiederum schreibt ein Jahr später, es sei eine Banalität, daß der Mittelstand als »der eigentliche Träger des Nationalsozialismus« angesehen werden müsse. Diejenigen Schichten, die von ihrer Klassenzugehörigkeit nicht eindeutig definiert seien, wie das Beamtentum, die Angestelltenschaft und Teile der Landwirtschaft etwa, seien die »soziologischen Träger« der NSDAP.[12] Und in einem anderen Text fügt er kurz darauf hinzu, daß der Nationalsozialismus nichts anderes darstelle als die unter dem Eindruck des Inflationsschocks und der großen Wirtschaftskrise »sich zu einer politischen Protestaktion zusammenfindende kleinbürgerliche Mitte«.

9 Walter Mannzen, Die sozialen Grundlagen des Nationalsozialismus, in: *Neue Blätter für den Sozialismus* I, August 1930

10 Hendrik de Man, *Sozialismus und Nationalfascismus*, Potsdam 1931, S. 7f.

11 Carlo Mierendorff, Was ist der Nationalsozialismus? Zur Topographie des Faschismus in Deutschland, in: *Neue Blätter für den Sozialismus* II, April 1931

12 Svend Riemer, Zur Soziologie des Nationalsozialismus, in: *Die Arbeit*, Heft 9, 1932, S. 103

Einer der von Riemer erwähnten Trägerschichten, der von der Forschung zumeist sträflich vernachlässigten Mittelstandsgruppe der Landwirte, widmet sich der Soziologe Rudolf Heberle in einer 1932 verfaßten, jedoch erst 1945 im amerikanischen Exil publizierten Regionalstudie. Er untersucht die Wählerwanderungen in der schleswig-holsteinischen Landbevölkerung, wo die Bauern mit fliegenden Fahnen zur NSDAP übergelaufen sind und prozentual für ihre stärkste Repräsentanz in ganz Deutschland sorgen. Heberle schreibt: »The main mass support came... from the middle layers of society, from those *Kleinbauern* and *Kleinbürger* who in the past had adhered to political ideas very different from those characteristic of the Nazi creed. We have seen how the National Socialists, by appealing to certain deep-seated resentments and sentiments, by skilfully utilizing economic interests and, we may add, by concealing their own ultimate aims, gradually won the support of these classes.«[13] Von der Gründung des Deutschen Reichs bis zur Weimarer Republik hatten die schleswig-holsteinischen Bauern mehrheitlich liberal gewählt. Unter dem Schock der Inflation, den auch in der Landwirtschaft einsetzenden Rationalisierungsmaßnahmen, die auf eine vorindustrielle Wirtschaftsmentalität trafen, und einer seit 1929 rapide fortschreitenden Wirtschaftskrise habe sich dann ein gravierender Rechtsruck vollzogen. 1930 schnitt die NSDAP von allen deutschen Wahlkreisen in Schleswig-Holstein mit 27% der Stimmen am besten ab, und 1932 ist dies der erste Wahlkreis, in dem sie, mit 51% der Stimmen, die absolute Mehrheit erhält. Die mittelständischen Bauern, über deren antizentralistisches, partikularistisches und bodenständiges Weltbild oft berichtet worden ist, haben sich, jedenfalls was das Vordringen in den parlamentarischen Raum anbetraf, an die Spitze der NS-Bewegung gesetzt.

Der sozialdemokratische Theoretiker Rudolf Küstermeier kritisiert 1933, als bereits alles zu spät ist, in seiner Arbeit *Die Mittelschichten und ihr politischer Weg* die »ideologische Selbstabschottung« seiner Partei und merkt mahnend an: »Und wenngleich die

13 Rudolf Heberle, *From Democracy to Nazism, A Regional Case Study on Political Parties in Germany*, Baton Rouge 1945, S. 121; in erweiterter und modifizierter Form vgl. auch ders., *Landbevölkerung und Nationalsozialismus*, Stuttgart 1963

Mehrheit der mittelständischen Wähler in den letzten beiden Jahren mit fliegenden Fahnen ins Lager des Nationalsozialismus übergegangen ist, so darf man doch nicht übersehen, daß auch die Sozialdemokratie einen erheblichen Teil dieser Gruppe zu den Ihren zählen darf.«[14] Zum Chor der Exponenten einer solchen Mittelschichtentheorie zählen außerdem der sozialdemokratische Wirtschaftswissenschaftler Erik Nölting, der linkskatholische Publizist Walter Dirks, der Nationalökonom Emil Lederer und andere mehr.
Zu den wenigen Kritikern einer solchen Auffassung gehört der liberale Reichstagsabgeordnete und spätere Bundespräsident Theodor Heuss, dem die soziologische Argumentation als zu engstirnig erscheint. Ein strikter Gegner der Ansichten Geigers und seiner Nachfolger ist der sozialistische Historiker Arthur Rosenberg. »Die Dilettanten der Soziologie«, merkt er 1934 respektlos in seinem Text »Der Faschismus als Massenbewegung« an, »fanden meistens, daß die Kleinbürger jene geheimnisvolle Klasse wären, mit deren Hilfe Hitler und Mussolini ihre Siege erfochten haben. Der Gemüsehändler Fritz Schulze wuchs empor zu dämonischer Größe. Mit der einen Hand hält er das Proletariat nieder und mit der anderen den Kapitalismus.«[15] Rosenberg liefert für all jene, die nichts von einer Affinität des Kleinbürgertums bzw. der Mittelschichten zum Nationalsozialismus wissen wollen, das Stichwort von der »Dämonisierung des Mittelstandes«.
Überraschend ist, auf welche Aufmerksamkeit die dramatischen Vorgänge in Deutschland auch unter angelsächsischen Autoren stießen. Die These vom Faschismus als einer im Kern kleinbürgerlichen Bewegung fand auch hier Anklang. So vertrat der Politikwissenschaftler Harold Lasswell im Gegensatz zu der verbreiteten Einschätzung, daß die Unterstützung der NS-Bewegung durch die Mittelklassen lediglich ein Krisenphänomen sei, das mit dem Abebben der Wirtschaftskrise auch wieder verschwinden würde, die Ansicht, daß die antidemokratische Einstellung der Mittelklassen auf allgemeinen Trends der kapitalistischen Industriegesellschaft basiere, die keineswegs bloß vor-

14 Rudolf Küstermeier, *Die Mittelschichten und ihr politischer Weg*, Potsdam 1933, S. 40

15 Arthur Rosenberg, Der Faschismus als Massenbewegung, in: *Demokratie und Klassenkampf. Ausgewählte Studien*, hg. von Hans-Ulrich Wehler, Frankfurt 1974, S. 221

übergehender Natur sei. In der in London erscheinenden Zeitschrift *The Political Quarterly* schreibt er 1933 unter dem Titel »The Psychology of Hitlerism«, daß die NS-Bewegung eine »Verzweiflungsreaktion der unteren Mittelklassen« auf ihre materielle Lage sei, die bereits Ende des 19. Jahrhunderts eingesetzt habe. »In psychologischer Hinsicht hingegen wurden die unteren Mittelklassen immer mehr von den Arbeitern und der oberen Bourgeoisie an die Wand gedrängt, deren Gewerkschaften, Kartelle und Parteien in den Vordergrund rückten. Die psychologische Verarmung der unteren Mittelklasse verstärkte in hohem Maße die emotionale Unsicherheit ihrer Mitglieder und befruchtete auf diese Weise das Feld, auf dem dann die verschiedenen Bewegungen des Massenprotests gediehen, durch den sich die Mittelklasse zu rächen versuchte.«[16] Und der amerikanische Wirtschaftswissenschaftler David J. Saposs kommt 1935 in seinem Aufsatz »The Role of the Middle Class in Social Development« zu dem Schluß: »Der Faschismus ist die extremistische Ausdrucksform der Zugehörigkeit zur Mittelklasse oder des Populismus... Die grundlegende Ideologie der Mittelklasse ist der Populismus... Ihr Ideal bestand in einer unabhängigen Klasse von Kleineigentümern, Händlern, Mechanikern und Bauern.«[17] Seit Ende des Ersten Weltkrieges werde der Liberalismus für tot und die Mittelklasse als seine soziale Basis für gesellschaftspolitisch irrelevant erklärt. Dies sei jedoch ein großer Irrtum. Die Mittelklasse mit ihrem typischen Populismus versuche sich stärker durchzusetzen, als sie das jemals zuvor getan habe.

Die sozialwissenschaftliche Revue von Autoren der zwanziger und dreißiger Jahre zeigt, wie eindrucksvoll und vielschichtig die Vorläuferschaft von Lipsets Theorie des Mittelklassen-Extremismus ist. Viele Befürworter sind ihm selbst bekannt, einige von ihnen werden in seiner Abhandlung »Der ›Faschismus‹, die Linke, die Rechte und die Mitte« auch direkt zitiert.

Unter der Voraussetzung, daß man seine Überzeugung teilt, »links«, »rechts« und die »Mitte« bezögen sich auf Ideologien, die jeweils eine

16 Harold Lasswell, The Psychology of Hitlerism, zit. nach Lipset, a. a. O., S. 453

17 David J. Saposs, The Role of the Middle Class in Social Development: Fascism, Populism, Communism, Socialism, zit. nach Lipset, a. a. O., S. 452

»gemäßigte« und eine »extremistische« Spielart aufwiesen, ist das von ihm entwickelte Schema ebenso simpel wie überzeugend. Lipset greift die klassische Unterscheidung zwischen Links- und Rechtsextremismus auf und erweitert sie um einen »Extremismus der Mitte«. Dieser logisch zwar naheliegende, in der politischen Tradition des liberalen Bürgertums jedoch völlig ungewöhnliche und in die Nähe eines Tabubruchs geratende Schritt ist jedoch nicht einfach einer formalen Symmetrie geschuldet. Lipset kommt es darauf an, zur Durchleuchtung antidemokratischer Potentiale ein theoretisches Gerüst zu formulieren, in dem Soziologie und Politik, Sozialstruktur und politisches System, Klassen und Parteien stringenter aufeinander bezogen sind.

Zunächst greift er die verbreitete Überzeugung an, daß die seit der Ersten Französischen Republik nach ihrer Sitzordnung definierten Extremisten an den beiden Enden des politischen Spektrums grundsätzlich zur Diktatur und die als gemäßigt geltenden in der Mitte zur Demokratie neigten. Dagegen behauptet er, daß »... extremistische Ideologien und Gruppen in derselben Weise in denselben Begriffen klassifiziert und analysiert werden können wie die demokratischen Gruppen, das heißt also in den Begriffen der Rechten, der Linken und der Mitte.«[18] Die jeweils »gemäßigten« und »extremen« Varianten der drei Grundpositionen basierten auf denselben gesellschaftlichen Grundlagen und wiesen in ihren Forderungen auch gemeinsame Inhalte auf.

Die Untersuchungen moderner Massenbewegungen zeigten, daß in jeder größeren Sozialschicht »sowohl demokratische als auch extremistische politische Tendenzen« vorhanden seien. Der Extremismus der Linken habe seine sozialen Wurzeln in der Arbeiterklasse, der der Rechten in der Ober- und der der Mitte in der Mittelklasse. Der »Extremismus der Arbeiterklasse« sei am häufigsten in sich rasch industrialisierenden Gesellschaften zu beobachten, der »Extremismus der Mittelklasse« in hochkapitalistischen Ländern, die über eine starke Arbeiterbewegung verfügten, und der Rechtsextremismus in wenig entwickelten Gesellschaften, in denen noch die mit Königshaus und Kirche verbundenen konservativen Kräfte dominierten. Nur in eini-

18 Lipset, a. a. O., S. 450

gen Ländern wie Frankreich, Italien und im Deutschland der Weimarer Republik könne es vorkommen, daß alle drei Extremismus-Varianten zusammen auftreten.

Besondere Aufmerksamkeit widmet Lipset naheliegenderweise dem Mittelklassen-Extremismus. Unter diese Kategorie subsumiert er all jene Bewegungen und Parteien, die gewöhnlich als faschistisch klassifiziert werden; jedoch nicht nur sie, worauf noch zurückzukommen sein wird. »Die klassischen faschistischen Bewegungen«, bemerkt er über deren ideologische Orientierungen, »vertreten ... den Extremismus der Mitte. Obgleich zwar die faschistische Ideologie in ihrer Glorifizierung des Staates antiliberal ist, hat sie mit dem Liberalismus nicht nur die Opposition gegen die Großindustrie, die Gewerkschaften und den sozialistischen Staat gemeinsam, sondern auch die Gegnerschaft gegenüber der Religion und anderen Formen des Traditionalismus.«[19] Die sozialen Merkmale der nationalsozialistischen Wähler vor 1933 etwa seien denen der Liberalen »viel ähnlicher« gewesen als denen der Konservativen.

Seine zentrale These, daß der Faschismus keine rechtsextreme, sondern im wesentlichen eine als Extremismus der Mitte zu klassifizierende Bewegung der Mittelklasse sei, versucht Lipset vor allem am Beispiel des NSDAP-Aufstiegs zu beweisen. Durch einen statistischen Vergleich der Reichstagswahlen von 1928 bis 1932, einer Zeit, in der die NSDAP ihren prozentualen Anteil an der Gesamtstimmenzahl von 2,6% auf 43,9% steigern konnte und in der die Mittelklassenparteien wie DVP, DDP, Wirtschaftspartei und andere nahezu 80% ihrer Wählerschaft einbüßten, zeigt er auf, in welch außergewöhnlichem Maße der Nationalsozialismus aller Wahrscheinlichkeit nach vom Zusammenbruch der liberalen Parteien profitierte. Lediglich die katholisch geprägte Zentrumspartei konnte in dieser Phase ihren Stimmenanteil mit zumeist knapp über 15% der Stimmen stabil halten.

Da Lipset über keine besonderen Daten verfügt, aus denen er über die Wählerströmungen definitive Erkenntnisse gewinnen könnte, nimmt er zur Stützung seiner These zwei regionale Wählerstudien zu Hilfe. Zum einen die bereits erwähnte von Rudolf Heberle über

19 Ebd., S. 451

das Wahlverhalten der schleswig-holsteinischen Landbevölkerung, zum andern eine über das Wahlverhalten in Niedersachsen, die der Politikwissenschaftler Günther Franz 1957 publiziert hat und die sich ebenfalls auf das Ende der Weimarer Republik bezieht. Obwohl beide Arbeiten in eindrucksvoller Weise Lipsets Grundthese bestätigen, muß doch angezweifelt werden, ob ihre Ergebnisse auch für ganz Deutschland repräsentativ sind.

Dennoch definiert Lipset, wie seiner Analyse zufolge der idealtypische NSDAP-Wähler des Jahres 1932 ausgesehen hat: »Ein selbständiger protestantischer Angehöriger der Mittelklasse, der entweder auf einem Hof oder in einer kleinen Ortschaft lebte und der früher für eine Partei der politischen Mitte oder eine regionale Partei gestimmt hatte, die sich der Macht und dem Einfluß von Großindustrie und Gewerkschaften widersetzte.«[20] Dies seien im Durchschnitt die gesellschaftlichen Merkmale der Personen gewesen, bei denen die NSDAP den größten Anklang gefunden habe.

Trotz der zentralen Rolle, die das Beispiel der nationalsozialistischen Bewegung in seiner Abhandlung spielt, in der er sogar Hitler ausdrücklich als »Extremisten der Mitte« bezeichnet, wäre es ein Mißverständnis, zu glauben, Lipset habe mit seinem Extremismus-Schema in erster Linie einen soziologischen Beitrag zur historischen Klärung der Frage nach der Machtergreifung der Nazis leisten wollen. Sein Anstoß war ein seinerzeit aktueller politischer Prozeß, der in seiner Dramatik die internationale Öffentlichkeit bewegte: Der Niedergang der Vierten und die Geburt der Fünften Französischen Republik. Als im Mai 1958 die Generäle in Algerien putschten, befürchteten nicht nur Sozialisten und Kommunisten, daß in Frankreich ebenfalls ein Putsch stattfinden werde. Es waren vor allem zwei Strömungen, denen man ein antidemokratisches Vorgehen zutraute: das gaullistische »Rassemblement du Peuple Français« (RPF) und die »Union de défense des commerçants et artisans« (UDCA), die Partei des Populisten Pierre Poujade. Die Frage, die sich damals aktuell stellte, lautete: Stimmt es, wie angesehene Kritiker und Zehntausende von Demonstranten behaupten, daß beide Bewegungen faschistisch sind? Lipsets Antwort war ziemlich eindeutig. Den Gaullismus qualifiziert er als

20 Ebd., S. 463

eine klassisch konservative Bewegung, die eine ganze Reihe von typisch rechtsextremen Merkmalen aufweise. Und den Poujadismus bezeichnet er als eine Bewegung der unteren Mittelklassen, als ein weiteres Beispiel für den von ihm als Extremismus der Mitte definierten Typus. Die für die Demokratie ungleich größere Gefahr sieht er zweifelsohne in der Partei Poujades, dem »Faschismus der kleinen Leute«, wie er zustimmend den britischen Schriftsteller Peter Campbell zitiert. Im Unterschied zum klassischen, aus der Mittelklassenbewegung hervorgehenden Faschismus seien die konservativen Regimes weder revolutionärer noch totalitärer Natur. Ohne daß Lipset es direkt ausspricht, legt er nahe, daß er darin den qualitativen Unterschied zwischen Poujadismus und Gaullismus zu erkennen glaubt.
Die Hauptfunktion seiner theoretischen Arbeit sieht er darin, empirisch begründete Kriterien zur Unterscheidung extremistischer Bewegungen und den ihnen innewohnenden antidemokratischen Gefahren anbieten zu können: »Wenn wir die parlamentarische Demokratie bewahren und ausweiten wollen, müssen wir wissen, von welcher Seite sie bedroht wird; und die Bedrohung durch die Konservativen ist anders als die Bedrohung durch die Mittelklasse oder durch den Kommunismus.«[21] Nach dem von ihm entwickelten Extremismus-Schema werden das Horthy-Regime in Ungarn, das Dollfuß-Regime in Österreich, das Franco-Regime in Spanien und der Gaullismus in Frankreich dem Rechtsextremismus zugerechnet; der italienische Faschismus, der deutsche und der österreichische Nationalsozialismus, der Poujadismus in Frankreich und der McCarthyismus in den USA dem Extremismus der Mitte und der Peronismus in Argentinien sowie der Vargaismus in Brasilien dem Linksextremismus. Das sind Unterscheidungen, deren systematischer Gehalt zwar von Fall zu Fall nachzuvollziehen ist, deren konkrete Klassifizierung jedoch eine Reihe neuer Fragen aufwirft.

An der von Lipset selbst gelieferten Rubrizierung lassen sich leicht einige Ungereimtheiten und Widersprüchlichkeiten erkennen. Zunächst einmal ist unübersehbar, daß die theoretische Radikalität, den Extremismusbegriff ohne Rücksichtnahme auf politische Positionen zu verallgemeinern und ihn auf alle drei gesellschaftlichen Hauptklas-

21 Ebd., S. 482

sen zu beziehen, ihren Preis darin hat, daß die Differenzen anderer extremistischer Bewegungen gegenüber dem Faschismus abgeschliffen werden. Folgerichtig setzt Lipset den Terminus auch in Anführungszeichen. Genaugenommen hat er für ihn in seiner Kategorientafel keinen Platz mehr; darin kann seiner sozialen Bedeutung nach nur noch vom Extremismus der Mitte die Rede sein.

Insgesamt bleibt in dem Ordnungsschema für die verschiedenen Extremismen die Unsicherheit vorhanden, wie totalitäre Bewegungen zu klassifizieren seien. Der Nationalsozialismus wird in seinem Sozialprofil lediglich für die Zeit seines Aufstiegs angemessen beschrieben. Für die Zeit nach 1933 beginnen einige der angeführten Spezifika bereits wieder zu verschwimmen. Der Unterschied zwischen dem italienischen Faschismus und dem Nationalsozialismus, der ja in der Frage der Judenvernichtung sowie der Einrichtung von Konzentrations- und Vernichtungslagern noch eine besondere Dimension annehmen sollte, bleibt völlig sekundär. Und der Kommunismus, obwohl an einer Stelle als größte Gruppe unter den Linksextremismen geführt, taucht in der materialen Analyse faktisch gar nicht mehr auf.

Die Frage ist naheliegend, ob sich Lipset mit der Stärke seines Ansatzes, politische Strömungen aufgrund der Sozialstruktur ihrer Wähler präziser fassen zu können, nicht zugleich eine Falle baut, indem er die Relevanz der sozialen Herkunft in seinem Klassifikationsschema überbetont. Poujadismus und Nationalsozialismus mögen zwar soziologisch betrachtet gleichen Ursprungs sein, politisch liegen jedoch Welten zwischen diesen beiden Phänomenen. Kaum anders verhält es sich, wenn man den italienischen Faschismus mit dem McCarthyismus vergleicht. Und selbst wenn die beiden totalitären Bewegungen nur auf die zwanziger Jahre beschränkt würden, bliebe in beiden Fällen die kategoriale Gleichsetzung unter dem Terminus Extremismus der Mitte nur schwer nachvollziehbar.

3

Diese und einige andere Einwände haben nicht verhindert, daß Lipsets Erklärungsmodell eine außerordentlich große Resonanz fand. Besonders nachhaltig und facettenreich ist seine Rezeptionsgeschichte in der Bundesrepublik ausgefallen.[22] Aus naheliegenden Gründen stieß die These vom Faschismus als Mittelklassenbewegung neben Sozialwissenschaftlern auch bei Sozialhistorikern auf großes Interesse. Für die immer wieder aufgeworfene Frage nach den gesellschaftlichen Bedingungen für das Scheitern der Weimarer Republik mußte ein klassen- bzw. schichtentheoretischer Erklärungsansatz von besonderer Bedeutung sein, konnten doch durch die Verknüpfung von Aussagen über die Sozialdynamik, die wirtschaftliche Depression und die Krise des parlamentarischen Systems offenkundige Defizite in den beiden anderen Erklärungsansätzen, dem historisch-ideologischen und dem politischen,[23] überwunden werden.

Unter dem Eindruck von Lipsets Theorien stellt der Soziologe Ralf Dahrendorf 1961 lapidar fest: »Die Zerstörung der deutschen Demokratie ist also ein Werk des Mittelstandes.«[24] Und noch 1972 schreibt der Sozialhistoriker Heinrich August Winkler, der eine der wichtigsten Monographien zur politischen Rolle des Mittelstands in der Weimarer Republik vorgelegt hat,[25] in seinem Aufsatz »Extremismus der Mitte? Sozialgeschichtliche Aspekte der nationalsozialistischen Machtergreifung«, Lipsets These sei »heute nicht mehr ernsthaft um-

22 Lipsets Text erschien bereits 1959 in deutscher Übersetzung in der *Kölner Zeitschrift für Soziologie und Sozialpsychologie* (11. Jg., S. 401–444), danach in der deutschen Ausgabe seines Buches *Political Man. The Social Bases of Politics*, New York 1960: *Soziologie der Demokratie*, Neuwied 1962, und schließlich noch einmal im Rahmen des von Ernst Nolte herausgegebenen Readers *Theorien über den Faschismus*, Köln 1967.

23 Zur Unterscheidung der drei wesentlichen Methoden zur Erklärung für die nationalsozialistische Machtergreifung vgl. Karl Dietrich Bracher, *Der Weg in die Diktatur 1918–1933*, München 1962, S. 154

24 Ralf Dahrendorf, Demokratie und Sozialstruktur in Deutschland, in: ders., *Gesellschaft und Freiheit. Zur soziologischen Analyse der Gegenwart*, München 1961, S. 267

25 Heinrich August Winkler, *Mittelstand, Demokratie und Nationalsozialismus. Die politische Entwicklung von Handwerk und Kleinhandel in der Weimarer Republik*, Köln 1972

stritten«.[26] Dieser Konsens unter Sozialwissenschaftlern und Historikern hatte, was die Brisanz seiner politischen Implikationen ausmachte, eine erstaunlich breite Basis. Auch wenn es Differenzen in der Definition des Mittelstands- oder Mittelschichtenbegriffs gab, Variationen in der Subsumtion einzelner sozialer Gruppierungen, so blieb Lipsets Theorem im Kern seiner Bedeutung erhalten. Erst im Laufe der achtziger Jahre mehrten sich die Einwände gegen seinen Ansatz, Einwände, die zumeist auf neueren wahlsoziologischen Erkenntnissen fußten.

Trotz des insgesamt ungewöhnlichen Erfolgs der Mittelstandsthese war von Anfang an klar, daß sie vor allem liberalen Theoretikern ein Dorn im Auge bleiben mußte. Insofern war es trotz der bereits zitierten Äußerung Dahrendorfs nicht völlig überraschend, daß er in seinem 1965 erschienenen Hauptwerk *Gesellschaft und Demokratie in Deutschland* Lipsets Ansatz zwar noch einmal als »wichtig und überzeugend« würdigte, andererseits jedoch auch einen gravierenden Einwand gegen ihn formulierte. Die Theorie vom Nationalsozialismus als einer Mittelstandsbewegung könne den 30. Januar 1933, die Machtübernahme Hitlers, nicht erklären, »... denn einen Mittelstand gab es in allen industriellen Gesellschaften, einen 30. Januar 1933 aber nur in Deutschland. Warum sind England und die Vereinigten Staaten dem ›Extremismus der Mitte‹ nicht zum Opfer gefallen?«[27] Dahrendorf, der offenbar eine so enge Kopplung zwischen Sozialstruktur und politischem Prozeß unterstellt, daß auch die in den anderen Ländern zur selben Zeit existierenden, auf den Mittelschichten basierenden antidemokratischen Bewegungen zwangsläufig zur Inthronisierung diktatorischer Regimes hätten führen müssen, gibt mit seinem Einwand zu erkennen, daß er in diesem Punkt die These von einer deutschen Sonderentwicklung, die die Machtergreifung der Nazis möglich gemacht habe, favorisiert. Damit stellt er zwar den Erkenntniswert von Lipsets Theorem nicht grundsätzlich in Frage, beschneidet aber seinen Erklärungswert, zumal im Zusammenhang der jüngeren deut-

26 Heinrich August Winkler, Extremismus der Mitte? Sozialgeschichtliche Aspekte der nationalsozialistischen Machtergreifung, in: *Vierteljahrshefte für Zeitgeschichte*, Bd. 20, 1972, S. 175

27 Ralf Dahrendorf, *Gesellschaft und Demokratie in Deutschland*, München 1968, S. 424f.

schen Geschichte, in einem wesentlichen Punkt. Lipsets These vom Extremismus der Mitte ist ja nicht nur das Resultat eines komparativen Ansatzes, sondern beansprucht, wie er unmißverständlich zu erkennen gibt, internationale Geltung. Dieser Universalitätsanspruch für die politikwissenschaftlichen Konsequenzen seiner soziologischen Theorien könnten, wenn sich die Kritik Dahrendorfs als stichhaltig erweisen sollte, nicht mehr aufrechterhalten werden. Daran jedoch sind begründete Zweifel angemeldet.

Dahrendorf wirft im Schlußteil seines Buches, der sich zunächst mit dem »Weg in die Diktatur« befaßt, die für den Nationalsozialismus entscheidenden Fragen auf, wie Auschwitz möglich gewesen sei, wie der organisierte Massenmord geschehen konnte und wie der fast vollständige Mangel an Widerstand zu erklären sei. Dann spitzt er sein Erkenntnisinteresse auf die Frage zu, woher die »totalitäre Potenz im Nationalsozialismus« gekommen sei, und stellt die drei von Bracher unterschiedenen Erklärungsansätze zur nationalsozialistischen Machtergreifung einander gegenüber. Im Rahmen der soziologischen Variante erörtert er die von Geiger zuerst explizierte und von Lipset systematisierte »Theorie von der Affinität von Mittelstand und Nationalsozialismus« – so die Formulierung Dahrendorfs.

Als Begründung dafür, daß sich der Extremismus der Mitte in Deutschland im Unterschied zu England und den Vereinigten Staaten, wo es zur selben Zeit ebenfalls solche Tendenzen gab, habe durchsetzen können, führt er die mangelnde Resistenz so gut wie aller gesellschaftlicher Gruppen gegen antidemokratische Formen an. Aufgrund der nur schwach ausgebildeten liberalen Tradition habe »der neue illiberale Radikalismus der Nationalsozialisten« auf so fruchtbaren Boden fallen können. Vor allem habe es keine liberale Elite gegeben, die die Machtergreifung der NS-Führungsclique in Koalition mit anderen antidemokratischen und autoritären Eliten hätte aufhalten können.

Mit dieser Argumentation, die vermutlich auf einen richtungsweisenden Aufsatz von Talcott Parsons aus dem Jahre 1942 zurückgeht,[28]

28 Talcott Parsons, Some Sociological Aspects of the Fascist Movements, in: ders., *Essays in Sociological Theory*, Glencoe, III. 1964, S. 124–141; deutsch in: ders., *Beiträge zur soziologischen Theorie*, Neuwied/Berlin 1964, S. 256–281

entkräftet Dahrendorf jedoch, was er zuvor soziologisch postuliert hat: die politische Durchsetzung des Nationalsozialismus mit Hilfe des Mittelstands. Diese Inkonsequenz ist ihm auch prompt von dem Soziologen Gottfried Eisermann entgegengehalten worden. Dieser erhebt in seinem Vorwort zur deutschen Ausgabe von Arthur Schweitzers Buch *Big Business in the Third Reich* den Vorwurf, Dahrendorf habe mit seiner »an prästabilierten theoretischen Konjunktionen« orientierten Darstellung die von den zur Verfügung stehenden Quellen her für die Machtergreifung der NS-Bewegung als entscheidend geltende »Nazifizierung des deutschen Mittelstandes« doch noch heruntergespielt.[29] Eine im Ansatz ähnliche, in ihren Schlußfolgerungen jedoch sehr viel weiter ausholende Kritik formuliert Annette Leppert-Fögen in ihrem Buch *Die deklassierte Klasse*. Sie verallgemeinert die ambivalente Haltung Dahrendorfs gegenüber Lipsets Mittelstandstheorie zu einem typischen Beispiel für den Widerstand zeitgenössischer Liberaler gegen dessen These vom Extremismus der Mitte und gibt die Kritik an ihren Urheber zurück: »Die von Dahrendorf gegen Lipset gewendete Frage: ›Was erklärt diese Theorie?‹ wäre an ihn selbst zu richten...«[30] Und in der Tat: Dahrendorfs Einwand besitzt keine Stringenz, sondern weicht dem soziologisch erfaßten Problem in seiner historischen Konkretisierung nur aus. Indem er der Mittelstandsthese ihre für die deutsche Geschichte kritische Spitze kappt, setzt er sich dem Verdacht aus, daß selbstgesetzte Wertvorstellungen gegenüber politisch folgenreichen Erkenntnissen die Oberhand behalten könnten. Diese Assoziation ist keineswegs aus der Luft gegriffen. Schließlich geht es in seinem Buch ja um die theoretische Grundlegung einer liberalen Demokratie in Deutschland. Und dafür scheint die historische Erkenntnis, daß die Nazis durch die Nazifizierung des Mittelstands an die Macht gekommen sind, vielleicht immer noch zu belastend zu sein.

Die Rezeption von Lipsets Abhandlung setzte sich trotz solcher Widerstände fort, und der »Topos von der mittelständischen Basis des

29 Gottfried Eisermann, Vorwort zu: Arthur Schweitzer, *Die Nazifizierung des Mittelstandes*, Stuttgart 1970, S. V.

30 Annette Leppert-Fögen, *Die deklassierte Klasse. Studien zur Geschichte und Ideologie des Kleinbürgertums*, Frankfurt 1974, S. 261

Nationalsozialismus« (Friedrich Lenger) schliff sich weiter ein. Der Soziologe M. Rainer Lepsius griff ihn in seiner Abhandlung »Extremer Nationalismus« an zentraler Stelle auf,[31] um die besondere Anfälligkeit des Mittelstands für nationalistische Strömungen herauszuarbeiten, und Martin Schumacher und Heinrich August Winkler setzten sich mit ihm ausführlich in zwei Monographien auseinander, die das Lipset-Echo zum Teil bereits in ihren Titeln verraten.[32] Winkler stellt dabei den Terminus Extremismus der Mitte in zweierlei Hinsicht in Frage. Zum einen sei der Faschismus weder in Deutschland noch in Italien mit der »Herrschaft des Mittelstandes« gleichzusetzen, sondern lediglich die Manipulation des Mittelstands im Interesse einer Machtclique und des von dieser verkörperten Primats der Politik gewesen. Zum andern müßten auch wahlsoziologische Bedenken geäußert werden, weil viele der aus den liberalen Parteien stammenden Wähler sich nicht direkt, sondern auf dem Umweg über die »Deutsch-Nationale Volkspartei« (DNVP) der NSDAP angeschlossen hätten. »Der Terminus ›Extremismus der Mitte‹ suggeriert die Vorstellung«, faßt Winkler seine Bedenken zusammen, »als hätten die faschistischen Bewegungen die traditionelle Rechte und Linke aller Schattierungen mit gleicher Intensität bekämpft. In Wirklichkeit kam der Faschismus nirgendwo ohne den Pakt mit der traditionellen Rechten an die Macht. Seine Stoßrichtung zielte so überwiegend gegen die politische Linke, daß man ihn doch wohl als die konsequenteste Spielart eines auf Massenbasis beruhenden Rechtsradikalismus bezeichnen muß.«[33] Die Mittelschichten seien »das einzige Massenreservoir« gewesen, daß ein »Radikalismus von rechts« habe finden können. Alle drei Einwände sind für sich genommen plausibel, reichen jedoch in ihrem kritischen Gehalt nicht aus, um die These vom Extremismus der Mitte einfach zu verwerfen. Mit Hilfe von Winklers Kritik kann der Terminus, anstatt ihn durch den Begriff Rechtsradikalismus zu ersetzen und so die

31 M. Rainer Lepsius, *Extremer Nationalismus. Strukturbedingungen vor der nationalsozialistischen Machtergreifung*, Stuttgart 1966, S. 9–18

32 Martin Schumacher, *Mittelstandsfront und Republik. Die Wirtschaftspartei – Reichspartei des deutschen Mittelstandes, 1919–1933*, Düsseldorf 1972; Winkler, *Mittelstand, Demokratie und Nationalsozialismus*, a. a. O.

33 Winkler, Mittelstand, Demokratie und Nationalsozialismus, a. a. O., S. 180

über den Mittelstand gewonnenen Erkenntnisse für die politische Analyse ungenutzt zu lassen, weiter präzisiert werden. Danach wäre die These, daß der Nationalsozialismus eine Mittelstandsbewegung gewesen sei, nur für eine bestimmte Phase des Übergangs, die letzten Jahre der Weimarer Republik, und nur in einer parteipolitisch vermittelteren Weise gerechtfertigt.

In einer ganz ähnlichen Weise begründet Leppert-Fögen, die ja Lipsets Theorem gegen Dahrendorfs Einwand, wie bereits zu sehen war, in Schutz genommen hat, ihre Teilkritik. Sie stößt sich vor allem an der Ausblendung jeglicher kapitalismuskritischen Dimension in seiner Faschismustheorie und schreibt, es sei »absurd«, in der faschistischen Herrschaft eine »Herrschaft des Kleinbürgertums« zu sehen. Der Extremismus der Mitte habe keineswegs auch zur »Herrschaft der Mitte« geführt. Die »Verfälschung«, die in einer solchen Schlußfolgerung zum Ausdruck komme, sei in Lipsets These durchaus angelegt.[34] Der Faschismus habe schließlich eine zwangswirtschaftliche Politik eingeleitet, die durch Rüstungs- und Kriegswirtschaft den Konzentrationsprozeß des Kapitals gefördert und den Untergang des Kleinbürgertums beschleunigt habe. Ihr zentraler Kritikpunkt, daß es sich beim Extremismus der Mitte um ein transitorisches Phänomen handle, das die Phase der nationalsozialistischen Machteroberung, nicht aber die NS-Bewegung insgesamt abdecke, wird materialreich herausgearbeitet. Sie unterscheidet deshalb zwischen verschiedenen Etappen der Faschisierung, in denen das deklassierte Kleinbürgertum unterschiedliche Rollen gespielt habe. »Die ursprüngliche Konzeption der faschistischen Bewegung«, faßt sie ihre Erkenntnisse zusammen, »war ... die einer sämtliche Klassenantagonismen hinter sich lassenden ›Volksbewegung‹. Doch konnte die vorgesehene Integration des Proletariats in einen ›nationalen Sozialismus‹ im erstrebten Ausmaß nicht gelingen. Der Mißerfolg dieser Konzeption warf die NSDAP daher einerseits auf den Mittelstand als Massenbasis zurück, die sich nun andererseits auch um diejenigen seiner Gruppierungen erweiterte, die, ökonomisch besser gestellt, von der Ineffizienz der bürgerlichen wie der Interessenparteien abgestoßen waren ...«[35] Als

34 Leppert-Fögen, a. a. O., S. 270, 303 und 323
35 Ebd., S. 326

die Aufstiegsphase abgeschlossen gewesen und der Faschismus an die Macht gekommen sei, habe die die Parteistruktur prägende »reaktionärutopische« Programmatik des Kleinbürgertums rasch ihre Kraft eingebüßt und die dahinter verborgenen ökonomischen Interessen seien deutlicher zutage getreten.

Die Auseinandersetzung um Lipsets Theorem verlagert sich in den achtziger Jahren deutlich. Nicht mehr die allgemein soziologischen, historischen und politiktheoretischen Implikationen des Extremismus der Mitte stehen in ihrem Zentrum, sondern die wahlsoziologischen Voraussetzungen seiner Explikationen. Es geht vor allem um eine Überprüfung der empirischen Grundlagen seiner mit Hilfe von Wahlstatistiken belegten These, die Mittelschichtenparteien hätten das mit Abstand größte Wählerreservoir der NSDAP gebildet.

Zunächst einmal belegt Michael H. Kater in seiner Studie *The Nazi Party*, in der das Sozialprofil der NSDAP-Mitglieder und -Funktionäre untersucht wird, daß darin die Vertreter des Kleinhandels, des Handwerks und ähnlicher mittelständischer Gruppierungen bereits zu Beginn überrepräsentiert waren und daß sich die Parteipropaganda auf diese Strömungen konzentrierte. Er kommt zu dem Schluß: »The lower middle class as a whole was still overrepresented among both party joiners and old members.«[36] Zu ähnlichen, weiter ausdifferenzierten Schlußfolgerungen gelangt Thomas Childers in seiner Studie *The Social Foundations of Fascism in Germany*.[37] Darin stellt er für seinen Untersuchungszeitraum 1924 bis 1932 fest, daß es von Anfang an positive Korrelationen zwischen Städten mit hohem Handwerkeranteil und den NSDAP-Voten gegeben habe. Insbesondere unter den Selbständigen niedriger Einkommensschichten sei die Resonanz der Nazi-Partei groß gewesen. Zu einer anderen Schlußfolgerung kommt dagegen Richard Hamilton in seiner Arbeit *Who voted for Hitler?*[38] Danach hat die NSDAP in den von ihm untersuchten 14 Großstädten ihre besten Wahlergebnisse in jenen Stadtteilen er-

36 Michael H. Kater, *The Nazi Party. A social profile of members and leaders*, Cambridge, Mass. 1983, S. 56

37 Thomas Childers, *The Social Foundations of Fascism in Germany. The Nazi Voters 1924–1932*, Chapel Hill 1983

38 Richard Hamilton, *Who voted for Hitler?*, Princeton, N. J. 1982

reicht, in denen die obere Mittelschicht und die Oberschicht dominierte. Obwohl diese Studie nicht repräsentativ ist, kratzt sie doch die seit Theodor Geiger fast einhellig vertretene Überzeugung an, daß es sich bei der Affinität des Mittelstands gegenüber dem Nationalsozialismus in erster Linie um die einkommensschwachen, von Proletarisierung bedrohten Gruppen dieser Schicht handle.

Hamilton macht zugleich auf ein methodisches Problem aufmerksam, das auch andere Wahlforscher gesehen haben. Die Tatsache, daß für die Zeit der Weimarer Republik nur raumbezogene Daten – wie Kreise, Städte, Wahlbezirke usw. – zur Verfügung stehen, birgt eine erhebliche Gefahr von Fehlschlüssen in sich, da diese Informationen keine direkten Rückschlüsse auf das Wahlverhalten einzelner oder sozialer Gruppen zulassen. Aus diesem bei Lipset undiskutierten Problem hat neben Hamilton und Childers vor allem Jürgen W. Falter Konsequenzen gezogen und eine andere methodische Herangehensweise zur Verbesserung der empirischen Grundlagen in der historischen Wahlsoziologie und der Präzisierung der daraus gewonnenen Aussagen gewählt. Mit Hilfe von sehr viel umfangreichen Datensätzen, die sowohl allgemeine Informationen über die Sozialstruktur als auch die Wahlergebnisse von Hunderten von Kreisen, Städten und Gemeinden enthalten, versucht er engere Korrelationen zwischen Wahlergebnissen und der Schichten- und Klassenstruktur herzustellen.

Als Summe seiner Arbeit hat Falter 1991 die Studie *Hitlers Wähler* vorgelegt.[39] Darin vergleicht er drei konkurrierende Ansätze zur Erklärung der nationalsozialistischen Wahlerfolge miteinander, wägt die Vor- und Nachteile dieser soziologischen Varianten gegeneinander ab und untersucht in einer differenzierten Wahl- und Sozialanalyse die sozialen Trägerschichten der NSDAP. Bei den als Kontrastmedium benutzten Erklärungsmodellen handelt es sich um drei Varianten aus der amerikanischen Soziologie der fünfziger Jahre: Neben der klassentheoretischen Position von Lipset die massentheoretische des in die USA emigrierten Reinhard Bendix und die vor allem von William Kornhauser vertretene Theorie des politischen Konfessionalismus. Zunächst einmal weist er nach, daß die ersten

39 Jürgen W. Falter, *Hitlers Wähler*, München 1991

beiden Varianten die Komplexität der Wählerwanderungen zur NSDAP zwar nur unzureichend erfassen können, aber auch nicht völlig zu widerlegen sind. Zu einem ähnlichen Urteil gelangt er auch, was die vom konfessionsorientierten Ansatz ins Zentrum gerückte Behauptung anbetrifft, es habe im Unterschied zu den Katholiken eine besondere Affinität von Protestanten zum Nationalsozialismus gegeben. Zur Mittelschichtenhypothese und Lipsets Theorem vom Extremismus der Mitte schreibt Falter in seinen Konklusionen:

»Die einzige soziale Schicht mit einer starken Abweichung von der durchschnittlichen NSDAP-Wahlbereitschaft war die alte Mittelschicht der selbständigen Geschäftsleute, Handwerker und Bauern. Zumindest im Hinblick auf diese Gruppe besitzt die These vom Extremismus des Mittelstandes Gültigkeit, ist aber auch hier wieder... weitestgehend auf den nicht-katholischen Bevölkerungsteil begrenzt. Auch votierte vor 1933 zwar eine Mehrheit, aber bei weitem nicht die Gesamtheit aller Angehörigen dieser Sozialschicht für den Nationalsozialismus. Faßt man alte und neue Mittelschicht zusammen, so kamen aus der Mittelschicht insgesamt rund 60 Prozent der NSDAP-Wähler, ein Anteil, der über die fünf im Brennpunkt des Interesses stehenden Reichstagswahlen hinweg bemerkenswert stabil blieb. Wähler aus der Arbeiterschaft oder aus Arbeiterhaushalten dagegen stellten bis zu 40 Prozent der NSDAP-Wählerschaft.«[40]

Dieser Anteil sei zu hoch, als daß weiterhin von der NSDAP »als einer reinen oder zumindest weit überwiegenden Mittelschichtbewegung« gesprochen werden könne. Von der sozialen Zusammensetzung ihrer Wählerschaft her könne die NSDAP am ehesten als eine »Volkspartei des Protestes« oder eine »Volkspartei mit Mittelstandsbauch« bezeichnet werden. In den protestantischen Teilen Deutschlands, fügt Falter in aller Vorsicht noch hinzu, sei die NSDAP durchschnittlich häufiger von der evangelischen Oberschicht und dem oberen Mittelstand gewählt worden als vom mittleren und unteren Mittelstand und von diesem wiederum häufiger als von der Unterschicht.

40 Ebd., S. 371

Auch wenn Falter in seinen Schlußfolgerungen aus der Kritik an Lipsets Ansatz sehr viel bedächtiger vorgeht als andere Autoren,[41] so ist sein Tenor doch eindeutig: Die These vom Nationalsozialismus als Mittelklassenbewegung muß in ihrer Geltung erheblich eingeschränkt und in ihrer Relevanz für die politische Analyse relativiert werden. Dennoch ist es nach dieser wohl fundiertesten Klärung der empirischen Grundlage auch weiterhin legitim, sofern die modifizierenden und begrenzenden Faktoren angemessen berücksichtigt werden, vom Extremismus der Mitte als einer theoretischen Figur Gebrauch zu machen.

4

Die Diskussion um das Für und Wider einer Theorie vom Extremismus der Mitte reicht bis in die Gegenwart, sie wird aber fast ausschließlich an einem historischen Gegenstand geführt. Daß dies so ist, war sicher nicht im Sinne ihres ersten Exponenten, im Sinne von Lipset. Er wollte mit seiner komparativen Studie einen Beitrag zur liberalen Theorie der Gegenwart leisten, einen ex-negativo-Beitrag. Er hat ein begriffliches Instrumentarium zu entwickeln versucht, mit Hilfe dessen die antidemokratischen Gefährdungen des parlamentarischen Systems präziser zu analysieren sein sollen.

Vielleicht ist es kein Zufall, daß die deutsche Rezeption mit Ausnahme Dahrendorfs rein historisch verlaufen ist und sich keine, zumindest keine exponierten Beispiele dafür finden lassen, mit der Figur des Extremismus der Mitte in der Soziologie oder der Politikwissenschaft als einem Element der Gegenwartsanalyse zu arbeiten. Ge-

41 Vgl. z. B. Michael Prinz, *Vom neuen Mittelstand zum Volksgenossen. Die Entwicklung des sozialen Status von der Weimarer Republik bis zum Ende der NS-Zeit*, München 1986; Heinz-Gerhard Haupt, der in seinem Aufsatz »Mittelstand und Kleinbürgertum in der Weimarer Republik« schreibt, daß der Mittelstand den neuesten wahlsoziologischen Studien zufolge »aus der Position des Sündenbocks« für den Zusammenbruch der Weimarer Republik gerückt sei (*Archiv für Sozialgeschichte*, 26, 1986, S. 233); ähnlich rigoros in ihrem Urteil auch Friedrich Lenger in dem Aufsatz »Mittelstand und Nationalsozialismus?« (*Archiv für SozialgeschichteN, 29, 1989, S. 195*) und die Herausgeber Horst Möller, Gérard Raulet und Andreas Wirsching in dem Sammelband *Gefährdete Mitte?* (Sigmaringen 1993).

messen an dem enormen Einfluß, den das Theorem über lange Zeit in der Sozialgeschichte hatte und zum Teil immer noch ausübt, ist die Abstinenz der politischen Theorie erklärungsbedürftig. Bereits seine bloße Erwähnung löst in vielen Fällen massive Gegenreaktionen aus. Offensichtlich wird mit der These vom Extremismus der Mitte ein neuralgischer Punkt getroffen. Schon der abstrakte Gedanke, daß auch die Mittelschichten in der Bundesrepublik ein antidemokratisches Potential in sich bergen könnten, wird als Zumutung, ja als Provokation empfunden.[42]

Ganz anders als seine deutschen Kollegen ist in der Mittelstandsdiskussion Arthur Schweitzer verfahren. Der deutschen Fassung seines 1964 in den USA erschienenen Buches *Big Business in the Third Reich* hat er einen Abschnitt hinzugefügt, in dem er sich mit der Frage auseinandersetzt, wie es politisch um den Mittelstand in der Bundesrepublik bestellt ist. Der Mittelstand habe, schreibt er, das NS-Regime mit einer intakten konservativen Statusideologie überlebt. Als Beweis dafür führt er das 1953 vom Bundestag verabschiedete »Gesetz zur Handwerksordnung« an, in dem erneut die »Berufsehre der Meister« verherrlicht, die Lehrlinge ausgebeutet und eine altertümliche Statusideologie, deren Grundelemente bereits in der »Diktatur« Geltung besaßen, gepflegt würden. »Die Wiedererrichtung der Statusordnung des alten Mittelstandes«, urteilt er, »ist ein bedeutsamer Aspekt der allgemeinen Restauration konservativer Wertevorstellungen und Institutionen in der Bundesrepublik.«[43] Trotz wachsenden wirtschaftlichen Wohlstands habe sich an der konservativen Grundeinstellung des Mittelstandes in seiner Mehrzahl kaum etwas geändert. Die Protestwahlen als Reaktion auf die Wirtschaftskrise von 1966/1967 mit den Erfolgen der NPD bei mehreren Landtagswahlen hätten gezeigt, daß der alte Mittelstand immer noch anfälliger für neonazistische Parolen als andere soziale Gruppen sei. Indcm die Erfahrung von der Nazifizierung des Mittelstands am Anfang der dreißiger Jahre verdrängt worden sei, habe sich »ein konterrevolutionäres Potential« er-

42 So z. B. von Uwe Backes und Eckhard Jesse, die in diesem Zusammenhang vor einer »Entgrenzung des Extremismusbegriffs« warnen und Autoren, die die Formel vom Extremismus der Mitte verwenden, als demagogisch abqualifizieren: dies., *Politischer Extremismus in der Bundesrepublik Deutschland*, Berlin 1993, S. 43

43 Schweitzer, a. a. O., S. 178

halten können. »Wer dieses Potential«, schließt Schweitzer seine seinerzeit aktuellen Bemerkungen, »nicht in Rechnung zieht, insbesondere im Zusammenhang mit der prekären Frage der deutschen Wiedervereinigung, wird Gefahren heraufbeschwören, die aufs neue die reibungslose Entfaltung der deutschen Demokratie unterbrechen könnten.«[44] Seit diesem Warnruf ist ein Vierteljahrhundert vergangen.

44 Ebd., S. 179

Volker Ullrich

Das Weimar-Syndrom
Zur Geschichte und Aktualität der Parteienverdrossenheit in Deutschland

1

Bonn ist nicht Weimar – so lautete der Titel eines Buches aus dem Jahre 1956, der zum Slogan wurde.[1] Hinter dem trotzigen Bekenntnis verbarg sich die sichere Annahme, daß die Bundesrepublik die Lehren aus der Geschichte schon beherzigen und sich das Scheitern der Demokratie von Weimar nicht wiederholen werde. Diese Gewißheit ist ins Wanken geraten, seit das wiedervereinigte Deutschland von einer schweren wirtschaftlichen Anpassungskrise geschüttelt wird, in der die Zahl der Arbeitslosen fast schon Dimensionen aus der Endphase der Weimarer Republik erreicht, seit Rechtsradikalismus und Ausländerfeindlichkeit grassieren und der Eindruck entstehen konnte, daß Polizei und Justiz gegen rechte Gewalttäter weit weniger energisch vorgingen, als sie es noch wenige Jahre zuvor im Kampf gegen den Linksterrorismus vermocht hatten. Wird am Ende die zweite deutsche Demokratie doch noch vom Schicksal der ersten eingeholt?

Man sollte sich – bei allen beängstigenden Parallelen – dennoch vor vorschnellen Urteilen und Schlußfolgerungen hüten. Denn je genauer man hinsieht, desto deutlicher treten neben Analogien die Differenzen zutage. Das läßt sich auch an einem aktuellen Phänomen zeigen, das den Vergleich mit den negativen historischen Erfahrungen von Weimar geradezu herausfordert: der vielzitierten »Parteienverdrossenheit«.

1 Fritz René Allemann, *Bonn ist nicht Weimar*, Köln 1956

2

Politische Parteien waren in Deutschland nie sonderlich populär. Zu keiner Zeit aber waren sie so verhaßt wie in der Weimarer Republik. »Aus der Angst um den Beuteanteil entstand auf den großherzoglichen Samtsesseln und in den Kneipen von Weimar die deutsche Republik, keine Staatsform, sondern eine Firma. In ihren Satzungen ist nicht vom Volk die Rede, sondern von Parteien. Wir haben kein Vaterland mehr, sondern Parteien; keine Rechte, sondern Parteien; kein Ziel, keine Zukunft mehr, sondern Interessen von Parteien. Und diese Parteien... entschlossen sich, dem Feinde alles, was er wünschte, auszuliefern, jede Forderung zu unterschreiben, den Mut zu immer weitergehenden Ansprüchen in ihm aufzuwecken, nur um im Innern ihren eigenen Zielen nachgehen zu können. Sie waren entschlossen, jeden Grundsatz, jede Idee, jeden Paragraphen der eben beschworenen Verfassung für ein Linsengericht von Ministersitzen preiszugeben. Sie hatten diese Verfassung für sich und ihre Gefolgschaft gemacht, nicht für die Nation, und sie begannen vom Waffenstillstand bis zur Ruhrkapitulation eine schmachvolle Wirtschaft mit allem, woraus Vorteil zu ziehen war, mit den Trümmern des Staates, mit den Resten unseres Wohlstandes, mit unserer Ehre, unserer Seele, unserer Willenskraft.«[2]

Dies schrieb Oswald Spengler 1924, als die Weimarer Republik sich gerade von den schweren Krisen des vorangegangenen Jahres zu erholen begann. Damals befand sich der in München lebende Philosoph auf dem Höhepunkt seines Ruhms. Mit seinem zweibändigen Werk über den *Untergang des Abendlandes* hatte er den Nerv einer durch Krieg und Revolution verunsicherten bürgerlichen Welt getroffen. Auch mit seiner pauschalen Verdammung der Parteien sprach Spengler den meisten seiner Zeitgenossen aus dem Herzen. Darin artikulierte sich nicht nur ein Unbehagen an der Weimarer Demokratie, sondern ein Ressentiment, dessen Wurzeln bis weit in die Kaiserzeit zurückreichten.

Vor 1918 waren die Parteien von einer verantwortlichen Mitgestaltung der Politik weitgehend ausgeschlossen. Die Verfassung des Kai-

2 Oswald Spengler, *Neubau des Deutschen Reiches*, München 1924, S. 9

serreichs sicherte der Exekutive ein hohes Maß an Unabhängigkeit von der gewählten parlamentarischen Vertretung, dem Reichstag. Dieser wirkte zwar an der Gesetzgebung mit, doch besaß er weder die Möglichkeit, die Regierung zu kontrollieren, noch gar Einfluß auf die Regierungsbildung zu nehmen. »Alles ist auf die selbstverständliche Voraussetzung abgestellt: daß dies Parlament und seine Parteiführer niemals in die Lage kommen werden, eine Mitverantwortung für das Schicksal des Staates zu übernehmen«, so klagte der Soziologe Max Weber noch im September 1917, dem dritten Jahr des Weltkriegs, als das Ende des Kaiserreichs sich bereits anzukündigen begann.[3] Doch die Parteien wurden bis zuletzt im Vorhof der Macht festgehalten. So fehlte ihnen der Anreiz, sich auf gemeinsame Ziele zu verständigen, Interessengegensätze zu überbrücken und Kompromisse zu schließen. Dies hat den deutschen Parteien schon früh Züge einer ideologischen Fixierung und doktrinären Verhärtung eingeprägt – einer Lagermentalität, die sich als schwere Vorbelastung für die Einführung des parlamentarischen Systems erweisen sollte. Die Neigung, sich als Gesinnungsgemeinschaften voneinander abzuschließen, wurde durch die enge Milieubindung der Parteien verstärkt. Um die Mitte der siebziger Jahre des 19. Jahrhunderts hatte sich das für das Kaiserreich typische Fünfparteiensystem herausgebildet: Es bestand aus der Sozialdemokratie, dem Zentrum, den Linksliberalen, den Nationalliberalen und den in zwei Parteien gespaltenen Konservativen. Dem entsprachen jeweils spezifische sozialmoralische Milieus: Das konservative Lager stützte sich auf die durch Großgrundbesitz bestimmten protestantischen Agrargebiete Ostelbiens. Das Zentrum erfaßte die katholische Bevölkerung, und zwar aller Schichten und Klassen. Die Sozialdemokratie als Klassenpartei besaß ihre Hochburgen in der Arbeiterschaft der Industriezentren mit überwiegend proletarischer Bevölkerung.

Der von Bismarck und seinen Erben betriebenen Abwertung von Parlament und Parteien entsprach deren geringes öffentliches Ansehen. Der Reichstag wurde gern als »Schwatzbude« tituliert; der Streit der Parteien erschien vielen als überflüssiger »Hader«, als schädlich für

3 Max Weber, Die Lehren der deutschen Kanzlerkrisis, in: *Gesammelte politische Schriften*, hg. von Johannes Winckelmann, Tübingen 1958, S. 213

die Einheit der Nation. Dem entgegengestellt wurde die Parole von der »Regierung über den Parteien«, die angeblich nur dem Wohle des Ganzen verpflichtet sei. In diesem Sinne verstand sich vor allem die mit mancherlei Privilegien ausgestattete Bürokratie als Gegenspieler zum Parlament. Daß Parteipolitiker nur ihre egoistischen Interessen bedienten, daß Parteienherrschaft nur in Korruption und Anarchie führen könne – diese Vorstellung hielt sich weit über das Ende des wilhelminischen Obrigkeitsstaates hinaus.

Mit dem Übergang zur parlamentarischen Demokratie im Herbst 1918 wandelte sich die Funktion der Parteien grundlegend. Von ihrer Randstellung rückten sie ins Zentrum des politischen Prozesses. Doch in der Weimarer Verfassung von 1919 wurde ihre neue Rolle als legitime Träger der politischen Willensbildung nicht festgeschrieben. Den Grund für dieses Versäumnis sah Gustav Radbruch, einer der wenigen überzeugten Demokraten unter den führenden Weimarer Juristen, in dem überkommenen »ideologischen Glauben an die Möglichkeit eines Standpunktes über den Parteien«: »Die Überparteilichkeit der Regierung war geradezu die Legende, die Lebenslüge des Obrigkeitsstaates.«[4]

Obrigkeitsstaatliche Relikte waren auch in der starken Stellung zu erkennen, welche die Weimarer Verfassung dem Reichspräsidenten zuwies. Er wurde direkt vom Volk gewählt und zwar auf die Dauer von sieben Jahren. Als »Ersatzkaiser« erfüllte er das Bedürfnis nach Versöhnung von monarchistischer und republikanischer Tradition. Mit den Ausnahmebefugnissen des Artikels 48 besaß er zudem ein Instrument, das notfalls auch gegen die Parteien eingesetzt werden konnte, wenn diese ihre Aufgaben nicht erfüllten. Und das hieß zuallererst: wenn es ihnen nicht gelang, für eine handlungsfähige Regierung auf der Basis klarer parlamentarischer Mehrheitsverhältnisse zu sorgen.

Gerade auf diese Aufgabe waren die Parteien jedoch denkbar schlecht vorbereitet. Denn in der konstitutionellen Monarchie waren sie nicht gezwungen gewesen, durch Kompromisse regierungsfähige

4 Gustav Radbruch, Die politischen Parteien im System des deutschen Verfassungsrechts, in: Gerhard Anschütz und Richard Thoma, *Handbuch des deutschen Staatsrechts*, Bd. 1, Tübingen 1930, S. 289f.

Mehrheiten zu bilden. Das Erbe des Kaiserreichs prägte Selbstverständnis und Verhaltensmuster der Parteien auch noch nach 1918. Nur zögernd mochten sie sich mit der neuen Rollenverteilung anfreunden, die ihnen weniger Grundsatztreue, dafür aber um so mehr Koalitionsfähigkeit abverlangte.

Besonders schwer taten sich die Sozialdemokraten. Im Kaiserreich als »Reichsfeinde« und »vaterlandslose Gesellen« verteufelt, sprangen sie im November 1918 in die Bresche, um den Übergang zur parlamentarischen Republik möglichst reibungslos zu vollziehen. Doch die ihnen zugefallene Regierungsverantwortung empfanden nicht wenige führende Sozialdemokraten eher als Last denn als Chance zu durchgreifender Neugestaltung. Schon bald begannen sie, sich nach der gewohnten Oppositionsrolle der Vorkriegszeit zurückzusehnen – nicht zuletzt aus Furcht davor, sich durch eine Koalition mit bürgerlichen Parteien zu kompromittieren und Anhänger an die linke Konkurrenz, die USPD, später die KPD, zu verlieren. Die in der Kaiserzeit ausgebildete sozialdemokratische Gegenkultur mit ihrem weitgespannten Vereinsnetz behielt auch in der Weimarer Republik ihre Bindekraft. Ebenso wirkte der Schwebezustand fort zwischen praktischer Reformpolitik und der Vision einer künftigen sozialistischen Gesellschaft. Das Heidelberger Parteiprogramm von 1925 mit seinen marxistischen Elementen entsprach eher dem Selbstverständnis einer oppositionellen Klassenpartei im kaiserlichen Deutschland als dem einer Staatspartei der Weimarer Republik.

Vor einem anderen Dilemma sah sich die rechte Flügelpartei, die Deutschnationale Volkspartei (DNVP), in der sich nach 1918 nicht nur die verschiedenen konservativen Gruppierungen des Kaiserreichs, sondern auch Teile des nationalliberalen Lagers zusammengeschlossen hatten. Sie verstand sich einerseits als große antiparlamentarische Sammlungsbewegung; andererseits mußte sie sich an die Spielregeln des parlamentarischen Systems halten, wenn sie politisch Einfluß nehmen und die ökonomischen Interessen ihrer Klientel, vor allem der Großagrarier, ins Spiel bringen wollte. Aus diesem Zwiespalt ergab sich ein ständiges Schwanken zwischen prinzipieller Opposition gegen das verhaßte »System« von Weimar und der Bereitschaft zu begrenzter Mitarbeit. Ein Vertreter des rechten Parteiflügels faßte diesen Zwiespalt 1924 in die Worte:

»Ich bin mir bewußt, daß weite Kreise namentlich der Wirtschaft von uns verlangen, daß wir in das Geschäft hineingehen: nun gut, dann gehen wir doch hinein, aber dann auch mit dem festen Willen, uns parlamentarisch nicht wieder hinausdrängen zu lassen, d. h. mit anderen Worten: Wir müssen den parlamentarischen Weg mißbrauchen, um in die Machtstellungen des Staates zu kommen mit der festen Absicht, eines Tages von diesen Machtstellungen das Parlament zu vernichten.«[5]

Demgegenüber sah sich das Zentrum als klassische Partei der Mitte. In diesem schon vor 1918 kultivierten Selbstverständnis spiegelte sich das heterogene Sozialprofil ihrer Anhänger: Als politische Vertretung vor allem der katholischen Bevölkerungsteile erfaßte das Zentrum Angehörige verschiedener Schichten und Klassen. Grundsätzlich zeigte es sich bündnisfähig nach rechts wie nach links – unter der Voraussetzung, daß die Partner die Geschäftsgrundlagen der parlamentarischen Demokratie akzeptierten. Daraus resultierte ein hohes Maß an Flexibilität; bei fast allen Regierungsbildungen in der Weimarer Republik fiel dem Zentrum eine Schlüsselrolle zu.

Allerdings wurden die koalitionspolitischen Möglichkeiten der bürgerlichen Mitte beeinträchtigt durch die Schwäche des politischen Liberalismus, der wie im Kaiserreich in eine linksliberale und rechtsliberale Gruppierung gespalten blieb: in die Deutsche Demokratische Partei (DDP) und die Deutsche Volkspartei (DVP). Beide Parteien vermochten nicht, dauerhaft viele Wähler an sich zu binden. Die Politik der DVP war überdies stark beeinflußt durch großindustrielle Interessenverbände, die der Republik von Weimar distanziert bis ablehnend gegenüberstanden. Dementsprechend gab es in dieser Partei auch starke Vorbehalte gegen eine Koalition mit der SPD.

Bereits die Wahlen zum ersten Reichstag im Juni 1920 signalisierten den Verlust der republikanischen Mitte. Die Koalition aus SPD, Zentrum und DDP, die das Weimarer Verfassungswerk aus der Taufe gehoben hatte, erlitt eine schwere Niederlage. Hatte sie bei den Wahlen zur Nationalversammlung im Januar 1919 noch fast 80 % der Man-

5 Zit. nach Jens Flemming et al., *Die Republik von Weimar, Bd. 1: Das politische System*, Königstein/Düsseldorf 1979, S. 135

date auf sich vereinigen können, blieb sie jetzt deutlich unter der absoluten Mehrheit. Und diese Mehrheit sollte sie während der gesamten Weimarer Republik nicht wieder erlangen.

Damit begann eine Periode chronisch instabiler parlamentarischer Verhältnisse. Das Fehlen einer Parteienkoalition, die zu langfristiger Zusammenarbeit und gemeinsamer politischer Willensbildung bereit war, stellte die Weimarer Politik vor ein Dauerdilemma. An die Stelle handlungsfähiger Bündnisse trat ein System wechselnder Mehrheiten und taktischer Aushilfen. Regierungskrisen und Kabinettsumbildungen waren an der Tagesordnung, auch in der sogenannten Phase der »relativen Stabilisierung« zwischen 1924 und 1929. In den vierzehn Jahren der Weimarer Republik wechselten die Regierungen sechzehnmal, in manchen Jahren gleich zweimal hintereinander. Eine kontinuierliche Außen- und Innenpolitik war unter diesen Bedingungen illusorisch.

Erschwert wurde die Koalitionspolitik dadurch, daß die Regierungsfraktionen häufig nicht loyal hinter ihren Ministern standen, sondern sich eher als deren Gegenpol begriffen. Ging ihnen ein Kompromiß zu weit, ließen sie die von ihnen getragene Koalition platzen. Diskontinuität der Regierungspolitik und Verantwortungsscheu der Parteien bedingten sich wechselseitig. »Sobald die Regierung auf dem Gebiete der Gesetzgebung oder Verwaltung etwas tut, was gegen unsere Grundsätze verstößt, dann scheiden wir aus«, kritisierte der SPD-Abgeordnete Hermann Molkenbuhr seine eigene Fraktion im November 1923. »Also kann sich eine Regierung nur immer halten, wenn sie nichts tut. Mit dieser Taktik ist das parlamentarische System Unsinn.«[6]

Die Labilität des parlamentarischen Systems war kaum dazu angetan, das Vertrauen in die Funktionsfähigkeit der demokratischen Ordnung zu stärken. Daran gemessen erschien die Monarchie in verklärender Rückschau geradezu als ein Hort der Stabilität. Es wuchs der Verdruß am »Parteienstaat«, wie die Weimarer Republik abwertend genannt wurde. Die Wahlbeteiligung sank zwischen 1919 und 1928 von 83 auf 75,6 %, um nach 1930, im Zuge der allgemeinen Radikalisierung, wieder anzusteigen.

6 Zit. nach Flemming et al. (Anm. 5), S. 132

Ein Symptom der Parteienverdrossenheit war auch die fortschreitende Zersplitterung des Parteiensystems. Begünstigt wurde sie durch das Weimarer Wahlgesetz. Die Einführung des Verhältniswahlrechts anstelle des im Kaiserreich herrschenden Mehrheitswahlsystems bot auch kleinen Parteien eine Chance, in den Reichstag zu gelangen. Waren 1919 nur neun Parteien in der Nationalversammlung vertreten, waren es im fünften Reichstag 1930 fünfzehn. Hätte es damals eine Fünfprozent-Sperrklausel gegeben, wie sie die Bundesrepublik seit 1953 besitzt, hätten von diesen fünfzehn Parteien nur fünf den Sprung ins Parlament geschafft.

Auffallend war besonders ein Trend zur reinen Interessenpartei. Die Wirtschaftspartei etwa, die als »Reichspartei des deutschen Mittelstands« firmierte, kam bei den Reichstagswahlen 1928 immerhin auf 4,7% der Stimmen und schickte 23 Abgeordnete in den Reichstag. Die Flucht in Klein- und Kleinstparteien mit einseitiger Interessenbindung war – ebenso wie die Wahlenthaltung – ein Ausdruck des Unbehagens an der Weimarer Parteiendemokratie. Mit ihr einher ging der Niedergang der beiden liberalen Parteien, vor allem der DDP. Sie war 1919 mit über 18% der Stimmen drittstärkste Kraft (nach SPD und Zentrum) geworden, fiel aber 1928 bereits unter die Fünfprozentmarke, um nach 1930 in die völlige Bedeutungslosigkeit zu versinken. Der dramatische Wählerschwund der bürgerlichen Mitte gerade in den Jahren der »relativen Stabilisierung« zeigt, wie sehr antidemokratische, parteienfeindliche Ressentiments inzwischen an Boden gewonnen hatten. Sie bedrohten den Kernbestand des Weimarer Parlamentarismus, längst bevor die Wirtschaftskrise über Deutschland hereinbrach.

Am schärfsten artikuliert wurde die Kritik an Parlament und Parteien von einer Gruppe rechter Intellektueller und Publizisten, für die schon Ende der zwanziger Jahre die Sammelbezeichnung »Konservative Revolution« geprägt wurde. Was sie bei allen Unterschieden einte, war der Haß auf den Liberalismus. »Am Liberalismus gehen die Völker zugrunde« – so lautet die Kernthese von Arthur Moeller van den Brucks Buch *Das dritte Reich*, das im Jahr 1923 erschien und sofort ein großes Echo fand. In der liberalen parlamentarischen Demokratie sahen die Rechtsintellektuellen den Inbegriff allen Übels. Sie galt ihnen als ein vom Westen aufgepfropftes, der deutschen politischen Tradition wesensfremdes System, ein Ausfluß der Ideen von 1789, gegen die man 1914 angetreten war. Liberalismus und »Weimarer System« – das waren austauschbare Negativbegriffe. Sie standen für Schwäche, Niedergang, Verfall.

Für Oswald Spengler zum Beispiel war die Republik von Weimar – wie seine eingangs zitierte Bemerkung zeigt – gar keine Staatsform, sondern eine »Firma«, in der ein Klüngel von Geschäftemachern zum Zwecke des eigenen Vorteils um Posten und Einfluß rangelte: »Ministerpensionen blühten zu Hunderten in der Maiensonne des republikanischen Deutschland auf, und hinter dem Ministertanz erblickte man die offenen Mäuler und gierigen Augen von tausend Partei- und Gewerkschaftssekretären, Parteijournalisten, Vettern, Geschäftsfreunden, die noch nicht daran gekommen waren und für die immer neue Ausschüsse gebildet und neue Verordnungen durchgeführt werden mußten.«[7]

Der Staat war – nach dieser polemischen Beschreibung – zum Selbstbedienungsladen der Parteien verkommen. Im Parlament saß nicht etwa die Elite der Nation, sondern eine Negativauslese korrupter Parteipolitiker, die nur auf persönliche Bereicherung aus waren. *Die Herrschaft der Minderwertigen* – so lautete denn auch der Titel eines Buches von Edgar Jung aus dem Jahre 1927. Darin hieß es unter anderem:

»Die Beherrscher der Parteien sind meist mittelmäßige, keineswegs unkluge, aber kleinbürgerliche, ganz selten staatsmännisch eingestellte Köpfe. Es sind betriebsame ›Macher‹... In den großen Parteien siegt der Demagoge, in den kleinen der Intrigant... Wer die Beziehungen zu den Geldgebern, die Fäden zu bestimmten Machtgruppen, den Apparat der Parteibeamten in Händen hat, beherrscht die Partei... Für eine Partei arbeiten heißt ihm, andere Parteien zu schädigen. Keine Lüge ist zu niedrig, keine Verleumdung zu gemein, keine Behauptung zu dumm, um diesem erhabenen Ziele zu dienen. Je gewissenloser er agitiert, um so mehr belobt ihn die Partei für seine ›Treue‹.«[8]

7 Spengler (Anm. 2), S. 12
8 Edgar Jung, *Die Herrschaft der Minderwertigen, ihr Zerfall und ihre Ablösung durch ein neues Reich*, Berlin 1930, S. 14

Charakteristisch für derlei Betrachtungen war, daß sie sich auf reale Mißstände des parlamentarischen Betriebs von Weimar bezogen, diese aber maßlos überzeichneten. Das galt zum Beispiel für den Vorwurf der Korruption. In der Weimarer Republik gab es – wie in jedem politischen System – etliche Korruptionsfälle. Daß sie aufgedeckt werden konnten, war gerade der Wachsamkeit der liberalen Öffentlichkeit und der gegenseitigen Kontrolle konkurrierender Parteien zu danken. In der antidemokratischen Agitation indes erschien es so, als sei Korruption in Weimar nicht die Ausnahme, sondern die Regel – ein Wesensmerkmal des verachteten »Parteienstaates«.

Für die Unentbehrlichkeit von Parteien im Rahmen demokratischer Willensbildungs- und Entscheidungsprozesse fehlte in diesem von Ressentiments beherrschten Denken jedes Verständnis. Ein Standpunkt, wie ihn der liberale Religionsphilosoph und Kirchenhistoriker Ernst Troeltsch, einer der wenigen Anhänger der Weimarer Republik unter den Gelehrten, vertrat, war schon 1920 die Stimme eines Außenseiters:

»Parteien müssen sein. Sie sind das einzige Mittel der Regierungsbildung, ob sie einem gefallen oder nicht. Wer früher über Militär- oder Beamtenhochmut sich ärgerte, kann sich heute über die Parteizwistigkeit und Parteiselbstsucht ärgern. Ohne Dinge, über die man sich ärgert oder an denen man leidet, gibt es überhaupt keine Regierung. Regierung-schaffen und Regierung-ertragen ist leider immerdar ein schwieriges und unangenehmes Geschäft gewesen und wird es in jeder Form bleiben.«[9]

Obwohl selbst Nutznießer der liberalen Öffentlichkeit und des Parteienpluralismus, glaubten die Ideologen der »Konservativen Revolution« jedoch, die Weimarer Demokratie unablässig publizistisch diskreditieren zu dürfen. Sie schürten den Antiparteienaffekt in der Absicht, das gesamte parlamentarische System auszuhebeln und an dessen Stelle ein autoritäres Regime zu setzen. »Nichts verdient so sehr den Untergang als die Partei. Wer sie mit Feuer und Schwert austilgt, vollbringt ein frommes Werk« – so Edgar Jung.[10] »Wir setzen

9 Ernst Troeltsch, *Die Fehlgeburt einer Republik. Spektator in Berlin 1918 bis 1922*, Frankfurt 1994, S. 144

10 Jung (Anm. 8), S. 246

an die Stelle der Parteibevormundung den Gedanken des dritten Reiches« – so Moeller van den Bruck.[11] »Der Tag, an dem der parlamentarische Staat unter unserem Zugriff zusammenstürzt und an dem wir die nationale Diktatur ausrufen, wird unser höchster Festtag sein« – so Ernst Jünger.[12] Im Verlangen nach dem »dritten Reich«, einer »nationalen Diktatur« verdichteten sich die autoritären Sehnsüchte der Zeit. Ruf nach dem »starken Staat« – das hieß immer auch: Ruf nach dem »starken Mann«, einem »wahren Führer«, der sich über Parteiengezänk und Interessenpluralismus erheben und die »Volksgemeinschaft« wiederherstellen sollte.

Nicht zufällig richteten sich dabei manche Blicke auf den Reichspräsidenten. Denn je mehr die Integrationsfähigkeit der Weimarer Parteien nachließ, das Parlament sich selbst blockierte, desto mehr mußten sich die Gewichte zugunsten der präsidialen Elemente der Verfassung verschieben. Im April 1925 wurde – als Nachfolger des Sozialdemokraten Friedrich Ebert – Paul von Hindenburg im zweiten Wahlgang zum Reichspräsidenten gewählt. Diese Wahl war zweifellos »nichts Geringeres als ein stiller Verfassungswandel, eine konservative Umgründung der Republik«.[13] Denn der schon 78jährige ehemalige kaiserliche Generalfeldmarschall verkörperte als Repräsentant des untergegangenen wilhelminischen Reiches gerade jene Kräfte, die sich mit der demokratischen Ordnung von Weimar nicht hatten aussöhnen können. Daß künftig »mehr nach rechts« regiert werden müsse, war Hindenburgs Überzeugung seit seiner Amtsübernahme.

Schon früh wurden in der Umgebung Hindenburgs Pläne entworfen für die Etablierung eines autoritären Präsidialregimes, gestützt auf das Ausnahmerecht des Artikels 48 der Reichsverfassung. Öffentliche Unterstützung erhielten sie durch namhafte Weimarer Staatsrechtslehrer. In seiner vielbeachteten Berliner Rektoratsrede von 1927 forderte zum Beispiel Heinrich Triepel »eine Veredelung der ›egalitären‹ Demokratie durch ihre Umwandlung in eine Führer-

11 Arthur Moeller van den Bruck, *Das dritte Reich*, Berlin 1923, S. 2

12 Zit. nach Stefan Breuer, *Anatomie der Konservativen Revolution*, Darmstadt 1993, S. 123

13 Heinrich August Winkler, *Weimar. Die Geschichte der ersten deutschen Demokratie*, München 1993, S. 284

oligarchie«. An die Stelle der »unverantwortlichen Parteiorganisationen und der noch unverantwortlicheren, vielfach anonymen Mächte, die sich hinter ihnen verbergen«, müßten »selbständige und daher verantwortliche Staatslenker« treten.[14] Noch deutlicher wurde Carl Schmitt, der schärfste Kritiker des Weimarer Parlamentarismus, in einem 1929 veröffentlichten Aufsatz, der den Titel trug: »Der Hüter der Verfassung«. Darin erklärte er den Reichspräsidenten zur einzigen Kraft, die dem selbstzerstörerischen Treiben der Parteien Einhalt gebieten könne. Auf ihn sei »die Staatsordnung des heutigen Deutschen Reiches in demselben Maße angewiesen, in welchem die Tendenzen des pluralistischen Systems ein normales Funktionieren des Gesetzgebungsstaates erschweren oder sogar unmöglich machen«.[15] Was Schmitt vorschwebte, hatte weniger mit der Rettung der Verfassung zu tun als damit, den Reichspräsidenten in die Lage zu versetzen, die Weimarer Demokratie mit Hilfe des Artikels 48 aus den Angeln zu heben. Seine Vorschläge erregten große Aufmerksamkeit, nicht nur bei den Beratern Hindenburgs, der Reichswehrführung und den Publizisten der »Konservativen Revolution« und des »Tat«-Kreises, sondern auch in den bürgerlichen Parteien.

Im Oktober 1928 wurde der Pressezar Alfred Hugenberg, Exponent eines extremen Nationalismus, zum Vorsitzenden der Deutschnationalen Volkspartei gewählt. Er legte die DNVP, die in den Jahren zuvor zweimal der Regierung angehört hatte, wieder auf einen Kurs strikter Opposition fest. Auch im Zentrum kam es zu einer Schwenkung nach rechts, symbolisiert durch die Wahl des Prälaten Ludwig Kaas zum Parteivorsitzenden im Dezember 1928. Sein Staatsideal war nicht die Weimarer Parteiendemokratie, sondern »ein Führertum großen Stils«, das sich unabhängig machte von den Wechselfällen des parlamentarischen Betriebs. Neigungen zu autoritären Lösungen gab es auch in der DVP, und sie verstärkten sich nach dem Tode des Parteivorsitzenden, des Reichsaußenministers Gustav Stresemann, Anfang Oktober 1929.

14 Zit. nach Karl Dietrich Bracher, *Die Auflösung der Weimarer Republik*, Villingen 1960, S. 40

15 Carl Schmitt, *Der Hüter der Verfassung*, Berlin 1958, S. 158

Zu diesem Zeitpunkt regierte noch eine mehrheitsfähige parlamentarische Kombination: die seit 1928 amtierende »Große Koalition« von SPD bis DVP unter dem sozialdemokratischen Reichskanzler Hermann Müller. Als diese Regierung ein Jahr später, im März 1930, an ihren inneren Widersprüchen zerbrach, schlug den Befürwortern des Präsidialregimes die Stunde. Der neue Kanzler, der Zentrumspolitiker Heinrich Brüning, erhielt den Auftrag, unabhängig von den Mehrheitsverhältnissen im Reichstag, gestützt allein auf das Notverordnungsrecht des Reichspräsidenten, zu regieren. Was folgte, war eine dreijährige Agonie des parlamentarischen Systems, war der Durchbruch der NSDAP zur Massenbewegung und schließlich – nach den autoritären Zwischenstufen der Papen- und Schleicher-Kabinette – die Ernennung Hitlers zum Reichskanzler am 30. Januar 1933. Daß in der nationalsozialistischen »Volksgemeinschaft« für die Parteien außer der NSDAP kein Platz sein würde, dies hatte Hitler immer verkündet. Und dieses Versprechen machte er bald nach seiner »Machtergreifung« wahr.

Am Untergang der Weimarer Republik hatten die Parteien einen wesentlichen Anteil. Denn sie waren der Verpflichtung zum konstruktiven Kompromiß und zur Bildung einer arbeitsfähigen Mehrheit nur in unzureichendem Maße nachgekommen. Schwerer noch als die mangelnde Funktions- und Integrationsfähigkeit der Parteien aber wog die Tatsache, daß die parlamentarische Demokratie nur von einer Minderheit der Bevölkerung wirklich angenommen wurde und daß maßgebliche Teile der konservativen Eliten und der rechten Publizistik sie von Anfang an vehement bekämpft hatten. Die von ihnen mobilisierten Ressentiments gegen die Parteien erwiesen sich als die wirkungsvollste Waffe, um die Republik in Mißkredit und schließlich zu Fall zu bringen.

3

Die Abneigung gegen die Parteien überdauerte auch die Zäsur von 1945. In einem Vortrag aus dem Jahre 1951 über »Parteienstaat – oder was sonst?« mußte der Freiburger Staats- und Völkerrechtler Wilhelm Grewe feststellen: »Es gibt in Deutschland auch heute noch einen ganz starken antiparlamentarischen und parteifeindlichen Affekt. Diese Stimmungslage beschränkt sich keineswegs auf die breite Schicht der politisch Ungebildeten und Uninteressierten; sie erstreckt sich bis weit in die dünne politisch aktive intellektuelle Führungsschicht hinein. Sie herrscht vor allem in der Jugend und ganz besonders in der akademischen Jugend.«[16]

Zu einem ähnlichen Befund kam Gerhard Leibholz, Richter am Bundesverfassungsgericht, ein Jahr später. »Die Parteien« – so seine Diagnose – »waren unter der Bismarckschen Verfassung nicht populär. Sie waren es auch unter der Weimarer Verfassung nicht. Und sie sind es trotz der mit dem Nationalsozialismus gemachten Erfahrungen im Grunde genommen auch heute nicht.«[17]

Erst die – im Vergleich zu Weimar – bemerkenswerte Stabilität des sich herausbildenden Dreiparteiensystems in der Bundesrepublik, verbunden mit einer langanhaltenden Phase wirtschaftlicher Prosperität, sorgte allmählich für eine Auflösung des tiefeingewurzelten Antiparteienaffekts. Die Akzeptanz von Parteien und Parteiendemokratie nahm von Jahr zu Jahr zu, und auch die Studentenbewegung von 1968 mit ihrem parlamentarismuskritischen Impetus sollte daran nichts ändern. Im Gegenteil, die basisdemokratischen Impulse, die von ihr ausgingen, stärkten das politische System der Bundesrepublik, indem sie es vor Erstarrung bewahrten. Der »Marsch durch die Institutionen« bedeutete einen Demokratisierungsschub, der auch den Parteien neue Legitimation zuführte. Und der Einzug der Grünen in die Parlamente seit Beginn der achtziger Jahre bewies, daß das etablierte Parteiensystem flexibel genug war, um auch neuen sozialen Bewegungen eine Chance zu geben.

Seit der Wende von 1989/1990 hat sich die Situation geändert. Das Unbehagen an den Parteien artikuliert sich wieder deutlicher. So wenig im neuen Deutschland bislang zusammengewachsen ist, was angeblich zusammengehört – in einem Punkt scheint die Vereinigung geglückt: in der hüben wie drüben grassierenden Parteienverdrossenheit. Manches daran erinnert an die Verhältnisse der zwanzi-

16 Zit. nach Karl Friedrich Kindler, Der Antiparteienaffekt in Deutschland, in: *Gesellschaft–Staat–Erziehung*, Jg. 1958, S. 109

17 Zit. nach Kindler (Anm. 16), S. 109f.

ger Jahre. Die Integrations- und Bindekraft der etablierten Parteien läßt nach; die alten Milieus brechen auf; die Stammwählerschaft von CDU und SPD bewegt sich mittlerweile unterhalb der 30-Prozent-Marke. Die Zahl der Nichtwähler steigt: Wählten bei der »Wende«-Wahl 1983 noch 89,1%, so waren es 1987 84,3 und bei der ersten gesamtdeutschen Wahl 1990 78,5%. Noch deutlicher fiel der Rückgang der Wahlbeteiligung bei den Landtagswahlen der letzten Jahre aus.

Gleichzeitig werden vielerorts neue Parteien gegründet, welche die etablierten Parteien das Fürchten lehren wollen. Die bekannteste dieser Initiativen, die Hamburger »Statt Partei«, schaffte bei der Bürgerschaftswahl im September 1993 auf Anhieb den Sprung ins Landesparlament. Die neue Partei, die schon durch ihren Namen auf tradierte Antiparteienaffekte spekuliert, hat sich inzwischen bundesweit konstituiert. In ihr sammelt sich vorerst das Protestpotential in bürgerlichen Wählerschichten, die den Weg zu den rechtsextremen Parteien scheuen.

Der neuerliche Unmut an den Parteien speist sich aus ganz ähnlichen Quellen wie zur Weimarer Zeit: Im Zentrum steht der Vorwurf, daß die Parteien sich den »Staat als Beute«[18] angeeignet hätten, ihre Vertreter nur noch egoistisch ihre eigenen Interessen bedienten und sich um das Gemeinwohl nicht mehr scherten. Für diesen Vorwurf gibt es manche Anhaltspunkte. Der Speyerer Staatsrechtler Hans Herbert von Arnim, einer der schärfsten Kritiker der Parteien, hat anhand der Diätenskandale aufgezeigt, »zu welchen Auswüchsen eine parlamentarische Selbstbedienung führen kann«.[19] Die Soziologen Erwin und Ute Scheuch haben am Beispiel des Kölner Klüngels das »System der Vorteilsnahme« beschrieben, in dem Parteioligarchien um Posten schachern und sich untereinander die Pfründe zuschieben.[20] Daß »die« Politiker korrupt und »die« Parteien verkommen sind, gehört mittlerweile wieder zum Standardrepertoire deutscher Stammtische. Gewiß, weder von Arnim noch die Scheuchs wollen die Legitimität

18 Hans Herbert Arnim, *Der Staat als Beute. Wie Politiker in eigener Sache Gesetze machen*, München 1993
19 Ebd., S. 16
20 Erwin K. und Ute Scheuch, *Cliquen, Klüngel und Karrieren. Über den Verfall der politischen Parteien. Eine Studie*, Reinbek 1992

der Parteiendemokratie in Frage stellen; doch mit ihrer Pauschalkritik schüren sie dumpfe Ressentiments, die an traditionelle Aversionen gegen die Parteien anknüpfen.

Auf ein Paradoxon der gegenwärtigen Situation muß jedoch aufmerksam gemacht werden: Es gibt wohl einen verbreiteten Verdruß an den Parteien, aber keine Verdrossenheit an der Demokratie. Alle Umfragen belegen vielmehr »eine stabile Demokratiezufriedenheit auf hohem Niveau«, jedenfalls in den alten Bundesländern. Schon deshalb verbietet sich jede direkte Analogie zwischen dem Ende von Weimar und dem derzeitigen Zustand der Parteiendemokratie. Weimar war zwar keine »Republik ohne Republikaner«, aber die Republikaner befanden sich von Anfang an in der Defensive. In der Bundesrepublik scheint die Bereitschaft, für die Demokratie einzustehen, unvergleichlich größer zu sein, auch wenn diese Bereitschaft ernsthaft noch nie auf die Probe gestellt wurde. Das Grundgesetz war der Versuch, es anders und besser zu machen als in Weimar:

»Nie wieder sollte es möglich sein, die demokratische Ordnung auf legalem Weg zu beseitigen, nie wieder sollte ein republikanisches Staatsoberhaupt die Rolle des Ersatzgesetzgebers übernehmen und das Parlament ausschalten können, nie wieder eine negative, nicht regierungsfähige Mehrheit das Recht haben, einen Kanzler zu stürzen. Der Parlamentarische Rat ersetzte daher die relativistische durch eine abwehrbereite Demokratie; er verlieh dem Amt des Bundespräsidenten eine überwiegend repräsentative Bedeutung; er führte das konstruktive Mißtrauensvotum ein, das mehr als jeder andere Verfassungsartikel dazu beitrug, aus der Bundesrepublik eine ›Kanzlerdemokratie‹ zu machen. Und auch darin zog Bonn aus Weimar Konsequenzen, daß es die plebiszitäre Konkurrenz zur parlamentarischen Demokratie beseitigte und damit den Bundestag als Gesetzgebungsorgan stärkte.«[21]

Die mangelnde Kompromiß- und Koalitionsfähigkeit vor allem der rechten bürgerlichen Parteien, die Crux des Weimarer Parlamentarismus, existiert nicht mehr. Die Konservativen und die großen Wirtschaftsverbände stehen auf dem Boden der demokratischen Verfas-

21 Winkler (Anm. 13), S. 614

sung, die – auch dies ein Unterschied zu Weimar – den Parteien ausdrücklich die wichtige Aufgabe einer Mitwirkung an der politischen Willensbildung zuweist. Anders als die Weimarer Verfassung kennt das Grundgesetz keinen »Ersatzkaiser« in Gestalt des Reichspräsidenten. Eine Deformierung des politischen Systems in Richtung eines Präsidialregimes ist von daher ausgeschlossen. Richard von Weizsäckers vielbeachtete Philippika gegen den Machtmißbrauch der Parteien zielte nicht auf eine autoritäre Alternativlösung zum »Parteienstaat«, sondern im Gegenteil auf eine Stärkung demokratischer Beteiligungsrechte, auf eine Aktivierung der »Bürgergesellschaft«. Bewegte Weizsäcker sich damit aber – wie Bernd Weisbrod gemeint hat – nicht »selbst auf dem schmalen Grat einer Parteienkritik, die schon in Weimar mit einem überzogenen moralischen Anspruch und apolitischem Rigorismus den Nährboden für eine allgemeine Politikverdrossenheit abgab«?[22] Der Vorwurf ist nicht ganz unberechtigt. Jede exponierte Kritik an den Parteien steht gegenwärtig vor dem Dilemma, als populistisch mißverstanden zu werden. Sie muß deshalb ihre Worte sorgsam wägen, um der »Parteienverdrossenheit« nicht noch zusätzlich Nahrung zu geben.

Entscheidend aber wird sein, ob die Parteien die Kraft zur inneren Selbstreinigung aufbringen und überzeugende politische Konzepte für die Lösung der drängenden Probleme der Gegenwart – Arbeitslosigkeit, Umweltzerstörung, Zuwanderung etc. – anbieten können. An der Problemlösungsfähigkeit der Parteien wird sich auch entscheiden, ob Protestgruppierungen wie die »Statt Partei« Übergangserscheinungen bleiben oder ob sie zu Durchlauferhitzern werden für das Abdriften der bürgerlichen Mitte nach rechts. Und davon wird auch abhängen, ob Wahlenthaltung, die andere Spielart des Protests, nur eine vorübergehende Entfremdung von den etablierten Parteien bedeutet oder ob aus dem Potential der Nichtwähler das Reservoir für radikale, vor allem rechtsradikale Parteien wird.

Die reflexartige Beschwörung des Weimar-Syndroms hilft bei alledem wenig, wohl aber eine Besinnung auf die politischen Tugenden, die in vierzig Jahren Geschichte der Bundesrepublik ausgebildet wur-

22 Bernd Weisbrod, Die Wiederkehr der Krisen. Geschichtsbilder in der Wendezeit, in: *Blätter für deutsche und internationale Politik*, Heft 11 (1993), S. 1352

den. Dazu gehört zuallererst »die vorbehaltlose Öffnung der Bundesrepublik gegenüber der politischen Kultur des Westens«, die Jürgen Habermas als »die große intellektuelle Leistung unserer Nachkriegszeit« bezeichnet hat.[23] Daß gerade die Politik der Westbindung von den Vordenkern der jungen Rechten in der Bundesrepublik heute zur Disposition gestellt wird, ist ein alarmierendes Symptom. Antiliberales, antiwestliches, völkisch-nationales Denken – jenes brisante Gemisch, aus dem sich schon die Wortführer der »Konservativen Revolution« im Kampf gegen die Weimarer Republik munitionierten – hat in der jungen rechten Intelligenz wieder Konjunktur. Nicht zufällig erfreuen sich Oswald Spengler, Ernst Jünger, Arthur Moeller van den Bruck, Carl Schmitt neuer Beliebtheit, etwa im Umkreis der Zeitung *Junge Freiheit*, dem Forum des jungrevolutionären Konservatismus im vereinigten Deutschland.

Noch markieren solche Denkmuster Außenseiterpositionen im Spektrum der konservativen Kräfte. Die *FAZ* sah sich angesichts der unerwarteten Renaissance des antiwestlichen Denkens im Frühjahr dieses Jahres erstmals veranlaßt, deutliche Trennungsstriche zur jungen Rechten zu ziehen.[24] Das könnte sich allerdings ändern, wenn – wie Warnfried Dettling prophezeit – die CDU unter Wolfgang Schäuble sich von ihrer alten Rolle als Volkspartei verabschiedet und sich »als neue Partei rechts von der Mitte« etabliert.[25] Dann könnte die Idee der »Konservativen Revolution« auch in den Unionsparteien salonfähig werden; ihr Einfluß in rechtskonservativen Kreisen ist schon jetzt unverkennbar. »Wer durch das Land fährt und mit der Parteibasis diskutiert, spürt an allen Ecken und Enden den Einfluß der Neuen Rechten, sieht Berührungsängste schwinden«, so schreibt Friedberg Pflüger, einer der wenigen Querdenker in der CDU, in seinem Buch »Deutschland driftet«.[26]

23 Jürgen Habermas, *Eine Art Schadensabwicklung. Kleine Politische Schriften VI*, Frankfurt 1987, S. 135

24 Vgl. Ulrich Raulff, Auch eine geistige Welt. Rechte Replikanten oder Junge Leute in alten Traditionen, in: *Frankfurter Allgemeine Zeitung*, 13. 4. 1994

25 Warnfried Dettling, *Das Erbe Kohls. Bilanz einer Ära*, Frankfurt 1994, S. 148

26 Friedberg Pflüger, *Deutschland driftet. Die Konservative Revolution entdeckt ihre Kinder*, Düsseldorf u. a. 1994, S. 178

4

Bonn wurde nicht Weimar, Berlin wird nicht Weimar werden. »Wer auf die Wiederkehr des Gleichen wartet, läuft Gefahr, das Ungleiche zu verfehlen und damit den Kern der Wirklichkeit.«[27] Dennoch sollte eine Lehre von Weimar nicht in Vergessenheit geraten: wie rasch das Unbehagen an den Parteien in eine Krise des parlamentarischen Systems umschlagen kann, wenn die politische Mitte erodiert und der demokratische Konsens zerbricht.

27 Michael Stürmer, Die Schatten von Weimar, in: *Frankfurter Allgemeine Zeitung*, 12.12.1992

Klaus Naumann

»Neuanfang ohne Tabus«
Deutscher Sonderweg und politische Semantik

> Nichts kennzeichnet vielleicht besser den Wandel, der sich im deutschen außen- und innenpolitischen Bewußtsein abgespielt hat, als der Unterschied zwischen den Obertönen, die heute mitschwingen, wenn die Redewendung »die westlichen Demokratien« verwandt wird, und den Assoziationen, die vor einem Menschenalter mit diesen Worten verbunden waren.«
>
> (Ernst Fraenkel, 1960)

Ein Menschenalter später hat sich der Wind gedreht. Die Obertöne sind wieder einmal verändert. Zum Beispiel so: »Das Bekenntnis zur ›westlichen Wertegemeinschaft‹ (gemeint ist Jürgen Habermas; K. N.) hat fast den Charakter einer auf die totalitäre Durchdringung der gesamten Gesellschaft gerichteten politischen Utopie angenommen. Um eine Utopie handelt es sich zweifellos, weil eine ›irreversible‹ Entwicklung angestrebt wird, also ein finaler Zustand, der einmal festgeschrieben nicht mehr veränderbar ist. Totalitär muß diese Utopie deshalb genannt werden, weil es das Spezifikum totalitärer Systeme ist, den Anspruch auf vollständige ideologische Beeinflussung der gesamten Bevölkerung des Landes zu erheben.«

»Neuanfang ohne Tabus« nennt Brigitte Seebacher-Brandt diese Art von Argumentationen. Sie entstammen der Feder des Autorenteams Rainer Zitelmann, Karlheinz Weißmann und Michael Großheim, stehen aber stellvertretend für eine ganze Phalanx neudeutscher Freistilübungen.[1] Die zitierte Passage gewährt Einblick in die Denkmuster einer Neuen Unbefangenheit, die seit den achtziger Jahren die öffentlichen Meinungsmärkte zu erobern beginnt. Innerhalb nur zweier Sätze radikalisiert sich die Sprache bis zum Extremismusverdacht; hieß es eben noch »fast«, spricht der Nachsatz von »zweifellos«, von einem »Muß«. Und da »nach 1989 alles anders ist«, liegt den Autoren nichts näher als ein Umkehrschluß. Was vor 1989 als Westbindung begrüßt und bestätigt wurde, findet sich nun unter Beschuß: »Es handelt sich um ein spezifisch deutsches ›Sonderbewußtsein‹,« befinden die genannten Autoren, »das im Grunde die spiegelbildliche Entsprechung jenes älteren ›Sonderbewußtseins‹ darstellt, gegen das es sich richtet.«

Von den Jahren 1989/90 geht ein »Sog der Annullierung« (Dan Diner) aus, der die überlieferten Deutungen und Selbstbilder der inzwischen so genannten »alten« Bundesrepublik in Frage stellt. Daran allein wäre nichts Problematisches, wenn sich nicht die Obertöne so auffällig zu verändern begännen. Die Instrumente werden neu gestimmt, die Orchestrierung wechselt, und wie auch immer das neue Stück ausfallen mag – zunächst einmal kommt mehr Blech zum Einsatz. Distanzierende Sprachbilder haben Konjunktur, und ein cooler »Machtrealismus« meldet sich zu Wort. Mit Genuß werden echte und gern auch vermeintliche Tabus geknackt. Aber was angesichts des neudeutschen Pathos der Nüchternheit verblüfft, ist die unverhüllte Emotionalität, ja die engagierte Wut, mit der die Überzeugungen von gestern oder die neuernannten »Gestrigen« attackiert werden. Der Abschied vom besseren Selbst (neudeutsch: »Illusionen«) fällt schwer. Oder ist vielleicht alles viel einfacher: Die Angst vor den Unwägbarkeiten der Zukunft ist so groß, daß nur noch die Dämonisierung des »Gegners« als angemessene Folie neuerlicher »Normalität« zu dienen verspricht?

Die politischen Sprachspiele mit der Formel des »deutschen Sonderweges« oder »Sonderbewußtseins«, die man im Umfeld der neudeut-

1 Rainer Zitelmann, Karlheinz Weißmann und Michael Großheim (Hg.), *Westbindung. Chancen und Risiken für Deutschland*, Frankfurt/Berlin 1993, hier Einleitung der Herausgeber, S. 10. Alle folgenden Zitate, die nicht anders ausgewiesen sind, entstammen diesem Band.

schen »Enttabuisierer« beobachten kann, gewähren Aufschluß über die veränderten Maßstäbe. Und wenn diese Formel inzwischen zur Allzweck-Karikatur zu verkommen droht, so kann man daran ermessen, wie tief die Erschütterung deutscher Befindlichkeiten geht. Ein Randproblem ist das gewiß nicht, da haben die jungkonservativen Vordenker und ihre intellektuellen Fellow-travellers recht – es ist die Mitte selbst, die da mutiert.

Sonderweg und Gründungskonsens der »alten« Bundesrepublik

Debatten um den »deutschen Sonderweg« bzw. um ein »deutsches Sonderbewußtsein« haben die Geschichte der Nachkriegszeit begleitet. An der aktuellen Neuauflage ist also nichts Ungewöhnliches. Unabhängig davon, was im Sinne strenger historischer Befunde und Belege damit im einzelnen gemeint sein mochte (diese stehen hier nicht zur Diskussion), im politischen Signalsystem der post-faschistischen Republik ging es um eine deutliche Abgrenzung von der NS-Vergangenheit und von jenen antidemokratischen Traditionen, in deren Kontinuität das NS-Regime verortet wurde. So ist es kein Zufall, daß die Konjunktur der Sonderwegsdebatten den politischen Richtungskämpfen folgte.

Am Anfang war nicht etwa Adenauer (auch nicht Bismarck, der schon gar nicht), am Anfang war die Überzeugung, daß mit dem Nationalsozialismus und seinen Verbrechen eine Entfernung zu den zivilisatorischen Normen erreicht worden war, die nur durch eine entschlossene politische »Gegengründung« zu NS-Regime und Reich würde verringert werden können. Diesen Gründungskonsens der Bundesrepublik hat Kurt Sontheimer 1981 noch einmal beschworen: »Gibt man die These vom deutschen Sonderweg als notwendigen Bestandteil des politischen Bewußtseins dieser Bundesrepublik Deutschland auf oder löst man sie, wie zur Zeit die Dinge sich abzeichnen, in so viele Brechungen und Differenzierungen und Relativierungen auf, daß sie den in ihr enthaltenen Charakter eines moralischen Appells zur Diskontinuität und Umkehr einbüßt, dann bricht man dem deutschen Bewußtsein der Epoche nach dem zweiten Weltkrieg gewissermaßen das Rückgrat.«

Die sechziger Jahre brachten eine zweite Welle von Sonderwegsdiskussionen. Im engeren Bereich der Geschichtsforschung ist die Fischer-Kontroverse dafür bekannt geworden. Der Hamburger Historiker hatte in seinen Arbeiten über die kaiserliche deutsche Kriegszielpolitik der Vorkriegs- und Kriegsjahre den Nachweis erbracht, daß der nationalistische »Griff nach der Weltmacht« in einer älteren Tradition stand. Damit schien der Rückgriff bundesdeutscher Geschichtsbilder auf die gute alte Zeit des Kaiserreichs, die noch lange als Normalitätsideal gegolten hatte, endgültig verwehrt. Der konservative Historiker Michael Freund kommentierte 1964 die Wirkung von Fischers Entdeckungen denn auch mit der entsprechenden Schärfe: »Wenn es so wäre, daß 1914 dasselbe geschah wie 1939, daß nämlich die planvolle Entfesselung eines Weltkrieges... stattfand, dann können wir das Buch der deutschen Geschichte endgültig zuschlagen...« – Die Reformpolitiker und akademischen Analytiker bundesdeutscher Selbstbilder haben sich solchen geschichtsnihilistischen Beschwörungen nicht angeschlossen. Ihr Ziel war es vielmehr, der Bundesrepublik zu einem eigenen, stabilen und zivilen Selbstbewußtsein zu verhelfen, das die Vergangenheit nicht in Abrede stellte, die Bundesrepublik aber als Neubeginn begriff.

»Selbstanerkennung« lautete die von Golo Mann geprägte, ebenso innen- wie entspannungspolitisch bedeutsame Formel der sechziger Jahre. In diesem Klima war es dann völlig plausibel, daß Bundespräsident Gustav Heinemann 1971 jegliche Staatsfeierlichkeiten zum 100. Jahrestag der Reichsgründung absagte.

Wenige Jahre später wäre dies vielleicht schon nicht mehr möglich gewesen, und zwar nicht nur deshalb, weil mit Karl Carstens ein dezidierter Nationalkonservativer das Präsidentenamt innehatte. Die Revitalisierung dessen, was Sontheimer eine Sinnstiftung durch »unsere vordemokratische nationale Geschichte« genannt hat, setzte in den siebziger Jahren ein – zu einer Zeit also, als die begnadeten Spätgeburten der »Generation von 1989« gerade ihre politische Sozialisation durchlebten. Ein breites Angebot diskursiver Freiübungen zum Mut zu Nation, Identität, Geschichte, Macht- und Geopolitik sowie Werten und Tugenden prägte das Klima einer geistigen »Tendenzwende« und sorgte für den Rückmarsch ganzer Wortkolonnen in den öffentlichen Sprachgebrauch. Den Topos vom deutschen Sonderweg erreichte die Wende aber erst während der achtziger Jahre. In einer merkwürdigen geistigen Allianz von Stimmen aus der Friedensbewegung, Neokonservativen und DDR-Oppositionellen feierte eine Reihe von Signalwörtern ihren Advent, die eine neue Selbstverortung der Deutschen in (Mittel-)Europa ankündigten. Der »Sonderweg« kehrte in den politischen Sprachschatz bundes- wie doppeldeutscher Gegenwartsdiagnosen zurück, sei es als »besondere Lage« (»Schlachtfeld Europa«; »besetztes Land«) oder als »besondere Verantwortung« (»deutsch-deutsche Verantwortungsgemeinschaft«). Die Renationalisierung der Gefühle begann, noch ehe die Mauer fiel.

Wieder war es ein Bundespräsident, Richard von Weizsäcker, der in seinen Reden (*Die Geschichte geht weiter*) dem öffentlichen Stimmungswandel Ausdruck verlieh: »Die Friedensbewegung hat neue Bewegung auch in die offene deutsche Frage gebracht... Die Mitte ist geteilt, aber nach wie vor Mitte... Wir sind nicht nur der Osten des Westens, sondern auch der Westen der Mitte... Noch nie hat es eine endgültige Antwort auf die politische Struktur Zentraleuropas gegeben... Es wird nie endgültige Antworten auf die Frage nach der politischen Gestalt in der europäischen Mitte geben...« – Gewiß, das war damals, Anfang der achtziger Jahre, aus jenen Büchern Michael Stürmers übernommen, die seinerzeit zur Pflichtlektüre im Präsidial- und Kanzleramt gehörten, und gemünzt war es auf die aktuelle deutsche Frage. Doch der apokalyptische Ton hallt bis heute nach. Hier bereits wurde mit angeblichen geopolitischen Konstanten (»die Mitte Europas«) und ehernen historischen Regeln (»...nie endgültig...«) hantiert. – In einem veränderten Kontext konnte das zum Leitmotiv avancieren.

Wo endet der Sonderweg? Oder: »Vorbehaltlose Öffnung zur politischen Kultur des Westens«...?

Das Bild wäre indessen vereinfacht, würde man sich die aktuelle Debatte nur als Machination tatendurstiger Jungkonservativer vorstellen oder als modische Zuspitzung übernommener Stichworte deuten. Der Untergrund liegt tiefer. Jene Gegendeutungen, die heute Konjunktur haben, speisen sich aus geistigen Ressourcen, die in die politische Struktur der Bundesrepublik, der »alten« wie der »neuen«, eingeschrieben sind. Das macht die Auseinandersetzung noch brisanter, denn es geht nicht um den Konflikt zwischen legitimen und illegitimen Selbstbildern, sondern um nichts weniger als die unausgetragenen Ambivalenzen dieser zweiten deutschen Republik.

Für diese Zwiespältigkeiten ist nichts bezeichnender als die Tatsache, daß sich für all jene Verständigungen, die man abkürzend unter das Stichwort »Selbstanerkennung« stellen kann, ebenso rasch entsprechende Gegenpositionen benennen lassen, die im konsensuellen wie im institutionellen Gefüge der Bundesrepublik eine beträchtliche Reputation beanspruchen. Hatte Helmuth Plessner davon gesprochen, die Bismarcksche Reichsgründung habe einen »Staat ohne Idee« erzeugt, so kann man das von der Bundesrepublik gewiß nicht sagen – sie hat gleich zwei davon! Es muß hier genügen, diese strukturellen Ambivalenzen in einigen Stichworten zu skizzieren.

1. Entsprang die *Weststaatsgründung* (*Soviel Anfang war nie!*, Bonn 1989) der *Eigeninitiative* der westdeutschen Eliten – oder war sie eine durch die internationale Kräftekonstellation erzwungene *Verlegenheitsleistung* (gar ein Oktroi?) des Kalten Krieges? Je nach dem, welche dieser Deutungen betont wird, erscheint die Bundesrepublik entweder als originärer Neuanfang oder als Stiefkind der Zeitläufte. Und dementsprechend werden entweder die »verpaßten Chancen« früher (womöglich neutralistischer) Wiedervereinigungsangebote bedauert (so Zitelmann in dem Band *Adenauers Gegner. Streiter für die Einheit*, 1991), oder man wird geneigt sein, der Adenauerschen Skepsis gegenüber allzu raschen gesamtdeutschen Lösungen ein Recht zuzugestehen. Beide Positionen haben Auswirkungen auf die aktuelle Debatte, wie mit dem »Erbe« der »alten« Bundesrepublik verfahren werden soll.
2. Man kann die Bundesrepublik als explizite und kompromißlose *Gegengründung* zu NS-Staat und Reich begreifen, als ein Staatsprojekt sui generis, das nur auf einen geringen Fundus demokratischer Traditionen zurückgreifen konnte und sich erst eigener Traditionslinien versichern mußte (so Gustav Heinemann 1971) – oder man kann sie als *Fortsetzung des Deutschen Reiches mit anderen Mitteln* deuten. Das ist wiederum nicht so absurd, wie es klingt.

Mochten die Reichsleitung 1945 auch bedingungslos kapituliert und die Vier Mächte die Verantwortung für »Deutschland als Ganzes« übernommen haben, in der Rechtsprechung der obersten Gerichte geistert das »Reich« als Realfiktion weiter herum: »Das Deutsche Reich besteht als staatsrechtliche Einheit fort« (BGH-Urteil vom 25. September 1952; anschließend BVerfGE vom 31. Juli 1973). In der »herrschenden Lehre« ergibt sich daraus folgender, im westlichen Verfassungsdenken durchaus singuläre Dreisatz: 1. Das untergegangene Reich besteht fort (»Fortbestandsthese«). 2. Die Bundesrepublik ist mit diesem Reich (teil-) identisch (»Identitätsthese«). 3. Preisfrage: Nachdem die Bundesrepublik im Jahre 1990 durch den Beitritt des ostdeutschen »Sezessionsstaates« arrondiert worden ist, gewinnt das »Reich« nun jene »Handlungsfähigkeit« zurück, die ihm – gemäß der »herrschenden Lehre« – nach 1945 abhanden gekommen war?
Gewiß besteht kein unmittelbarer Anlaß, in solchen staatsrechtlichen Mystifikationen die Ankunft eines »Vierten Reichs« abzulesen. Und problematisch war (und ist) nicht der politische Wille zur Einheit. Doch die langjährige überpolitische Aufladung dieser Einheit mit Ge- und Verboten, Alleinvertretungsansprüchen und Kontinuitätskonstrukten bildet den Resonanzboden für die aktuelle National- und Gemeinschaftsrhetorik, die den Staat zur »Schutz- und Schicksalsgemeinschaft« (Wolfgang Schäuble) promoviert. Wird der Einheitsprozeß als eine Wiedervereinigung wahrgenommen, so deutet dies darauf hin, mit welcher Macht vorpolitische Deutungsmuster das neudeutsche Selbstverständnis fundieren. (Ganz zu schweigen davon, daß die völkische Substanz nach wie vor in den Staatsbürgerschaftsregelungen des Grundgesetzes präsent ist.)

3. Wie weit die *Westbindung* gehen soll, wird in den aktuellen Kontroversen gefragt. Zitelmann und seine Ko-Autoren, auch hier Symptomträger tiefgründiger Ambivalenzen, haben 1993 die Alternative polemisch, aber nicht ganz unzutreffend so beschrieben: Nun trennen sich »jene, die die Westbindung der Bundesrepublik als probates Mittel gegen die Wiederentstehung des Nationalstaates sahen, von denjenigen, die in ihr ein Mittel zur Überwindung der Teilung sahen« (S. 16). War also die Westbindung nur eine *in-*

strumentell gehandhabte Souveränitätskrücke, um der Bundesrepublik Handlungsfähigkeit zu verschaffen und – auf kurze oder lange Sicht – den Weg zur Einheit zu ebnen, um danach zur Disposition zu stehen – oder entsprang die Westintegration einer *prinzipiellen*, konstruktiven und politisch-normativen Entscheidung, einer »vorbehaltslosen Öffnung zur politischen Kultur des Westens« (Habermas), deren Grundüberzeugung auf dem Demokratiemodell der europäischen Aufklärung, der Absage an das überkommene Nationalstaatsmodell und auf einer wohlverstandenen »Selbstbindung« basiert?
Nicht zuletzt die schwelende Debatte um die Perspektiven europäischer Integration nach Maastricht ist von diesem Wertungsgegensatz betroffen. Kann man sich heute noch vorstellen, daß aus jener Passage der Präambel des Grundgesetzes, die mit den Worten, das deutsche Volk wolle als »gleichberechtigtes Glied in einem vereinten Europa dem Frieden der Welt dienen«, ein ähnlicher Handlungsdruck erwächst wie aus dem sogenannten Wiedervereinigungsgebot derselben Präambel?

4. War die »alte« Bundesrepublik ein dauerhafter und produktiver Abschied vom *deutschen Nationalstaat* als dem angeblich letztinstanzlichen Souverän der (Außen-)Politik – oder war das nationale Credo nur umständehalber verpuppt? Je nach Wertschätzung der einen oder anderen Alternative wird die »alte« Bundesrepublik zum Provisorium degradiert, oder sie gewinnt bzw. behält Verbindlichkeiten für künftige Selbstdeutungen einer postnationalen Republik.
5. Was für die vorstehenden Alternativen gilt, trifft auch für den Topos der *Mittellage* zu. War die Absage an Mittellage, Sonderexistenz und Sendungsbewußtsein nur den widrigen Zwängen der Blockkonfrontation geschuldet? War hier eine geopolitische Konstante der deutschen Geschichte nur zeitweise verdeckt? Folgt man der Ratio der »ewigen Mitte«, würden die inner- und gesellschaftspolitischen Optionen rasch in den Sog eines wiedererstandenen Primats der Außenpolitik geraten.

In den politischen Kontroversen der vergangenen Jahrzehnte standen diese Alternativen immer wieder zur Diskussion. Neu an der Auseinandersetzung nach 1989/90 ist also nicht das Auftreten dieser Ambivalenzen. In den Vordergrund getreten ist vielmehr die »andere Seite« des jeweiligen Deutungspaares, eine Entwicklung, die sich bereits in den achtziger Jahren angekündigt hatte, als sich die Bundesrepublik zurück auf den Weg nach Deutschland begab. Das Signalwort »Sonderweg« hatte bis dahin – als Negativfolie – die eine Deutungsvariante von der anderen isoliert und die konventionelle Argumentationsfigur – in gewissen Grenzen – unter besondere Begründungszwänge gesetzt. Dieser Zwang ist entfallen. Mehr noch: Die Beweislast ist umgekehrt worden.

Die Konsequenzen zeigen sich in drei Zeiterscheinungen: in der Umwertung der »alten« Bundesrepublik; in der Annullierung all jener Versuche, ein genuin bundesrepublikanisches Selbstbewußtsein herauszubilden; und schließlich in veränderten außenpolitischen Wahrnehmungen und Maßstäben.

Bundesrepublik – am Ziel oder am Ende?

Mit der Vereinigung ist die »alte« Bundesrepublik zum »Pufferstaat« (Charles S. Maier) geworden, der zwischen dem Dritten Reich und dem vereinten Deutschland liegt. Der Rückblick auf die NS-Periode wird mediatisiert durch eine vierzigjährige Zwischenperiode, eine Verschiebung der Perspektive, die den Nationalsozialismus mehr noch als bisher dem Ansinnen der »Historisierung« und seine Opfer den Effekten einer »Erinnerungsroutine« (Saul Friedländer) ausliefern wird. Parallel dazu zeigen sich – seit 1990 – drastische Konsequenzen für die Bewertung der »alten« Bundesrepublik selbst. Ein knapper Rückblick auf die rasant wechselnden Prädikate, mit denen die Bundesrepublik in den letzten Jahren bedacht wurde, kann den Klimasturz verdeutlichen, der dem neudeutschen Diskurs zum Durchbruch verhalf.
Als die Bonner Republik im Frühsommer 1989, ungestört von Einheitsahnungen, ihren vierzigjährigen Bestand feierte, wurden Bilanzen einer »Erfolgsgeschichte« veröffentlicht, sicher geschönt, aber in vielem nicht unzutreffend: »Die Bundesrepublik kann sich feiern« (*Kölner Stadt-Anzeiger*); »Die Westdeutschen werden ihren demokratischen Nachbarn immer ähnlicher«; die Republik erreiche eine

»wohltuende Reife« (*Rheinischer Merkur*); »Wir können stolz auf unsere Leistungen sein« (Bundesminister Friedrich Zimmermann, *Die Welt*); »Die erste Republik von Dauer« (*Die Zeit*); »Der lange Weg zur selbstbewußten Demokratie« (Hans Maier, *FAZ*); »Katastrophe mit Happy-End« (*Süddeutsche Zeitung*). Schon zehn Jahre zuvor, zum dreißigjährigen Gründungstag, war der Berliner Zeithistoriker Arnulf Baring des Lobes voll gewesen für den konsolidierten Weststaat, seine »Vitalität« und »Elastizität«, die ostpolitisch erworbene »Handlungsfreiheit«. Die Bundesrepublik galt damals als selbständig, normal, endgültig, kurzum als »Definitivum« (Hermann Rudolph, 1979). Selbst ihr oft beklagtes nationales Defizit galt als Vorzug, denn »das Zeitalter der Nationalstaaten ist vorbei« (Michael Stürmer, 1985).

Als dann, plötzlich und langerwartet, die Einheit da war, fielen die Bewertungen in den Keller. Nun avancierte die »alte« Bundesrepublik zum »entnationalisierten Gebilde«, dem »1945 mehr vom Wagen gefallen (war) als uns guttut« (Arnulf Baring, 1991): »Puppenheim«, »Krämerseelen«, »Machtvakuum« lauteten die neuen Qualifikationen (ders.). Oder so: »Kasper der Weltpolitik« (*FAZ*), »impotenter Zwerg« (*Rheinischer Merkur*), »politischer Ausnahmezustand« (*Die Welt*), »Provinzstatus« (Karl Schlögel u.v.a.m.), »Kopfgeburt der Demokratie« (Friedrich Tenbruck)... Da bedurfte es nur noch eines winzigen Geistesblitzes, um jenes Signalwort, mit dem die Bonner Republik sich gegenüber ihrem Vorgänger und Antipoden abgegrenzt hatte, auf sie selbst anzuwenden, um damit dem Deutungs- und Verwirrspiel eine letzte Drehung zu geben. Diese Palme gebührt nicht den Jungkonservativen, sondern einem liberalen Journalisten – Hermann Rudolph. Der entdeckte nun plötzlich die »bundesrepublikanische Sonderwegsexistenz« (*SZ*, 16.6.1990). Später erst zogen die neudeutschen »Enttabuisierer« in der von Zitelmann et al. 1993 herausgegebenen *Westbindung* nach und verorteten den Weststaat »jenseits der Geschichte« (Panajotis Kondylis), attestierten ihm eine »Sonderrolle« (Karl Feldmeyer) oder meinten ein »Sonderbewußtsein« zu entdecken, das »alles Hoffen auf die Vollendung der Westintegration der neualten Bundesrepublik« setze (Tilman Mayer).

Ein wahrhaft paradoxer Befund, weithin geteilt bis in die Mitte des politisch-publizistischen Spektrums, hat sich herauskristallisiert:

1. In dem Moment, als die »alte« Bundesrepublik durch den Beitritt der »fünf neuen Länder« gleichsam definitive Geltungsmacht erlangte, begann ihre Geschichte annulliert und zum »Sonderfall« marginalisiert zu werden. Die gefeierte »Wiederkehr der Geschichte« hatte den Verlust von Geschichte zur Morgengabe.
2. Unter der Hand wurde der *Weg aus der* anstelle des *Weges in die* Katastrophe des NS-Regimes zum »Sonderweg« erklärt. Die Normalisierung der NS-Vergangenheit bedient sich der Exzeptionalisierung der BRD-Vergangenheit.
3. Mit diesen Umwertungen verträgt es sich gut, wenn in neueren historischen Arbeiten (wiederum in der Herausgeberschaft von Rainer Zitelmann et al.; Zitelmann, 1991) der Nationalsozialismus modernisierungstheoretisch gewinnt, was die Bundesrepublik nationalgeschichtlich verliert. Beide Interpretationslinien treffen sich in der impliziten Verachtung der politischen Normen einer postnationalen Republik. In der Schnittmenge addieren sich ein vorpolitisches Nationalgefühl, nüchterner Modernisierungswille und eine realpolitisch gestylte Schlußstrich-Rhetorik.

Wie in Trance greifen die historischen Orientierungsangebote für das vereinte Deutschland über die Bundesrepublik, die NS-Zeit und die Weimarer Republik auf das Kaiserreich zurück, in dem man die Inkarnation eines ersten deutschen Nationalstaates zu entdecken glaubt: »Deutschland ist nach wie vor, oder wieder neu, das Bismarck-Reich, allerdings in der Form, die ihm die Adenauer-Republik gegeben hat.« (Arnulf Baring, 1991) Oder deutlicher: »Machtpolitisch gesehen befindet sich die Bundesrepublik Deutschland seit dem Sommer 1992 wieder in jener verdeckten, halbhegemonialen Stellung, wie sie das Bismarckreich nach 1871 oder die Weimarer Republik mit Abschluß des Rapallo-Vertrages 1922 besaß.« (Jochen Thies, Ressortleiter Außenpolitik, *Die Welt*, S. 524) »Jetzt ist Deutschland in die Mitte Europas zurückgekehrt. Unter neuen, nicht mehr nur vorrangig sicherheitspolitischen Vorzeichen steht auch der Streit der Traditionen wieder auf der Tagesordnung.« (Karl-Eckhard Hahn) Mit solcher Rhetorik befindet sich die Bundesrepublik gewiß nicht auf einem Sonderweg. Doch problematisch und voller Anklänge an die Stereotypen deutschen »Sonderbewußtseins« (Bracher) sind die historischen Ortsbestimmungen und Traditionsbilder, die allenthalben – und nicht nur von rechtsaußen – vorgetragen werden. Fragwürdig sind die Deutungsangebote und Orientierungsmuster, die in solchen Bezügen aufscheinen. Allesamt entstammen sie einer Zeit »deutscher Sonderung von Europa«.

Revanche für 1968 – oder mehr?

Die neonationalistischen Normalisierungsdebatten der letzten Jahre werden oft als Abgrenzungsgefechte vom vielgeschmähten Erbe der 68er wahrgenommen. Geht es nach dem Selbstbild der Protagonisten, so steht die »Generation von 1989« gegen die »Generation von 1968«. Es wäre allzu bequem (obwohl »bündnispolitisch« verlockend), den Konflikt auf dieses komfortable Feindbild zu gründen. Die Reichweite der Kontroverse ist beträchtlich größer.
Die Ausprägung eines bundesdeutschen Binnenbewußtseins, das jetzt in Frage gestellt wird, war kein originales Werk und auch kein exklusives Ziel der außenparlamentarischen Bewegungen der Endsechziger. Führt man sich vor Augen, wem die Annullierungsbemühungen gelten, gerät ein differenziertes Spektrum liberaler und liberalkonservativer, linksliberaler, sozialdemokratischer und linker Intellektueller, Reformpolitiker, Wissenschaftler und Publizisten ins Bild, die entscheidend zur Ausbildung des bundesdeutschen Selbstgefühls beigetragen haben. Ihre Hochzeit waren die sechziger Jahre, nicht nur »1968«, jene erste Aufbruch- und Reformperiode zwischen – um es in Buchtiteln zu formulieren – Martin Walsers *Alternative oder Brauchen wir eine neue Regierung?* (1961), Hans Werner Richters *Bestandsaufnahme. Eine deutsche Bilanz* (1962) und, sagen wir, Carl Nedelmanns und Gert Schäfers *CDU-Staat* (1967). In diesen Kontext gehören auch die von Zitelmann jüngst gescholtenen »domestizierten« oder »Nischenkonservativen«, die »das Doppeltrauma der Niederlagen von 1933ff. und 1968ff.« nicht überwunden hätten (*Die Welt*, 5.3.1994). Zieht man die denunziatorischen Implikationen ab, bleiben eine Reihe von Wissenschaftlern und Publizisten übrig, die in den sechziger Jahren wichtige Arbeiten vorgelegt hatten, in denen sie

mit den deutschen Sonder-Traditionen abrechneten, den Weg zum Nationalsozialismus analysierten und unmißverständlich eine Neubegründung des bundesrepublikanischen Selbstverständnisses anmahnten. Um nur einige Namen und Themen zu nennen: Karl Dietrich Brachers Kritik des »*Primats der Außenpolitik*« (1963), seine vielfältigen Auseinandersetzungen mit den fragwürdigen politischen Traditionen der Deutschen in Vergangenheit und Gegenwart (etwa zur *Spiegel-Affäre* oder den Notstandsgesetzen); Kurt Sontheimers Arbeiten über das antidemokratische Denken in der Weimarer Republik und dessen zeitgenössische Fortsetzungen (1962/68); Wilhelm Hennis' Kritik der deutschen Staatsmythen; oder Hermann Lübbes Auseinandersetzung mit der deutschen politischen Philosophie und dem »Geist von 1914«. Die Radikalisierungen der 68er haben sie nicht geteilt, sie wurden nach rechts getrieben oder entdeckten für sich neue politische Heimstätten. Aber Rainer Zitelmann hat die Konvergenzen der – in sich sehr heterogenen – ersten politischen Generation der Bundesrepublik ganz zutreffend erkannt, wenn er schreibt, »der Traum vom Ende des Nationalstaates war keineswegs nur ein linker Traum«; er wurde auch von »vielen liberalen und katholisch-konservativen Intellektuellen« geteilt. Erinnert sei stellvertretend an die Debatte in der katholischen Zeitschrift *Hochland* (1967/68), in der Burghard Freudenfeld forderte, endlich eine »politische Gesellschaft«, d. h. ein »bundesdeutsches Staatsvolk«, zu konstituieren. »Nicht ein verstärktes Nationalgefühl, sondern konkreteres Demokratiebewußtsein tut not«, schrieb M. Rainer Lepsius in einem Debattenbeitrag. Er fuhr fort, als ob er zur heutigen Debatte Stellung nähme: »Wir können uns nicht einfach mit der Geschichte Deutschlands identifizieren, in ihr einen vorgegebenen Rahmen unserer Existenz sehen. Der Nationalsozialismus hat dies definitiv unmöglich gemacht. Die Identität der Deutschen ist durch diese Erfahrung nicht mehr trans-politisch begründbar« (Lepsius, 1968).

Wenn es je eine produktive politisch-kulturelle Verwestlichung gegeben hat, dann in den sechziger Jahren, unter der engagierten Teilnahme jener ersten politischen Generation, die später – nach den Polarisierungen von 1968 – in alle Winde zerstoben ist.

So war es doch nur eine Zeiterscheinung? Nehmen wir den späten Bracher. Die deutsche Einheit war für ihn wie für die meisten der

Vorgenannten kein Tabu-Thema. Aber er schrieb noch 1986: »Die Bundesrepublik ist trotz der fortdauernden Bedeutung der deutschen Frage kein Sonderfall, der die Deutschen auf Sonderwege verweist. Ihre geographische Mittellage zu dramatisieren, wie es in der nationalen Identitätsdiskussion immer wieder geschieht, hieße, die wehleidigen Klagen und auch die überheblichen Gedanken aus einer schließlich fehlgegangenen deutschen Vergangenheit zu wiederholen. Ihre Lage macht die Bundesrepublik vielmehr zu einem offenen, lebendigen Schauplatz für alle zeitgenössischen Tendenzen...« Die Suche nach einem »Teilstaatenpatriotismus« fand er nicht verwerflich, sah die Antwort aber nicht »in den scharfen Alternativen der Nationalstaatstheorie«. Er empfahl der Bundesrepublik, *horribile dictu*, »als postnationale Demokratie unter Nationalstaaten zu leben« (Bracher, 1986).

»Baum oder Bonsai?« Kontraphobische Außenpolitik und ihre Tücken

So wie sich die Sonderweg-Semantik in der innerpolitischen Debatte von historisch informierten und normativ-kritischen Verwendungszusammenhängen abgelöst und Identitätsdiskursen angelagert hatte, durchlief sie auch in außenpolitischen Diskussionen einen analogen Bedeutungswandel. Auch hier stehen die Jungkonservativen nicht allein, und sie sind auch nicht die ersten. Seit der Stationierungsdebatte und später dann während des Golfkrieges firmierte unter »Sonderweg« die Anmahnung eines, wie auch immer gearteten, »Alleingangs« bundesdeutscher Politik gegenüber der NATO oder der internationalen Gemeinschaft. Mit der deutschen Vereinigung hat auch dieses Argument eine Radikalisierung erfahren.
Die Debatte geht, das ist ganz unvermeidlich, um die Formulierung »deutscher Interessen«. Problematisch ist dabei nicht der Bedeutungszuwachs des neuen Einheitsstaates, und verwerflich ist auch nicht das Ansinnen einer führenden Handelsnation, »Weltpolitik« zu betreiben (sie macht es ohnehin). Wie im innerpolitischen Diskurs sind es jedoch die Obertöne, die sich auffällig verändert haben.

Vordenker der Neurorientierung sind nicht die Jungkonservativen, sondern beispielsweise der Adenauer-Biograph und Zeithistoriker Hans-Peter Schwarz, der den »gezähmten Deutschen« schon 1985 »Machtvergessenheit« bescheinigt hatte. Eine Liste der außenpolitischen Denkschulen, die Schwarz 1979 vorgelegt hatte, liest sich heute wie die Programmschrift anstehender Revisionen. Die älteren Ansätze der Außenpolitik, schreibt er, waren nach 1945 verständlicherweise »stark diskreditiert – also die deutsche Großmachtpolitik, die Absolutsetzung der Nation, das Vertrauen auf autonome Sicherheit durch militärische Macht oder die Hinnahme des Krieges als ultima ratio der Außenpolitik«. An ihre Stelle seien »liberale, föderalistische, sozialdemokratische, pazifistische Denkschulen« getreten, die einen eigenen politischen Stil – Schwarz nennt ihn »vorbehaltlosen Internationalismus« – ausbildeten: »unbedingte Friedlichkeit, makellose Vertragstreue, vorbildliche Kooperations- und Kompromißbereitschaft, behutsamer Respekt vor den Interessen und Empfindlichkeiten anderer Staaten, Internationalismus statt Nationalismus, Friedenspolitik statt Machtpolitik«!

Nun ist kaum eine Karikatur so schlecht, daß sie nicht auch einen wahren Aspekt hätte; aber das Revisionsverlangen, das sich in dieser Charakerisierung andeutet, in der späteren Schrift *Die gezähmten Deutschen* (1985) ausformuliert und zuletzt in der Anklageschrift *Außenpolitik ohne Konzept* (Schwarz, 1993) zugespitzt wird, beschreibt recht gut jene habituelle wie konzeptionelle Distanzierung vom Westen, die in den aktuellen Schriften der Jungkonservativen inzwischen zum guten Ton gehört. Die alten Stereotypen der deutschen »Realpolitik« kehren, kaum verhüllt, wieder zurück. Da steht dann das »Interesse« wieder gegen die »Moral«, die »Realpolitik« gegen die »Prinzipienpolitik«, unter Umständen auch die »Macht« gegen das »Recht«, die »Handlungsfähigkeit« gegen die »Bindungen«. Der Oberton ist getragen von einer unterkühlten Dramatik, die natürlich jegliche Verwandtschaft mit dem apokalyptischen Duktus der Friedensbewegung (»Es geht ums Überleben!«) weit von sich weist – und cool verkündet: »Auf dem Spiel steht... (das) Überleben in einer chaotischer werdenden Welt. Dies ist das Hauptziel jeder Außenpolitik.« »Baum oder Bonsai« lautet für Herbert Kremp (*Die Welt*) die Stilalternative, vor der das neue Deutschland steht, eine freundliche Umschreibung des anstehenden Kampfes der Traditionen und Denkschulen in der Außenpolitik.

Freilich, Bonn ist noch nicht soweit. Die Emanzipationsversuche von dem nunmehr als störend wahrgenommenen Erbe der alten »teilsouveränen« Bundesrepublik sind eher Gelegenheitsaktionen und Übungsläufe. Aber immerhin, sie wirken auf ihre Art stilbildend, so daß sich die neonationalistischen Kritiker mitunter darin wiedererkennen können. Etwa in der Solo-Aktion diplomatischer Anerkennung von Slowenien und Kroatien (Stichwort: »Selbstbestimmungsrecht der Völker«), im asylpolitischen Bilateralismus mit Polen oder im Bonner Drängeln nach Fall-zu-Fall-Koalitionen, die sich den gegebenen bündnispolitischen Integrationszwängen entziehen (beispielsweise UN vs. NATO vs. WEU).

Die »andere Seite« der deutschen Ambivalenzen ist auf dem Gebiet der Außenpolitik dabei, einen für die deutsche Geschichte typischen Zirkel von Vermeidungsverhalten und Wiederholungszwang in Gang zu setzen. Die Unwägbarkeiten und Abgründe der durchaus präsenten »dunklen Vergangenheit« werden mit einem Sicherheitsverlangen beantwortet, das sich – kaum ist die vermeintliche »volle Souveränität« errungen – sofort anschickt, nach ehernen Determinanten, geopolitischen Konstanten und sonstigen schicksalhaften Mächten zu greifen, um die Gespenster der Freiheit zu bannen. Alte »Zwangslagen« werden beschworen, die »Macht der Verhältnisse« in Anschlag gebracht und die zweckrationalen »Mittel« (beispielsweise »wirtschaftliche und militärische Macht«; Generalinspekteur Naumann) mit einer Unausweichlichkeit präsentiert, die jeder Handlungsfreiheit Hohn spottet und nur den fragwürdigen moralischen Gewinn der Unverantwortlichkeit wird verbuchen können (»Das haben wir nicht gewollt!«).

Ein kontraphobischer Zirkel könnte sich vollenden. Die Flucht aus der vermeintlichen außenpolitischen »Sonder(wegs)existenz« der »alten« Bundesrepublik, die für die neuen Problemlagen keine Erfahrungen und Maßstäbe bereitzuhalten scheint, führt in die vermeintliche Sicherheit bewährter vorpolitischer bzw. vordemokratischer Denkmuster, die genau jenem historischen Sonderweg als ideologisches Unterfutter dienten, den man gerade wieder einmal endgültig hinter sich gelassen zu haben glaubt.

Sonderweg-Semantik als Symptom

Daß die politische Terminologie seit dem Ende der achtziger Jahre in Bewegung gekommen ist und tragende Orientierungsbegriffe ihre gewohnte Eindeutigkeit verloren haben, ist kein Werk rechtsintellektueller Umwertungen allein. Auch in Kreisen der Linken und der Friedensbewegung hat man, besonders seit den achtziger Jahren, an der Revision des politischen Koordinatensystems teilgenommen. Schließlich waren es vor allem die Erschütterungen der politischen Umbrüche von 1989/90, die eine Überprüfung bislang gültiger Leitbegriffe herausforderten. Die innere Achse, um die all diese Reinterpretationen kreisen, ist freilich kein Produkt der allerjüngsten Ereignisse. Unverändert bilden die in die politische Struktur der Bundesrepublik eingeschriebenen Ambivalenzen den wichtigsten Referenzrahmen für die Deutungskämpfe der Gegenwart. Schon seit der Gründung der Bundesrepublik hat es verschiedene Konjunkturen der Debatte zwischen »Selbstanerkennung« und »nationaler Identität« gegeben, aber erst in den achtziger Jahren nahm diese Kontroverse neue Gestalt an und stiftete bis dahin ungewohnte »Bündnisse«. 1989/90 ist dann das bereits labile Deutungs- und Signalsystem der politischen Semantik selbst umgestellt worden. Die »andere Seite« struktureller Ambivalenzen gewann die Oberhand und sorgt seitdem für die neuen Obertöne im politischen Konzert.

In der Formulierung, die »alte« Bundesrepublik habe eine »Sonder(wegs)existenz« besessen und stelle mithin eine abzutragende Erblast dar, verdichtet sich die politische Symptomatik. Die Entwertung von 40 Jahren bundesdeutscher Geschichte verbindet sich mit einem Verbindlichkeitsschwund all jener Negativerfahrungen, die bislang unter dem Signalwort »deutscher Sonderweg« oder »Sonderbewußtsein« Gültigkeit gehabt hatten; eine Annullierung, die über die NS-Zeit hinaus auf macht- und realpolitische Traditionen zurückgreift. Denkt man die deutsche Vereinigung der Gegenwart in Begriffen der Vergangenheit oder der Wiederkehr, ist der Rückgriff auf anti- und vordemokratische politische Traditionsbestände fast unvermeidlich, denn andere stellt die deutsche Geschichte kaum zur Verfügung. Die »Enttabuisierung« der Vergangenheit, die damit bewirkt wird, hat die Tabuisierung bundesdeutscher Zeitgeschichte zur Voraussetzung.

Beim erinnerungspolitischen Verdrängungswettbewerb, der unter dem Suggestivtitel einer Revanche für 1968 eingesetzt hat, stehen nicht zuletzt die Selbstbilder der sechziger Jahre zur Disposition – und damit ein Gutteil der reformerischen, aufgeklärten und westorientierten Substanz dieser Republik.

Literatur

Karl-Dietrich Bracher, Das Modewort Identität und die deutsche Frage. Exkurs über jüngere und jüngste Kontroversen, in: *Frankfurter Allgemeine Zeitung*, 9.8.1986

Michael Freund, Bethmann-Hollweg, der Hitler des Jahres 1914. Zu einer Spätfrucht des Jahres 1914 in der Geschichtsschreibung, in: Ernst W. Graf Lynar (Hg.), *Deutsche Kriegsziele 1914–1918. Eine Diskussion.* Frankfurt/Berlin 1964, S. 175ff., hier S. 175

Rainer M. Lepsius, Die unbestimmte Identität der Bundesrepublik, in: *Hochland*, 60. Jg. (1967/68), S. 562ff., hier S. 566

Hans-Peter Schwarz, Die westdeutsche Außenpolitik – Historische Lektionen und politische Generationen, in: Walter Scheel (Hg.), *Nach dreißig Jahren... Geschichte, Gegenwart und Zukunft der Bundesrepublik Deutschland*, Stuttgart 1979, S. 145ff., hier S. 149

– *Die gezähmten Deutschen. Von der Machtbesessenheit zur Machtvergessenheit*, Stuttgart 1985

– Außenpolitik ohne Konzept, in: *Rheinischer Merkur*, 1. und 8.10.1993.

Kurt Sontheimer, Ein deutscher Sonderweg?, in: Werner Weidenfeld (Hg.), *Die Identität der Deutschen*, München/Wien 1983, hier S. 333

Richard von Weizsäcker, *Die Geschichte geht weiter*, Berlin 1983

Rainer Zitelmann und Michael Prinz (Hg.), *Nationalsozialismus und Modernisierung*, Darmstadt 1991

Dirk van Laak

Nicht West, nicht Ost oder Zaungäste auf Bindungssuche

1

Zu den Merkwürdigkeiten des publizistischen Teils der deutschen Kulturindustrie gehört zweifellos die Inbrunst, mit der immer wieder, den Rechts-Links-Kompaß in der Hand, die politische Wetterkarte vermessen und dabei das Herannahen schwerer Tiefausläufer beschworen wird. Sich warm anzuziehen und den ideologiekritischen Argumentationsschirm nicht zu vergessen, wenn man das Haus verläßt, ist als kontinentalklimatische Dauermahnung an die mitteleuropäischen Intellektuellen nahezu obligatorisch geworden.
Genauso inbrünstig und zuverlässig ist hierauf stets geantwortet worden, solcher »Alarmismus« schade der politischen Kultur unseres Landes. Dabei war dieser Einspruch stets mit dem Verdacht verbunden, hinter der permanenten Aufgeregtheit würden sich andere, eigene Interessen der Mahnenden verbergen. Wo dies nicht unterstellt wurde, sah man zumindest ungesunde und selbstzerstörerische Momente am Werk.
Zur Fraktion der Aufgeregten oder derjenigen der Gelassenen zu zählen legt politisch noch nicht fest. Worauf dieses Reiz-Reaktions-Schema des intellektuellen Betriebs anschlägt, ist auch nicht leicht vorhersehbar. Fast immer aber ist die Zeitgeschichte mit im Spiel – das ist ihr Reiz, und das ist ihr Fluch. Wo sich die Erfahrungen der Augenzeugen mit politisch aufgeladener Deutung und mit wissenschaftlicher Forschung treffen, dort geht es stets kontrovers zu. Das muß der Erkenntnis nicht schaden. Die letzten vierzig Jahre haben eine Reihe von heftigen Auseinandersetzungen über zeitgeschichtliche Vorgänge erlebt, und diese haben der wissenschaftlichen Forschung wie der historischen Selbstvergewisserung meist sehr gut getan.

Der Zeitgeschichte als Wissenschaft kommt in diesen Fällen vorderhand eine mäßigende Bedeutung zu. Sie soll im Streit der öffentlichen Deutungen und Einstellungsmuster methodische und (quellen-)kritische Korrektive einbringen und vor Abwegigem oder Unhaltbarem schützen. Sie soll im Sperrfeuer zwischen tendenziösen Quellen, widersprüchlichen Zeitzeugen usw. behutsam abwägen. Da sie aber nicht nur im Sinne von konsensualem Ausgleich tätig wird, sondern auch eigeninitiativ Bewußseinsarbeit an der kollektiven Psyche leistet, kann das, was sie hervorbringt, nicht alsogleich »Gelassenheit« hervorbringen. Diese stellt sich erst ein, wenn das Vergangene einmal angenommen und, frei von ausgegrenzten Resten, der eigenen Identität bruchlos zugerechnet worden ist.

Wo schon im Prozeß der Auseinandersetzung mit »Gelassenheit« argumentiert wird, ist daher Vorsicht angebracht – und damit sind wir beim Thema. Es haben sich nämlich im Bereich der zeitgeschichtlichen Deutungen der letzten Jahre die Stimmen deutlich vermehrt, die nach einer größeren »Gelassenheit« im Umgang mit der deutschen Vergangenheit rufen. Das muß ebenso mißtrauisch machen wie einige der Begriffe, die im Zusammenhang mit diesen Appellen auftauchen: »Phänomenologie«, »Historisierung« und »Modernisierung«. Lassen wir uns einmal darauf ein, fragen wir nach dem Phänomen, versuchen wir es zu historisieren und schauen, ob es unser Wissen um die Vorgänge der jüngsten Vergangenheit »modernisiert«.

2

Das Phänomen, um das es geht, ist das gehäufte Erscheinen von Autoren und Werken, die vorgeben, gegen gängige Klischees, Legenden und Tabus der Zeitgeschichtsschreibung vorzugehen. Einen Auftakt bildete die 1987 von der Zunft der Historiker mit freundlichem Wohlwollen aufgenommene umfangreiche und durchaus differenzierte Rekonstruktion von Hitlers Selbstverständnis durch Rainer Zitelmann, eine Darmstädter Dissertation des 1957 Geborenen. Das Buch erlebte mehrere Auflagen und eine Derivat-Ausgabe in der Reihe »Persönlichkeit und Geschichte« des Göttinger Muster-Schmidt-Verlages. Hitler wurde darin »phänomenologisch« gedeutet, d. h. vornehmlich

nach seinen gesammelten Äußerungen. Nach Zitelmann würden sie Hitler, neben seinen rassistischen und Lebensraum-Zielen, vor allem als »Sozialrevolutionär« ausweisen.
Diese Studie traf zeitlich in eine Phase verstärkter biographischer Hinwendung zu nationalsozialistischen Führungspersönlichkeiten. In 22 Skizzen ließen Zitelmann und der amerikanische Historiker Ronald Smelser diese Forschungen bündeln und veröffentlichten sie als kollektive Studie über *Die braune Elite* (1989). Auch dieses nützliche Unternehmen fand Anklang und hat inzwischen eine Fortsetzung gefunden (*Die braune Elite II*, 1993). Eines der Anliegen dieser Bände war es, laut Vorwort, das Stereotyp vom »anti-modernistischen Charakter« der NS-Ideologie zu widerlegen. Das Denken Hitlers und vieler seiner Gefährten habe zum Teil ausgesprochen *moderne* Züge getragen – und das durchaus mit Absicht. Es sei auf Einebnung von Klassenunterschieden, auf die Erhöhung sozialer Mobilität, auf technischen Fortschritt usw. aus gewesen. Antisemitismus und Lebensraum-Eroberung im Osten seien daher nur die eine, die dunkle Seite des Nationalsozialismus gewesen, die den Grad an Zustimmung für die Nationalsozialisten nicht zu erklären vermöge.
Namentlich Zitelmann hat seitdem die Anwendung des »Modernisierungs«-Paradigmas auf die Zeit des Dritten Reiches weiter angemahnt. In einem Sammelband hat er 1991 zusammen mit Michael Prinz eher sozialgeschichtliche Beiträge dazu eingeholt. *Nationalsozialismus und Modernisierung* – so Zitelmann hier – müsse man als parallelen Prozeß begreifen; es sei im Dritten Reich lediglich die »totalitäre Seite« der Moderne zum Ausbruch gekommen. Damit war ein weiterer Schlüsselbegriff gefallen: der »Totalitarismus« als die Perspektive, aus der Nationalsozialismus und realer Sozialismus gleichermaßen als extrem erscheinen und in phänomenologischen Vergleichen auf Gemeinsamkeiten und Unterschiede hin abzuklopfen sind.
Dabei traf der Blick zusammen mit demjenigen der politikwissenschaftlichen Extremismusforschung, die seit Mitte der achtziger Jahre vor allem von Eckhard Jesse und Uwe Backes vertreten wird. Beide geben seit 1989 das *Jahrbuch für Extremismus & Demokratie* heraus. Zusammen mit Zitelmann leiten sie darüber hinaus seit 1990 den »Veldensteiner Kreis zur Geschichte und Gegenwart von Extremis-

mus und Demokratie«. Alle drei treffen sich in dem Bedürfnis, Impulse zu einer »Historisierung« des Nationalsozialismus zu geben. Mit einem gemeinschaftlich herausgegebenen Band über *Die Schatten der Vergangenheit* (1990), für den sie 20 weitere Wissenschaftler zur Mitarbeit verpflichten konnten, sollten solche Impulse ausgesandt werden.
Neben den Beiträgen zum Nationalsozialismus und dessen Nachleben standen darin bereits sehr programmatisch gefaßte »Orientierungsversuche«. Expliziter als bisher wurde in der Einleitung eine gemeinschaftliche Wendung gegen »volkspädagogische Intentionen« und eine »ritualisierte Bewältigungsstrategie« formuliert, denen die Zeitgeschichte angeblich in weiten Teilen unterworfen sei. Moralismen und Irrationalismen führten zu mangelnder Gelassenheit im Umgang mit den historischen Objekten und generierten eine Vielzahl von Legenden und Tabus. Erst eine ernstgenommene »Historisierung« des Nationalsozialismus, wie sie 1985 Martin Broszat angeregt habe, könne subjektive Befangenheiten überwinden. Es sei natürlich, daß vor allem jüngere Wissenschaftler hierzu prädestiniert seien.
»Jung« zu sein ist seitdem in vielen Publikationen des Kreises zu einem Prädikat geworden. Gemeint ist offenbar auch, jung genug zu sein, um die Bundesrepublik zu »historisieren« – vor allem nach der wiedererlangten deutschen Einheit. Sie erscheint nun als ein Staat, dessen Räson stark von Vergangenheitsbewältigung und äußerer Neuorientierung geprägt gewesen sei. Zitelmann, seit 1992 im Lektorat des Ullstein-Verlages, verstand es, eine Reihe junger Historiker für ein Buch-Programm zu gewinnen, das den gestellten Ansprüchen genügte. Er selbst hatte, basierend auf einer Serie in der *Welt*, einige von *Adenauers Gegnern* (1991) porträtiert, die Träger möglicher deutschlandpolitischer Alternativen zur Festigung eines westlichen Teilstaates gewesen waren (die entsprechende Ullstein-Taschenbuchausgabe wandelte den Titel in *Demokraten für Deutschland* ab).

Karlheinz Weißmann, »junger« Historiker aus Göttingen (Jg. 1959), legte – bereits unter Zitelmanns Lektorat – noch im Jahr 1992 bei Ullstein eine Auftaktpublikation vor, die als Streitschrift und als Orientierungsversuch seiner Generation über die »deutsche Herausforderung« verstanden werden wollte: Von einem *Rückruf in die*

Geschichte überrascht, durch Umerziehung und Selbstzweifel geschwächt, sei Deutschland den Anforderungen des Epochenwechsels seit 1989 nicht gewachsen. Man habe hierzulande Angst vor der »Normalität« des Politischen, die nun unweigerlich auf die vereinigte Nation zukomme; als unbestreitbarer Machtfaktor im Herzen Europas habe sie sich gegen Widerstände von außen, vor allem aber von innen zu behaupten.

Das Buch ließ aufmerken. Erst das Ullstein-Programm des Sommers 1993 aber nährte die Befürchtung vieler Rezensenten, es werde hier von einer strategisch günstigen Position aus systematisch zeitgeschichtliche Umdeutung betrieben (vgl. den Beitrag von Maria Zens in diesem Band): Gregor Schöllgen geißelte *Die Angst vor der Macht*. Manfred Kittel schickte sich an, *Die Legende von der »zweiten Schuld«* in der Ära Adenauer zu widerlegen. Christian Striefler beschrieb den Kampf der Nationalsozialisten und Kommunisten um die Macht am Ende der Weimarer Republik. Hans-Hellmut Knütter analysierte *Die Faschismuskeule. Das letzte Aufgebot der Linken*. Und das waren nur die historisch orientierten Titel.

Als Denkanstoß verstand sich vor allem *Westbindung. Chancen und Risiken für Deutschland* mit 23 Beiträgen und einer Klage der Herausgeber Zitelmann, Weißmann und Michael Großheim über eine geradezu kanonisch aufgeladene Westorientierung der Bundesrepublik, die mit der Theorie eines deutschen »Sonderweges« historisch unterfüttert worden sei. Die Aufsätze erwiesen sich, trotz schwankendem Niveau, als differenzierter – wohl auch, weil das Thema »Wir Deutschen und der Westen« in der Einleitung über Insinuationen hinaus kaum sinnvoll eingegrenzt wurde. So blieben die Denkanstöße auf außenpolitische und geistesgeschichtliche Felder beschränkt, statt etwa – was nahegelegen hätte – nach den Erfahrungen und Gemütslagen der (west-)deutschen Bevölkerung zu fragen, die sich gegenüber der Zeit nach dem Ersten Weltkrieg in den fünfziger Jahren so fundamental gewandelt hatten.

So heterogen die Schar der Beiträger zu diesem Sammelband, so bunt die Zeitungen und Zeitschriften, für die sie bei der Gelegenheit zu schreiben pflegen: von *Criticón* und *Mut* bis zu den *Blättern für deutsche und internationale Politik*. Erst Zitelmanns Eintritt in die Feuilletonredaktion der *Welt* Ende 1993 jedoch schuf dem engeren Kreis ein publizistisches Forum; und es schreiben jetzt dort, neben Weißmann und anderen schon Genannten, Ludwig Watzal, Enrico Syring, Ansgar Graw, Hans-Christoph Kraus etc. So offen man sich gegenüber »Undogmatischen«, »Außenseitern« und »Querdenkern« gibt – das Netz gegenseitiger Referenzen und Zitationen läßt keinen Zweifel daran, daß man sich selbst als »Kreis« versteht.

Zitelmann gab inzwischen an, durch den revolutionären Umbruch in Europa politischer geworden zu sein, weshalb er (um nicht Wissenschaft und Politik miteinander zu vermischen) in die Publizistik hinübergewechselt sei.[1] Der Absicht, Einfluß auf das kulturelle Klima der Republik zu nehmen, werden seine medialen Erfahrungen nicht schaden. Schon jetzt fällt auf, daß ein Großteil der Ausführungen jeweils der Literatur- und Positions-Kritik gewidmet ist – nicht allein der üblichen wissenschaftlichen Kritik und Gegenkritik, sondern vor allem der aufmerksamen Rezeptionsbeobachtung und -kommentierung eigener Werke. So entstehen nicht nur Rezensionskartelle, sondern auch Vor- und Nachworte sowie Klappentexte, die bei Nachfolgeauflagen die öffentlichen Reaktionen unmittelbar reflektieren.

Das gehört zweifellos zu den Durchsetzungsstrategien im Wissenschaftsbetrieb, weist aber auch Besonderheiten auf, so z. B. die Neigung des Kreises, sich auf früh Verstorbene zu berufen (Martin Broszat, Timothy Mason, Detlev Peukert – demnächst sicherlich Thomas Nipperdey).

Entbunden vom Objektivitätspostulat des Wissenschaftlers ruft Zitelmann die »domestizierten Konservativen« nun dazu auf, die Chance einer »westdeutschen Vergangenheitsbewältigung, die sich gegen das linksliberale Machtkartell in Medien, Universitäten, Kulturbetrieb, Gewerkschaften und Politik« richten müsse, nicht zu verspielen.[2] Wie man hört, sollen solche Töne selbst in der *Welt* für Unruhe gesorgt haben.[3]

1 Interview in Junge Freiheit, Juli/August 1993
2 *Geistige Welt*, 5.3.1994
3 *Der Spiegel*, 14.3.1994

3

Soweit die äußere »Phänomenologie«. Es ist unübersehbar, daß in vielen Büchern und Aufsätzen des Kreises zwar die Zugehörigkeit zur jungen Generation erwähnt, zugleich aber bereits eine betont abgeklärte Haltung zur Schau getragen wird. Wie ist das zu erklären? Abgeklärtheit (mit einem Tic ins Altkluge) ist bei Angehörigen der Generation der »Zaungäste« (wie Reinhard Mohr die Jahrgänge der in den fünfziger Jahren Geborenen bezeichnet hat) keine seltene Erscheinung (und auch dem Autor dieser Zeilen, Jahrgang 1961, keineswegs fremd). Es ist eine Unaufgeregtheit, die aus einem zum Großteil medial sozialisierten Bewußtsein erwächst. Wer im Fernsehen seit Jahrzehnten Unglaubliches zu sehen, im Radio stündlich die Ereignisse der Welt zu hören bekommt, entwickelt ein nachsichtiges Verhältnis zur allgemeinmenschlichen Fehlbarkeit. Wird dies reflektiert, mischt sich nicht selten ein mißtrauisches Wissen um die Mechanismen der medialen Simulation von Wirklichkeit herein und kann sich auch mit einer generellen Skepsis gegenüber den Medien-Vermittlern verbinden.

Doch ist diese Haltung nur eine der Ursachen für die ostentative »Gelassenheit« dieser Historiker. Ebenso beruhigend ist es für sie, *Historiker* zu sein – hat nicht die Geschichtswissenschaft gegenüber den Medien etwas Fundamentales? Ist sie nicht ein Akt der Befreiung von allen verfälschenden Zwischeninstanzen? Geht sie nicht selbst an die Quellen und fühlt sich allein – der Geschichte verantwortlich? Hat man gegenüber den aufgeregten Publizisten und Pädagogen nicht geradezu die Pflicht, in Ruhe zu »historisieren«? Heinz Bude hat diese »Gelassenheit der Historiker« in seiner dichten *Bilanz der Nachfolge* (1992) treffend der »Ratlosigkeit der Soziologen« und der »Beredsamkeit der Psychoanalytiker« gegenübergestellt.

Nach den weltgeschichtlichen Maßstäben, die der Historiker aus dieser Haltung heraus zu wahren sich bemüßigt sieht, erscheint die Zeit vor 1989 nun als eine abgeschlossene »Epoche der neueren Geschichte« (Ranke).

Ernst Nolte meinte dies schon 1987 erkannt zu haben und charakterisierte die Zeit seit 1917 als Ära des europäischen Bürgerkriegs, wenn nicht als »Weltbürgerkrieg«. Und Nolte spielt denn auch eine nicht unbedeutende Rolle bei dem Kreis, um den es hier geht. Er ist dort aber nicht nur eine wichtige Referenzfigur, weil er vermeintlich treffende Analysen zur Wechselwirkung totalitärer Systeme vorgelegt hat, die es erlauben, die vergangene Epoche zu »historisieren«. Vielleicht ist er es noch mehr, weil er nach 1986 im Zentrum der Auseinandersetzungen des »Historikerstreites« stand. Und der war offenbar vielen Mitgliedern und Sympathisanten des Kreises geradezu ein Schulbeispiel für das Reiz-Reaktions-Schema des intellektuellen Betriebs.

Zwar konnte sich für den, der in den siebziger Jahren zu politischem Bewußtsein gelangte, die Genealogie des jeweiligen Umgangs mit der Vergangenheit durchaus als Geschichte eines Problems darstellen, das die Bundesrepublik mit sich herumtrug. Auch konnte man als junger Mensch nicht immer ahnen, was diese Konjunkturen des Geschichtsinteresses eigentlich antrieb: die sogenannte Hitler-Welle Mitte der siebziger Jahre (vor allem Joachim Fests *Hitler*-Biographie mit dazugehörigem Film und Sebastian Haffners *Anmerkungen zu Hitler*), der *Holocaust*-Film von 1979 (der die Perspektive der Opfer nachvollziehbar machte), die Erinnerungen an 50 Jahre Machtergreifung (1983) und 40 Jahre Kriegsende (1985) oder Jenningers Rede zum 50. Jahrestag der »Reichspogromnacht« (1988).

Nichts aber hat die Zunft so mobilisiert wie der »Historikerstreit«, wenn er auch sachlich ohne größeren Ertrag blieb. Er hatte sich an wenigen Thesen entzündet, die, für sich genommen, durchaus als legitim erscheinen konnten. Kritik provozierten sie erst durch eine ideologiekritische Einbettung. Es kann nicht verwundern, wenn für Außenstehende als Ergebnis des Streits auch der Eindruck zurückbleiben konnte, das Imperium der (mehrheitlich links von Rechts stehenden) Kulturwissenschaftler hätte hier gegenüber wenigen Abweichlern zurückgeschlagen und auf der Einhaltung seiner definitorischen Räson bestanden. Diese lag vor allem in der Überzeugung von der Singularität der im Dritten Reich begangenen Verbrechen wie in der These, der Nationalsozialismus sei eine Konsequenz aus einer spezifisch deutschen Problemgeschichte in der Moderne gewesen.

Diese Wahrnehmung von Nolte und anderen als »Abweichler« implizierte zugleich die Wahrnehmung der übrigen als Etablierte. Erst wenn man den Historikerstreit als innerwissenschaftlichen Disziplinierungsversuch möglicher außerwissenschaftlicher (sprich: volkspädagogischer) Gefährdungen durch die Nolteschen etc. Thesen liest, wird deutlich, warum er für einige der jüngeren Kulturschaffenden eine solche Bedeutung erlangte. »Wie ist die psychologische Wirkung (des Historikerstreites, D.v.L.) auf einen jungen Wissenschaftler«, fragte Zitelmann im Vorwort zur Neuauflage seines *Hitler*-Buches, »der am Beginn einer Laufbahn steht, die angesichts der schwierigen Arbeitsmarktlage für Geistes- und Gesellschaftswissenschaftler ohnehin allzu unsicher erscheint?«

Als Etablierte, die während des Streites ihre »Frageverbote« gehegt hätten, wurden hier diejenigen Gesellschafts- und Sozialwissenschaftler identifiziert, die »1968« selbst einmal als Außenseiter angetreten waren. Mit imponierender Solidarität seien die »Linken« selbst gegen Tabus angerannt und fürchteten nun um ihren schließlich erreichten Definitionsprimat. Die keineswegs neue Unterstellung, daß »die schärfsten Kritiker der Elche früher selber welche« gewesen seien, verbindet sich in dieser Perspektive mit dem stets erneuerten Reiz von Nachwachsenden, gegen die starren Deutungsmonopole der jeweiligen Establishments anzurennen.

Die Heftigkeit des Affekts gegen die Achtundsechziger wird freilich nur verständlich, wenn man unterstellt, daß die von ihnen durchgesetzte Kultur als hegemoniale und als solche durchaus als moralisch bevormundend und intellektuell zudringlich empfunden werden konnte. Zitelmann selbst hat dieser Kultur »Nationalmasochismus« und »deutschen Selbsthaß« unterstellt und als »Ergebnis des frustrierten Aufklärungseifers und Sendungsbewußtseins« charakterisiert. Die »antifaschistische Einheitsfront« horrifiziere die Geschichte und suche ständig nach neuen Gelegenheiten, Konservative und unabhängige Köpfe in NS-Nähe zu rücken.[4]

Nahezu jede Veröffentlichung des Kreises hängt sich auf an dieser Wendung gegen die antifaschistischen Lehrer und ihre »eifernde Bekenntnisliteratur«. Sie speist sich aus dem Vorwurf, die Vergangenheitsbewältigung werde dazu benutzt, den politischen Status quo der späten Bundesrepublik über ein Pathos geschichtlicher Gebrochenheit zu konservieren. Die bewegungslose Wohlständigkeit des

4 *Deutschland-Archiv*, Heft 8/1992

parteigelenkten Sozialstaats, die kompensatorisch angeboten werde, lasse vor allem eines vermissen: ein positives Verhältnis zur Geschichte.

Man muß sich die hier zum Ausdruck kommende Sehnsucht nach »Geschichte« zwar auch als Einbettung (nicht unbedingt Relativierung) belasteter »Vergangenheit« vergegenwärtigen. Vornehmlich steht aber wohl das aktuellere Interesse einer Abwendung von vermeintlich geschichtsloser und lethargischer Langeweile dahinter. Im verordneten Epigonentum, ja im *Posthistoire* steckt eine emotionale Zumutung, die die Lust am Tabubruch und den Willen zur Bindung erklären mag, die offenbar viele der Kinder einer antiautoritären Zeit heute umzutreiben scheint. Die »Zaungäste« wollen sich mit ihrer Beobachterrolle nicht mehr zufriedengeben und raten, mit Karlheinz Weißmann, nun auch der ganzen Republik, die Deutschen seien keine Kinder mehr.

Erwachsen geworden, spricht man dann Sätze wie diesen: »Die harte Realität hat sich zurückgemeldet, spätestens jetzt muß man die Tatsache nüchtern und ohne Scheuklappen zur Kenntnis nehmen, daß die Macht nun einmal ein Faktor im Leben ist – allen gutgemeinten Utopien zum Trotz...« Solche Rhetorik beschwört die Kraft, die sich aus fehlenden Illusionen zu nähren meint – eine Kraft, die sich auch von Inkonsequenzen nicht beschneiden läßt, denn dadurch weist man seine Utopieferne bzw. Realitätsnähe ja gerade aus. »Geschichte« gilt als unkalkulierbar, »Nation« als kollektiver Handlungsträger, »Macht« als bittere Realität, der man mit »ethisch gebundener Realpolitik« à la Bismarck begegne.

Solches Sprechen gefällt sich im Verhaftetsein an eine praktische, d. h. unideologische Philosophie, die nicht danach fragt, wozu einer sich bekennt, sondern danach, was er tut oder leistet. Liegt darin einerseits die Absicht einer Rückgewinnung von Handlungsfreiheit, so ist andererseits auffällig, daß diese Rhetorik auffällig verläßlich positive Gegendefinitionen schuldig bleibt und darüber hinaus natürlich auch geeignet ist, »blockierende« Traditionen abzustreifen. Hält man sich wiederum für zu »jugendlich«, solche Definitionen zu wagen?

»Jung« zu sein – dieser wiederkehrende Hinweis in den Schriften des Kreises – ist natürlich auch in einem übertragenen Sinne gemeint. Sicher ist es auch gerechtfertigt, mit der Bezeichnung »jungkonservativ« auf eine Strukturähnlichkeit mit Tendenzen der zwanziger Jahre aufmerksam zu machen: Es hat mit einer Ablehnung des Älteren, des Gesetzten, des Verbürgerlichten zu tun. Die größte Sorge der »konservativen Revolutionäre« war, daß der Einfluß des »Lebens« gefährdet sei. Wenn jüngst Stefan Breuer die Konservative Revolution zerlegte (*Anatomie der Konservativen Revolution*, 1993) und dabei feststellte, daß sie bis auf ihren Nationalismus ohne innere gedankliche Konsistenz gewesen ist, so wird man dies vielleicht auch für diese Gruppierung sagen können. Was die Autoren eint, ist vor allem die Gegnerschaft zur hegemonialen politischen Kultur der sogenannten »Linken« und »Verfassungspatrioten«.

Brückenschläge zu eher national Orientierten, sich nonkonformistisch, »realistisch« oder ausgegrenzt Fühlenden (etwa versprengten Nationalliberalen) fallen nicht schwer, und die Sammelbände über *Die Schatten der Vergangenheit* und die *Westbindung* legen in der Zusammensetzung ihrer Beiträger von dieser Anziehungskraft Zeugnis ab. Auch mit (ehemals) »Linken« nimmt man über das »Nationale« Fühlung auf (Brigitte Seebacher-Brandt, Tilman Fichter, Wolfgang Kowalsky, Herbert Ammon). Gemeinsam rechnet man gerne mit denjenigen ab, die einmal »Realisten« hatten sein wollen und sich zur Zweistaatlichkeit Deutschlands bekannten – seinerzeit nicht ohne Nachsicht für die Realitäten des »realen Sozialismus«.

Legenden und Tabus, gar Denkverbote in ausreichender Zahl zu finden, die eine vorwiegend »volkspädagogische« Ausrichtung der Zeitgeschichte belegen sollen, ist schon schwerer. Nicht von ungefähr wird immer wieder das Beispiel der Kontroversen um Ursachen und Folgen des Reichstagsbrandes 1933 herangezogen, bei der sich tatsächlich solche Tendenzen (wohl auch Fälschungen) ausmachen ließen, die aber zu einem ebenso überzeugenden Beispiel der kontrollierenden Wirkung pluraler Deutungen geworden ist. Wenn aber Ralph Giordano vom »Filter jener geschichtlichen Skrupel..., die jede aufrichtige Beschäftigung mit der Nazizeit unweigerlich hervorrufen muß« oder von der »Geschichtsbürde« spricht,[5] hat dies mit zeitgeschichtlichen Frageverboten nichts zu tun.

Hier trifft man auf ein grundsätzliches Mißverständnis. Schaut man

5 Ralph Giordano, *Die zweite Schuld*, Hamburg 1987, S. 360f.

sich an, was durch die Aufsätze und Bücher des Kreises als »Tabu« oder »Legende« bezeichnet wird, so stößt man reihenweise auf solche der politischen Kultur und nicht der Wissenschaft. Der sogenannte »Realismus« verkennt, daß sich in Deutschland eine Art von staatstragender Gedenkkultur herausbildet hat, die nicht mehr diejenige der fünfziger Jahre ist. Manfred Kittel hat das Telos dieser Periode der Erinnerung an das Dritte Reich in seinen institutionellen Vorkehrungen mit begleitendem Ausschluß vermeintlicher Extremisten beschrieben. Daß die Ausweitung der Erinnerung in den sechziger Jahren mit einer Verlagerung auf politisch-psychologische Bereiche einherging, ist ihm suspekt, was seit etwa 1960 als »Vergangenheitsbewältigung« firmiert, eine Perversion. Den Medienvermittlern, deren Haltung zur Gedenkkultur zumeist eine sensible und wachhaltende ist, Instrumentalisierungen vorzuwerfen, ist hier wohlfeil.
Überzeugender ist die Annahme, die Mahnungen zur Vergegenwärtigung des Unheils hätten sich in dieser Gedenkkultur an die Stelle der früheren heilsgeschichtlichen Vergegenwärtigungen kollektiver Identität gesetzt: »Im Ergebnis«, meint Lutz Niethammer, »hat der Versuch, die Juden aus der Gesellschaft Europas auszutilgen, zur Institutionalisierung eines wichtigen Elementes der jüdischen Tradition, nämlich eines durchgreifenden Gedächtnis- und Erinnerungsgebots in der politischen Kultur Deutschlands geführt«.[6] Ritualisiertes Erinnern daran, es sei noch nicht genug aufgearbeitet, gehört dazu – es betrifft aber nicht in erster Linie die historische Aufklärung über das Geschehen, es betrifft den Dreischritt »Erinnern, Wiederholen, Durcharbeiten« im Herzen der Menschen.
Der Aufstand gegen die moralische Grundierung der politischen Kultur in der Bundesrepublik ist nicht neu – ebensowenig wie die Mutmaßung, es solle damit »unsere geistige Kraft von den vordringlicheren Entscheidungen der Gegenwart« abgelenkt werden (wie Kittel seinen Haupteinwand gegen die Vergangenheitsbewältigung durch Helmut Ibach aussprechen läßt.)[7] Dem Reden von den »Langen Schatten« (Peter Graf Kielmansegg), der »zweiten Schuld« (Ralph Giordano), dem »großen Schweigen« (Gabriele v. Arnim) standen schon immer

6 Hanno Loewy (Hg.), *Holocaust, Die Grenzen des Verstehens*, Reinbek 1992, S. 33
7 Manfred Kittel, *Die Legende von der »zweiten Schuld«*, Berlin 1993, S. 22

Kontroversschriften über die »Charakterwäsche« (Caspar von Schrenck-Notzing), den »Nasenring« (Armin Mohler), die »gezähmten Deutschen« (Hans-Peter Schwarz) oder die »verletzte Nation« (Elisabeth Noelle-Neumann/Renate Köcher) gegenüber.

Trotzdem konnte es offenbar noch Ende der achtziger Jahre und in den frühen neunziger Jahren so aussehen, als werde mit dem »Antifaschismus« (oder neuerdings mit der »Political correctness«) alles, was rechts von Links ist, abgeräumt, so daß keine extremistenfreie Mitte übrigbleibt. »Extremismusforschung« bietet sich hier an als eine Definitionswissenschaft über die Ränder der »Mitte«, also als eine normative Wissenschaft, die sich auch als normalisierende versteht. Und wenn es einen wichtigen Schlüsselbegriff des Kreises um Zitelmann gibt, so ist es – trotz seines unspezifischen Gebrauchs – diese »Normalität«. Und das soll wohl vor allem heißen, fähig zu sein, auf die Herausforderungen der Geschichte zu reagieren, wie sie an Deutschland als wiedervereinigte Nation gestellt werden.

Gegen alles nur »Gesellschaftliche« (und sei es auch noch so »formiert«) erlebt auch in diesem Kreis die Nation als historischer Mittelpunkt und Handlungsträger eine irritierende Renaissance. Nur sie soll im »Ernstfall« zur Selbstbehauptung mobilisierbar sein und (indem sie die Kompetenzen für den Ausnahmefall auf sich zieht) das Gemeinwesen binden und normalisieren.

Die vermeintliche Pathologie der Zeitgeschichtsschreibung, den Nationalsozialismus zur deutschen Normalität erklärt zu haben, droht hier jedoch mit einer zweiten »Lebenslüge« exorziert zu werden, der Überzeugung nämlich, als einheitlicher Nationalstaat »endlich wieder normal geworden zu sein.«[8]

4

Fragt man nun, wo dieser Vorstoß »junger« Historiker innovativ wirkt, bleibt man etwas ratlos zurück. Der Kreis igelt sich nicht ein, er sucht Anschluß zu anderen Wissenschaftlern und hat Zugang zu Multiplikationsinstanzen von einiger Reputation. Auf dieser Basis wird

8 So Jürgen Habermas in *Die Zeit*, 11.12.1992

alles versucht, um historische Kontroversen loszutreten: das Anrennen gegen Legenden und gegen Ursprungs- oder Gründungsmythen sowie die Neuorientierung *nach* epochalen Ereignissen. Als Ernte dieser kalkulierten Avancen schlagen bisher einige Invektiven als »Türöffner von Rechts«[9] oder als »Verklärer des Abgrunds«[10] zu Buche, die dem Kreis seinen Befund der »Aufgeregtheit« eher bestätigen dürften. Ein neuer Historikerstreit mit neu gemischten Karten ist nicht in Sicht.

Unterstellt man dem Kreis eine gewisse Strategie, ist auffällig, wie er sich zielstrebig auf die bestbeackerten Felder der Zeitgeschichte begibt: das Dritte Reich im Wollen seiner Führer; das Ende Weimars im Spannungsfeld rivalisierender Gruppen; die Bundesrepublik in ihrer Suche nach einer neuen Orientierung in Abgrenzung zu älteren. Hier wird selten neu erschlossen – hier wird uminterpretiert. Das macht die Arbeiten für Leser mit Konsens- oder Dissensbereitschaft reizvoll, für den Sachinteressierten eher langatmig zu lesen. Die Wiederholung vorwiegend bekannter und lediglich im Akzent verschobener Tatsachen, die Anwendung wiedererkennbarer (gleichwohl unkonkreter) Schlüsselbegriffe und die Langeweile reiner Positionskämpfe erzeugen Redundanzen.

Natürlich gibt es einiges an Begrüßenswertem, wie es jede Schulbildung mit sich bringt: Vergessenes und verdrängte Alternativen kommen bei dem Bemühen, einen eigenen Kanon zu arrondieren, wieder ans Licht. Viele Konservative und Querdenker lohnen ja in der Tat eine Wiederentdeckung. Sicher ist es auch sinnvoll, sich noch einmal mit den vertanen Chancen zu konfrontieren, die den Weg der deutschen Teilung als weniger zwingend erscheinen lassen. Die deutschen Spielräume im Kalten Krieg werden jetzt neu vermessen, und dabei wird hinterfragt, ob sich genuin »Deutsches« (und damit Verbindendes zwischen Ost und West) nicht stärker hätte zur Geltung bringen lassen.

Auch methodisch wäre ein Rekurs auf Kriterien der geschichtswissenschaftlichen »Gerechtigkeit« (wie sie der Historismus vertrat), wäre eine Aufwertung der Kontingenz und eine Pluralität des historischen

9 Otto Köhler in *Die Zeit*, 31. 12. 1993
10 Karl-Heinz Roth in *1999*, Heft 1/1992

Zugriffs durchaus angebracht und gegen eine »kritische« oder »emanzipatorische« Geschichtswissenschaft nicht ohne Gewinn ins Feld zu führen. An Methodik besteht aber im Kreis offenbar kein Interesse, und die Berufung auf neohistorische Zugänge dient zu nicht mehr als zur Abwehr theoriegeleiteter Fragestellungen. Lieber wird mit dieser Art der Geschichtsschreibung nicht nur eine große Phase der nationalen Einigung beschworen, sondern auch die prominente Teilhabe von Historikern daran. Hier lockt der Gestus des weltgeschichtlichen Deuters, der es erlaubt, sich aus den Widersprüchen des Alltags zurückzuziehen.

Aber auch der Blick von oben ist nicht ohne Tücke: Karlheinz Weißmann (der gerne über die immer größer werdende Selbstverständlichkeit des Patriotismus bei sinkendem Reflexionsniveau im Volke spekuliert) ficht es nicht an, einmal (mit Ernst Jünger) zu konstatieren, die Welttendenz habe seit langem eine Linksrichtung, ein andermal aber (mit dem amerikanischen Historiker John Lucas), sie habe sich im zwanzigsten Jahrhundert eher nach »rechts« als nach »links« bewegt[11] – da wundert es nicht, wenn auch Freunde monieren, ein solcher Kompaß gebe »keine zielorientierten Impulse«[12].

Wer sich als Teil der Avantgarde einer nachwachsenden Generation versteht, die an einem neuen Ethos strickt (Weißmann), der hat vielleicht keine Lust nachzuweisen, wo denn »junge« Historiker in ihren empirischen Forschungen behindert worden sind. Das »volkspädagogische« Kuratel, unter dem die Zeitgeschichte trotz ihrer ursprünglichen Grundierung auch als Reeducation-Wissenschaft angeblich steht, ist jedenfalls eine Chimäre.

Welthistorisch abgeklärt ist auch die Vokabel »Modernisierung«. Ein bruchlos modernisierendes Deutschland wird aus der finsteren Sackgasse des Sonderwegs heimgeholt in den Kreis der europäischen Großmächte. Statt dessen fällt die »verzwergte« Bundesrepublik heraus aus der Normalität und erscheint als Umweg zurück zur Nation. Man verstehe recht: Hier sind keine verschworenen Verfassungs-

11 *Geistige Welt*, 12.2.1994, bzw. in der Festschrift für Hans-Joachim Arndt, 1993, S. 406

12 So Ansgar Graw in *Mut*, Heft 10/1992, oder Konrad Löw in *Deutschland-Magazin*, Heft 11/1992

feinde am Werk und auch keine Revisionisten mit der Absicht, historische Schuld zu leugnen. Dafür gibt es in den Schriften keinerlei Hinweise. Als Ziel wird von Zitelmann das Wiedererstehen einer »kraftvollen demokratischen Rechten« benannt, ihn selbst scheint man darüber hinaus zu den »National-Neutralisten« zählen zu können. Die verschiedenen Spielarten eines »dritten«, originär deutschen und zwischen West und Ost vermittelnden Weges bilden das politische Spektrum der meisten seiner Mitstreiter.

Kann es aber gelingen, die Paradoxien der alten Bundesrepublik auf diese Weise zu überwinden, die sie ja mit anderen politischen Gemeinwesen teilt? Basiert »politische Kultur« heute nicht vielmehr auf Fragen wie diesen: Wie stellt sich das gesellschaftliche Gleichgewicht der Kräfte her, nachdem äußere Faktoren der Stabilisierung fortgefallen sind? Wie bindet man Politik an Ethik, wenn die Erinnerung an Gegenbilder verblaßt, wenn das sich wechselseitig kontrollierende Gleichgewicht zwischen Ethik, Politik und Geschichte aus den Fugen gerät und wenn die institutionellen Kontroll-Vorkehrungen Nachwachsenden nicht mehr einzuleuchten vermögen? Bedarf es dazu nicht auch einiger Tabus? Wie kann man kulturelle Erinnerung an Katastrophisches wachhalten, ohne Abwehr zu erzeugen und gewalttätige Tabubrüche zu provozieren? Welchen Stellenwert soll die Vergangenheit überhaupt einnehmen, wenn sich die Probleme eines Gemeinwesens mit der Zeit stark wandeln? Taugt die Geschichte als integrierende Kraft, wenn sich die allgemeine gesellschaftliche Liberalisierung in einer zunehmend breiter werdenden Pluralisierung der Lebensstile umsetzt? Kann, wenn man die geschichtlichen Wandlungen des Politischen verfolgt, die Nation überhaupt noch souveräne Handlungseinheit sein?

Der starke Affekt gegen die Vergangenheitsbewältigung hat dort seine Berechtigung, wo er sich gegen leere Rituale äußert, die dem Ethos der Demokratie nichts mehr hinzuzufügen vermögen. Doch wird sich kaum ändern, daß die politische Kultur in Deutschland auch von Vorerfahrungen lebt, die sie nicht mehr voraussetzen oder in einer kollektiven Mobilisierung (1968) noch einmal reaktivieren kann. Die in vielem gesinnungsbestimmte Staatsräson der Bundesrepublik ist durch eine Hinwendung zu handfester »Interessenpolitik« nicht aus der Welt zu schaffen. Warum sollte sie auch?

Ebensowenig ist der z. T. sicher pathologische Charakter der deutschen Vergangenheitsfixierung gesundzureden. Eine Argumentation, die nichts von der untergründigen Faszination erklärt, die das Thema »Drittes Reich« in Wellen immer wieder hervorbringt, ist gänzlich unpsychologisch. *Warum* wird Ralph Giordano so stark rezipiert? *Warum* erhält er so viele Briefe? Abgesehen davon, daß hier die alte Klage der Konservativen, man sei geschichtsvergessen, einmal vollkommen gegenstandslos geworden ist, ist es doch wohl diese merkwürdige Spannung zwischen Abwehr und Befangenheit, die noch immer in *jedem* von uns Deutschen vorhanden ist, die nicht umgangen werden kann.

Statt einer Analyse der Krankengeschichte der Moderne (und das wäre mehr als nur eine Beschreibung ihrer totalitären Seite) wird Modernisierung von Demokratisierung getrennt und technischer Fortschritt von den Werten der Aufklärung. So geraten »rechte« Positionen aus dem Schußfeld, antidemokratisch und reaktionär zu sein, und werden frei, sich zu gegenwärtigem Modernitäts- und Lebensstandard zu bekennen. Solche von normativen Implikationen befreite Kategorien der »Modernisierung«, der »Historisierung«, des »Totalitarismus« freilich konvergieren in Richtung Beliebigkeit.

Sicherlich heißt es, selbstkritisch zu sein: Die Bezeichnungen »Tendenzwende«, »Revisionen«, »Neuinterpretationen«, »Umschreibung« usw. sind Begriffe, die man aus sicherer und offenbar genügsamer Position heraus verwendet. Trotzdem wäre es erfreulich, wenn man zumindest im Bereich der Geschichtswissenschaft auf Vorstöße wie diesen »gelassen« reagieren könnte – wäre man nur sicher, die Maßstäbe blieben gewahrt und es würde geprüft, ob hier tatsächlich Impulse für eine Modernisierung unseres Geschichtsbildes ausgesandt werden.

Maria Zens

Vergangenheit verlegen

Zur Wiederherstellung nationaler Größe im Hause Ullstein[1]

»Geschichte schreiben ist eine Art, sich das Vergangene vom Halse zu schaffen.«
(Johann Wolfgang Goethe)

»Um eine Nationalerziehung kommen die Deutschen nicht herum, so fraglich es auch erscheinen mag, wer sie denn leisten sollte.« Gemeint ist hier die Erziehung *zur* Nation, und so fraglich ist denn auch wieder nicht, wer sie leisten soll; zumindest die Lehrbücher stehen bereit. Beklagt Herbert Kremp in der *Welt* den gewundenen Weg, auf dem man sich »immer noch« der Nation nähere, so bietet der Ullstein/Propyläen-Verlag unter der Ägide seines ehemaligen Cheflektors Rainer Zitelmann das Handwerkszeug, mit dem sich der Pfad begradigen läßt. Was empfiehlt dieser gesinnungstreue junge Mann als Mittel gegen deutschen »Selbsthaß« und die angeschlagene deutsche »Gefühlsbalance« (Kremp): Normal sollen »wir Deutschen« wieder werden, und das heißt »so wie früher« – wann dieses »früher« genau anzusetzen ist, variiert indes –; die Mottenkiste der Geschichte ist der Fundus, der geplündert wird, wobei anscheinend kein Rock zu groß oder zu fleckig wäre, als daß er nicht noch gute Dienste tun könnte.
Die Geschichtsrevision des ehemals jüdischen, dann im Dritten Reich zum »Deutschen Verlag« arisierten Hauses gliedert sich ein in die von der *Frankfurter Allgemeinen* bereits als »Kulturkampf« apostrophierte Auseinandersetzung um die Gestaltung des »neuen Deutschland«, die die Entwertung weitgehend konsensueller Konstituenten

1 Leicht überarbeitete Fassung von »Vergangenheit verlegen. Zur Wiederherstellung nationaler Größe im Hause Ullstein«, erschienen in *Blätter für deutsche und internationale Politik*, 38. Jg. (1993), H. 11, S. 1364–1375. Dort finden sich ausführliche Angaben über die zitierte Literatur.

der Bundesrepublik (alt) betreibt: Sozialstaat, die Linie außenpolitischer Selbstbeschränkung und die Integration in westliche Norm- und Entscheidungszusammenhänge werden abgebaut. Die Vereinigungskrise wirkt dabei als Katalysator der kulturellen und politischen Regression.

Wieder in Deutschland

Ihren Ausweis findet diese Polarisation – um nur einige Beispiele zu nennen – in der symbolischen Aufladung der Umzugsdebatte, dem Setzen wilhelminischer Zeichen und dem Lobpreis preußischer Sekundärtugenden: »Dienen ist nichts Altmodisches« (Wolfgang Schäuble). Die Befreiung von sozialstaatlichem Ballast wird begleitet von der Diskussion um den Leistungsmißbrauch, die Rationalisierungswelle von der apokalyptischen Erzählung vom »Standort Deutschland«.

Abgelöst werden auch die Kollektivbegriffe: Die »nationale Einheit« fungiert als Integrationssymbol für eine desintegrierte »Gesellschaft«. Der Zugewinn eines »natürlichen« Zusammengehörigkeitsgefühls soll Akzeptanz für individuelle Einbußen herstellen. Dabei werden im wesentlichen zwei Referenzpunkte der »Neubegründung« genannt: die sogenannte innere Einheit als moralischer und das »Standort«-Argument als nur scheinbar materialer. Gemeinsam ist beiden, daß sie Opfer und persönlichen Verzicht einfordern, die Nation aber gleichzeitig schöner, größer und stärker werden lassen sollen. Im Kontext des ersteren kaschiert das nationale Argument die politischen Handlungsdefizite angesichts offen zutageliegender sozialer Konfliktlagen, im Kontext des zweiten bereitet es die Akzeptanz von Rationalisierungsschüben vor.

Einige der normativen Positionen des (Zeit-)Geschichtsrevisionismus sind dabei längst in der politischen Wirklichkeit angekommen. Die Vergangenheitssignale, die Bundeskanzler Kohl setzt, sei es in Bitburg oder Berlin, die Erhebung Ernst Jüngers in den Stand eines seherischen Politikberaters und Steffen Heitmanns gescheiterte Präsidentschaftskandidatur, die Roman Herzog in nachgerade liberalem Glanz erstrahlen läßt, sind deutlich genug. Vor allem, wenn sie gegen

die Folie der symbolischen Leerstellen betrachtet werden: wie z. B. des Kanzlers Weigerung, an der Trauerfeier für die Opfer von Mölln teilzunehmen.
Die regressive Sinnstiftung hat politische Konsequenzen. Sie kompensiert – jedenfalls scheinbar – den Mangel an zustimmungsfähiger Politik. Gleichzeitig soll sie die Akzeptanz für den Abbau bundesrepublikanischer Errungenschaften fördern: namentlich von *Rechtsstaatlichkeit* und *Sozialstaatlichkeit*, die abgewickelt werden zugunsten einer losgelösten Idee von *Staatlichkeit*, die ihre Legitimation aus der Idee der Nation erhält – und nicht aus der Leistung für die in ihr verfaßten Individuen.
Die »Verachtung der Innenpolitik«, die Thomas Assheuer in der *Frankfurter Rundschau* als Bestandteil des konservativen Projekts ausgemacht hat, geht einher mit neuen außenpolitischen Orientierungen; denn nur durch die Besinnung auf die Nation kann die Bundesrepublik auf ihrem Weg nach Deutschland nicht nur von ihrer »Identitätsneurose« (Hans-Peter Schwarz), sondern auch von der »Machtvergessenheit« (Schwarz) geheilt werden. Die »Angst vor der Macht« jedenfalls, die Gregor Schöllgen im Ullstein-Verlag diagnostizierte, damit der im Anschluß gleich noch die Therapie verkaufen kann, scheint zu schwinden.

Gegen den »geschichtspolitischen Stumpfsinn«

In diesem Szenario bewegt sich der geneigte Historiker hin zur Politik, um den »geschichtspolitischen Stumpfsinn« aufzupolieren, den der *FAZ*-Kommentator Eckard Fuhr tadelt.
Zitelmann, als »Kristallisationsfigur einer Gruppe junger Revisionisten«, hat sich und seinen Mitstreitern mit seinem fliegenden Wechsel aus dem universitären Elfenbeinturm ins Verlagsleben und gleich weiter hinaus in die *Welt*, genauer in deren Ressort »Geistige Welt«, das er seit Dezember 1993 leitet, die Plattform für eine weiterreichende moralisch-nationale Aufrüstung geschaffen. Ohne sich mit der im eigentlichen Sinne geschichtswissenschaftlichen Diskussion aufzuhalten, erstrebt er eine öffentliche Wirkung über die Scharnierfunktion zwischen Rechtsextremen, Konservativen und Linksnationalen. Aus-

gangspunkt des revisionistischen Projekts ist die Schaffung einer neuen historischen Kontinuitätslinie vom Bismarck-Reich zum vereinigten »neuen Deutschland«, welche die Totalitarismus-*These* überholt, ohne die Totalitarismus-*Diskussion* noch führen zu müssen. Die Vergleichbarkeit ist nicht mehr das Thema, schon eher, welches der totalitären Systeme bei einem solchen Vergleich besser abschneidet.
Adolf Hitler kann so als eine Art sozialpolitischer Revolutionär erscheinen, die DDR als kleines graues Häufchen auf der Deponie der Geschichte, der gesellschaftliche Konsens der Bundesrepublik (alt) als ungeliebtes Produkt einer Nachkriegs-Umerziehung, die nationale Eigenheiten auf Dauer nur unzureichend zu unterdrücken vermochte. Wohlgemerkt: Die Autoren kommentieren auf diese Weise keineswegs eine Kontinuität von Fremdenhaß und deutschem Demokratiedefizit, sondern entwerfen ein historisches Cyberspace, in dem die Deutschen sozusagen spieltherapeutisch zu sich selbst finden sollen.
Im sogenannten Historikerstreit Mitte der achtziger Jahre waren »Normalität« und »Normalisierung« noch Begriffe, an denen sich heftige Kritik entzündete. Heute bieten sie sowohl den Orientierungsrahmen für außenpolitische Begehrlichkeiten einer vollsouveränen Bundesrepublik als auch das Passepartout für die Geschichtsbilder, an denen die Historiker unter Zitelmann stricheln. »Normalisierung« heißt für sie zuallererst, die Nation zu ihrem quasi-natürlichen Recht kommen zu lassen: Ihre Neudefinition dessen, was die Kohäsion des Gemeinwesens ausmachen soll, wirft wesentliche Konstituenten der westlichen Staatsverfassungen kurzerhand über Bord. Der Staat ist (wieder) Ausdruck nationaler Identität, in ihm kommt die Nation zu sich selbst, ohne daß dazu eine Entscheidung vonnöten wäre. Der *contrat social* als die Grundlage staatlicher Verfaßtheit in der Moderne wird ausgeblendet; die vorbewußte Größe der »Nation« als einer »Schicksalsgemeinschaft« immunisiert sich gegen jedwede Kritik. Als Gründungsmythos des »schon immer dagewesenen« Nationalgefühls findet sie Legitimität in sich selbst. Paradoxer Kulminationspunkt dieser Vorstellung ist die Forderung, die Tilman Mayer in seinem Beitrag zu dem von Rainer Zitelmann, Michael Großheim und Karlheinz Weißmann herausgegebenen Band *Westbindung* erhebt: den Nationalstaat unter Verfassungsschutz zu stellen.

Rückgriffe

Der *geschichtspolitische Rückgriff* auf das Kaiserreich, der *innenpolitische Rückgriff* auf die Nation als Grundlage des Gemeinwesens wird komplettiert durch den *außenpolitischen Rückgriff* auf die geostrategische »Mittellage« und die deutliche Distanzierung von der bundesrepublikanischen »Westbindung«. Außenpolitisch bedeutet dies auch die Rückkehr zu den Konzepten der nationalstaatlichen Machtpolitik; das nationale Interesse kann – zum eigenen Vorteil – mit dem anderer Nationen koordiniert, aber nicht durch übernationale Ziele, Institutionen oder Zusammenschlüsse transzendiert werden. Folgerichtig sind europäische Einigung und Vereinte Nationen bloße »Irrwege« oder »Utopien«. Die Aufhebung eines deutschen Sonderwegs in der 40jährigen Geschichte der Bundesrepublik, der Versuch einer nachholenden Demokratisierung, wird fast durchgängig als fremdbestimmte Kindergartenzeit entwertet.

Einige Akteure

Bei der kulturellen Umwertungsdebatte handelt es sich um einen Diskurs, der Veränderungen des politischen Klimas einerseits aufnimmt, andererseits verstärkt. Ihn an einzelnen festzumachen bleibt problematisch; trotzdem erscheint es sinnvoll, auf einige Exponenten einzugehen, gerade um personelle und institutionelle Verflechtungen aufzuzeigen. Aufschlußreich sind nicht zuletzt die Diffusionsprozesse zwischen Wissenschaft, politischer Publizistik, Journalismus, Politikberatung und Elitenrekrutierung.
Zitelmann, erst seit Frühjahr 1992 Lektor beim Verlag Ullstein/Propyläen und danach hauptberuflich zur *Welt* gewechselt, hat in dieser recht kurzen Zeit den Verlag auf Vordermann gebracht. So wird nicht nur die deutsche Vergangenheit auf Hochglanz poliert, sondern es werden auch Sozialbetrug und Asylmißbrauch, das Versagen der Linken und die Sozialdemokratisierung der CDU, nicht zuletzt die neuen außenpolitischen Herausforderungen Deutschlands ins rechte Licht gerückt. Damit ist Zitelmann zu einer Vermittlerfigur geworden, die dem neuen Umgang mit der Vergangenheit größere Aufmerksamkeit

und öffentliche Wirkung verschafft, als er sie durch sporadische Publikation in Fachzeitschriften wohl jemals erhielte.

Eine Säule im Programm ist sicherlich Ernst Nolte: Der große alte Mann des Revisionismus wiederholt in seinem Werk *Streitpunkte* (siehe auch den Beitrag von Hans-Ulrich Wehler in diesem Band) seine These vom Kausalnexus zwischen Archipel Gulag und nationalsozialistischem Genozid und antizipiert »künftige Kontroversen um den Nationalsozialismus«. Die Lesehilfe des Hauses Ullstein: »Wenn in der ›Schlußbetrachtung‹ nicht nur dem Bolschewismus, sondern auch dem Nationalsozialismus ›Größe, Untaten und Tragik‹ zugeschrieben werden, so bestätigt sich dadurch der in der langen, nicht minder informativen wie gedankenreichen Einleitung erörterte Begriff der Objektivität, der nur durch das Vergehen der Vergangenheit realisierbar wird.« Abgesehen von der fragwürdigen Leistung von Begriffen wie »Größe, Untaten und Tragik« – die Objektivität der historischen Rekonstruktion wird an der Bewertung historischer Ereignisse gemessen; die Tatsache, daß in beidem gleichermaßen »Schlechtes« (und »Gutes«) gesehen wird, wird bereits als Ausweis von »Objektivität« verstanden, die Frage, ob es sich um eine angemessene Beschreibung historischer Wirklichkeit handelt, gar nicht mehr gestellt. Die Gesinnungshistoriographie, die sich hierin decouvriert, steht im Gegensatz zum pseudo-positivistischen Anspruch und zu dem Begriff der »Historisierung«, wie er von Martin Broszat vorgeschlagen wurde, um dann von Zitelmann et al. in ebenso ostentativer wie bis zur Unkenntlichkeit verschlankter Weise vereinnahmt zu werden.

Karlheinz Weißmann, einer der Newcomer der historischen Zunft, wurde 1989 von der Technischen Universität Braunschweig für eine reich illustrierte Arbeit über *Schwarze Fahnen, Runenzeichen* promoviert, die im wesentlichen die Selbsteinschätzung rechter Akteure referiert und die Forschungslage zur politischen Symbolik ignoriert, da sie unübersehbar sei. Entsprechend naiv ist sein Versuch, die Ästhetik des SS-Runenzeichens nachzuweisen: »Von völkischen Abzeichen unterschied sich dieses Symbol schon durch die geschickte Proportionierung und Anordnung, die eine aggressive Dynamik zum Ausdruck brachte.« Nichtsdestotrotz avancierte er mit seinem Werk *Rückruf in die Geschichte* – inzwischen bei Ullstein in neubearbeiteter Auflage erschienen – nicht nur zum junghistorischen Shooting Star der neurechten Klientel, sondern unterhielt auch eine Tagung des Politischen Clubs der Evangelischen Akademie Tutzing, wo er als konservativer Hoffnungsträger des ehemaligen Regierungssprechers Klaus Bölling, der die Veranstaltung organisierte, auftrat.

Christian Strieflers *Kampf um die Macht*, will »die gedanklichen Furchen, die Prof. Dr. Ernst Nolte gezogen hatte«, breittreten. Bis heute, so der Verlag über Strieflers Beitrag zur Neuorientierung, sei »der Machtkampf von Kommunisten und Nationalsozialisten nicht vorurteilsfrei dargestellt worden«. »Nachgewiesen« werden nicht nur die »antibolschewistischen«, sondern auch die »sozialistischen« Beweggründe nationalsozialistischer Politik. Der Stellenwert dieser Publikation wird auch gleich erläutert: »Der Autor korrigiert die Geschichtsschreibung«, weil »die dazu neigt, die Rolle der KPD zu verharmlosen«. Striefler, nach dem Examen Forschungsassistent bei Michael Wolffsohn, ist Grundsatzreferent des sächsischen Innenministers und stellvertretenden CDU-Vorsitzenden Heinz Eggert.

Hans-Helmuth Knütter hat es sich zur lebenslangen Aufgabe erwählt, den »Antifaschismus als politischen Kampfbegriff« unschädlich zu machen, zuletzt indem er *Die Faschismuskeule. Das letzte Aufgebot der Linken* aus dem Hut zaubert. Knütter ist seit 1972 Professor am Seminar für Politische Wissenschaft der Universität Bonn. Das Institut, in der Zunft bisher nicht gerade als progressiv geltend, mußte sich zuletzt damit auseinandersetzen, daß Knütters Umtriebe in der Vergangenheit – u. a. die Betreuung eines (inzwischen aufgelösten) Arbeitskreises, der Vorträge mit bekannten Rechtsextremisten veranstaltete – sogar im betulichen Bonn auf öffentlichen Unwillen stießen. In einer Broschüre, die bei der CDU-nahen Konrad-Adenauer-Stiftung erschienen ist, rechnet ab mit der »Fiktion der multikulturellen Gesellschaft«. In *Westbindung* beschäftigt er sich mit der »Deutschfeindlichkeit im westlichen Ausland«, die bereits das Material für eine schmale Monographie hergab, die im MUT-Verlag erschien.

Schule hat begonnen

Auch das muß man den Neuhistorikern lassen: Ein funktionierendes Zitier- und Rezensionskartell haben sie bereits auf die Beine gestellt. Damit sind nicht nur die zahlreichen Eigen- und Querverweise in den eigenen Publikationen gemeint. Enrico Syring – im übrigen promoviert mit einer Arbeit über Hitlers Weltanschauung – gibt mit Zitelmann und Ronald Smelser einen Sammelband heraus, Syring bespricht einen anderen Zitelmann in der *FAZ*; Zitelmann publiziert *mit* Uwe Backes und Eckard Jesse, Backes und Jesse publizieren *bei* Zitelmann. Das geht sogar über's Eck: Backes rezensiert Weißmann in der *Welt* (im übrigen durchaus distanziert). Ansgar Graw, Redakteur beim SFB und als Autor des *MUT*-Verlags um die Zukunft Königsbergs besorgt, lobt im *Ostpreußenblatt* Weißmanns »fulminant-intellektuelle Kampfansage an die tonangebenden Eliten« und darf im Gegenzug in *Westbindung* gegen die emanzipatorische Geschichtswissenschaft zu Felde ziehen. Michael Wolffsohn attestiert dem von Smelser und Zitelmann herausgegebenen Sammelband, gedruckt bei der Wissenschaftlichen Buchgesellschaft: »Das ist keine Verharmlosung, sondern Versachlichung.« Wolffsohns ehemaliger Mitarbeiter Christian Striefler publiziert bei Zitelmann. Knütter saß im Beirat der Bundeszentrale für politische Bildung. Ludwig Watzal, Redakteur der von der Bundeszentrale für politische Bildung herausgegebenen Zeitschrift *Aus Politik und Zeitgeschichte* (der Beilage zur Wochenzeitung *Das Parlament*) beklagt in *Westbindung* den »Irrweg von Maastricht«. Karlheinz Weißmann beschwört im April 1993 in *Aus Politik und Zeitgeschichte* die »Wiederkehr eines Totgesagten: Der Nationalstaat am Ende des 20. Jahrhunderts«; in der gleichen Ausgabe findet sich ein Beitrag Tilman Mayers, der wiederum auch in *Westbindung* mit »Fragmente(n) zur Bestimmung der deutschen Nationalstaatlichkeit« vertreten ist. Daß seit Amtsantritt Zitelmanns als Ressortleiter der »Geistigen Welt« nicht nur Weißmann und Graw dort publizierten, sondern auch SPD-Schulungsreferent und Ullstein-Autor Tilman Fichter, sei nur am Rande vermerkt.
Die Mannen um Zitelmann stilisieren sich dabei als Expertokraten des Zeitgeistes: So wie für sie 1989 die Nachkriegszeit geendet hat, beginnt die Historiographie mit der eigenen Dissertation. Dabei ge-

rinnt ihnen ihre relative Jugend zur epistemologischen Größe; vor allem Weißmann, immerhin Mitte dreißig, wird nicht müde, das Anrecht der »jüngeren Historiker« auf einen Platz an der Sonne geltend zu machen. Das geht so weit, daß er in einer Verteidigungsrede für Zitelmann der Berliner Politikwissenschaftlerin Gesine Schwan in einer Mischung aus Trotz und Pathos entgegenschreibt, die Tage des Ancien Régime in der (Geschichts-)Wissenschaft seien gezählt... (Überhaupt hat man den Eindruck, daß hier jemand nicht den Fuß in die Tür bekommen hat, durch die er seiner Meinung nach längst durchgehörte; der Göttinger Studienrat Weißmann mokiert sich an anderer Stelle allzu offensichtlich über den Typus der »systemkritischen westdeutschen Studienräte«.) Das Insistieren auf diesem Selbstporträt als historiographische E-Jugend verbindet sich mit dem Gestus des Tabubruchs – dabei werden keine neuen Positionen und kaum neue Erkenntnisse präsentiert. Es verblüfft lediglich die Dreistigkeit, mit der man sich über kollektive Wissensbestände hinweggesetzt und gleichermaßen politisch zielstrebig wie methodisch freischwebend in die Geschichte zurückruft.

Des Historikers Beweggrund läßt sich ex negativo erschließen, wenn Weißmann Gesine Schwan im *Rheinischen Merkur* weiter vorwirft: »Ihr geht es eben darum, zu verhindern, daß die Deutschen ein ›gesundes Selbstvertrauen‹ zurückgewinnen.« Sein, Weißmanns, Anliegen ist es, so darf man wohl schließen, »den Deutschen« bei diesem Unterfangen Hilfestellung zu leisten. Bei Gregor Schöllgen tönt es ähnlich: »Wer wäre berufener, die Frage nach dem Stellenwert des neuen Deutschland in der Welt kompetent zu beantworten, als die Historiker?« Historiker machen Angst weg.

Anti-Intellektualismus und gesundes Volksempfinden

Der *Rückruf in die Geschichte* reanimiert längst überwunden geglaubte Versatzstücke konservativer Kulturkritik (wie den Gegensatz von Kultur und Zivilisation) und verkauft sie als neue Glaubenssätze.

Paradoxerweise tritt so neben die gebetsmühlenhafte Betonung der »wissenschaftlichen Präzision« ein profunder Anti-Intellekualismus.

Damit ist nicht nur die Ablehnung des Intellektuellen als einer gesellschaftskritischen Instanz, als die man ihn in der Bundesrepublik bis in die achtziger Jahre hinein zumindest verstehen konnte, verbunden, sondern auch die Auflösungsarbeit am historisch informierten kritisch-rationalen Erkenntnismodell. Damit keine Mißverständnisse entstehen: Es wird keineswegs die Diskussion um die »positivistisch halbierte Rationalität« wiederaufgenommen, sondern das Denken wird – am Stammtisch keine Seltenheit – in den Bauch verlegt, dessen Tiefsinn nach Wiederkäuen klingt: »Zu den Eigenheiten des deutschen Nationalcharakters gehört auch, daß die Deutschen dauernd über sich nachdenken« (Weißmann). Manchmal aber auch gerade nicht: »Gerade in der breiten Bevölkerung überdauerte während der Jahrzehnte der Spaltung ein Gefühl, auch ein Wissen um die Zusammengehörigkeit; je geringer das Reflexionsniveau, desto selbstverständlicher der Patriotismus«. »Wissen« ist hier also etwas Vorbewußtes, das der Überprüfung in der gesellschaftlichen Auseinandersetzung nicht zugänglich ist – nur so erhält die Formel »mehr Wissen durch weniger Denken« überhaupt so etwas wie eine Hilfs-Logik. Hier paßt sich auch die Kritik des Bonner Politikwissenschaftlers Hans-Helmuth Knütter ein, der nicht nur theoretisch die gesellschaftsorganisierende Potenz von Vorurteilen rühmt, sondern selbst nicht müde wird, das Feindbild vom »hedonistischen Intellektuellen« zu bemühen.

L'amour propre: Die Liebe zu sich selbst

Wir lernen hier, daß Denken zu Selbstzweifeln führt, die der notwendigen Identitäts- und Kontinuitätsstiftung im Wege stehen. Das »gesunde Selbstbewußtsein«, das die Deutschen wiedererlangen sollen, erfordert Selbst*liebe* statt des angeblich so weit verbreiteten, kritisch infizierten Selbst*hasses*, der den unbefangenen Zugang zu der eigenen, von »Entgleisungen« bereinigten Vergangenheit versperrt. Der auto-erotischen Geschichtsbetrachtung entspricht die Abgrenzung vom Anderen, die Identitätsfindung durch Autonomisierung und Negation des Fremden, universaler und supranationaler Normen.
Daß die Liebe der Deutschen zu ihrer Geschichte so problemlos nicht

zu haben ist, weiß man auch im Hause Ullstein. Zunächst sind einige kosmetische Operationen vonnöten. Dabei gibt man sich nicht mehr mit der Relativierung der nationalsozialistischen Barbarei zufrieden.

Wenn sich auch die »erste Schuld« noch nicht so recht leugnen läßt, die »zweite« will Manfred Kittel so nicht gelten lassen. In seiner Dissertation, gefördert von der Konrad-Adenauer-Stiftung, gedruckt bei Ullstein, weist er – wieder einmal – »mit wissenschaftlicher Präzision« nach, daß in den Gründungsjahren der Bundesrepublik feste getrauert und sich geschämt wurde: von Verdrängung keine Spur (mehr). Die Funktion des »Anti-Giordano« ist eine zweifache: Zum einen wird der deutschen Nation das beruhigende Gefühl vermittelt, ihrer moralischen Pflicht Genüge getan zu haben, zum anderen soll der Blick geschärft werden für die Auseinandersetzung mit der DDR-Geschichte. Im Bewußtsein, die Nazivergangenheit gründlich aufgearbeitet zu haben, müssen jetzt die Stasi-Verantwortlichen zur Rechenschaft gezogen werden, ohne daß die Selbstverständlichkeit einer solchen Analogiebildung noch dem geringsten Zweifel dieser »Sieger der Geschichte« unterläge.

Die Frage der »Singularität« der nationalsozialistischen Verbrechen läßt das Ullstein-Verlagsprogramm hinter sich. Daß Auschwitz und dessen deutschnationale Möglichkeitsbedingungen Reflex auf außerdeutsche Handlungen sind, steht zumindest für den Nolte-Jünger Weißmann außer Frage: So hat nicht nur Auschwitz seinen Ursprung im Bolschewismus, sondern auch die »NSDAP war ihrem Ursprung nach eine radikale Oppositionsbewegung gegen ›Versailles‹ und dann erst gegen ›Weimar‹«.

Der Glaube an den eigenen unbefangenen und vorurteilslosen Blick erlaubt dem Historiker, das Gute im Bösen zu sehen und als Desiderat der Wissenschaft anzumahnen. Was Zitelmann der Forschung bis Zitelmann vorwirft, ist, daß sie die *positiven* Seiten des Nationalsozialismus nicht angemessen hervorgehoben habe. Mit der kalkuliert anachronistischen Verwendung des Begriffs sozialer »Chancengleichheit« schafft er es darüber hinaus, jede hermeneutische Differenz zu nivellieren. Und auch hier wird, wie bei Weißmann, die Empfindung der historischen Akteure zur Erkenntnisgrundlage des Historikers: Aus Mangel an objektiv Gutem muß die subjektive Empfindung herhalten, die nicht nur die Erkenntnis strukturieren soll, sondern deren Bewertung gleich mitübernommen wird. Das Verfahren offenbart sich hier als das genaue Gegenteil von dem, was es zu sein vorgibt: statt der historisierenden und objektivierenden Einordnung eröffnet es den distanzlosen, ja apologetischen Anschluß an die Vergangenheit.

Diese Stilisierung des vermeintlich Positiven, die Relativierung des unleugbar Scheußlichen gehen einher mit der Umwertung zentraler Positionen der Forschung. Aus einer semantischen Umgestaltung von *Modernisierungs-* und *Revolutions*begriff, die beide aus einem sozialgeschichtlichen Kontext in einen ahistorisch-ideengeschichtlichen transponiert werden, ergibt sich das Handwerkszeug, mit dem die NS-Diktatur konsensstiftend in eine »nationale« Kontinuität integriert werden kann. Weißmann ruft zurück: »Die NSDAP war überhaupt die erste deutsche Partei, die eine klassenübergreifende Integration vollzog. Modernität war der Schlüssel ihres Erfolges, und solche Modernität bildete auch nach Hitlers Machtergreifung ein wesentliches Moment nationalsozialistischer Gesellschaftspolitik.« In seiner Dissertation geht Rainer Zitelmann ganz unbefangen auf die Suche nach Hitlers Selbsteinschätzung. Wie defizitär ein rein ideengeschichtlicher Ansatz bleiben muß, der seine historischen Kenntnisse aus dem Bewußtsein der Akteure bezieht, ohne diese auf die Realgeschichte zu beziehen, wird hieran deutlich. Im speziellen Fall ermöglicht er, Hitler als Sozialrevolutionär erscheinen zu lassen, der auf der Grundlage seines Wollens und seines Selbstverständnisses interpretiert wird – und nicht auf der historischer Ereignisse. Da ist es nur konsequent, wenn Weißmann auch die Kriegsschuldfrage als historisch und methodisch uninteressant vom Tisch wischt.

Ein Rückruf wie Donnerhall

Die historische Kontinuitätsstiftung geschieht also unter tendenzieller Auf- oder Umwertung des Nationalsozialismus und Rückgriff auf die glorreicheren Tage des Deutschen Kaiserreichs. Die DDR hingegen, prägend für immerhin über 16 Millionen Bundesbürgerinnen und Bundesbürger, erscheint schon heute nurmehr als Treppenwitz.

Im Rekurs auf Gottfried Benn inszeniert Weißmann den Rückgriff auf den »normalen deutschen Nationalstaat«: »Wer Begriffe wie ›Held‹, ›Ehre‹, ›Preußentum‹, ›Reich‹ aus dem Wortschatz getilgt wissen wollte, der wandte sich nicht allein gegen die nationalsozialistische Weltanschauung, die damit Schindluder getrieben hatte, sondern wandte sich überhaupt gegen das bis dahin normale Verständnis der Geschichte des von Bismarck geschaffenen deutschen Staates.« Zentrale nationalsozialistische Ideologeme erscheinen hier problemlos auf »Normalität« und damit Wiederverwendbarkeit zurückzufahren zu sein. Der Klassifizierung »Schindluder treiben« verharmlost nicht nur geschichtliche Kontinuitäten, sondern ordnet die nationalsozialistische Diktatur ein als eine Art verzeihlichen Exzeß. Die damit verbundene posthume Glorifizierung des Kaiserreichs, die beschworene Rückkehr des Wilhelminismus findet ihr synthetisches Symbol in der Neuerrichtung ihres größten und scheußlichsten Monuments am Deutschen Eck zu Koblenz.

Verlegung des Sonderwegs

Das Wiederanknüpfen an preußische Traditionen verlangt, die Einbindung der Bonner Republik in den Westen als Irrweg zu apostrophieren. Der »Sonderweg« (vgl. dazu den Beitrag von Klaus Naumann in diesem Band) wird also kurzerhand in die Zeit nach 1949 verlegt. Ullsteins Kronzeuge hierfür ist der in Heidelberg und Athen lebende Privatgelehrte Panayotis Kondylis. Seine Argumentation ist eine durchaus paradoxe: Zum einen hebt er hervor, daß Deutschlands Weg *so* anders nicht gewesen sei – verbunden mit dem scharfsinnigen Hinweis, daß die Wege Englands und Frankreichs schließlich auch vollkommen verschieden gewesen seien –, nach eventuell nachweisbaren strukturellen Unterschieden zwischen Deutschland und den westlichen Demokratien wird gar nicht mehr gefragt; zum andern wird der Weg Deutschlands denn doch wieder zum »anderen«, zum authentisch deutschen erklärt; er ist aber nur so lange *Sonder*weg, wie er mit dem (falschen) Maß des Westens gemessen wird. Gleichzeitig hebt Kondylis die Überlegenheit deutschen Geistes, das Besondere der geographischen Lage Deutschlands und daraus resultierende He-

gemonialansprüche hervor. Kein Wunder, daß Kondylis' Abrechnung mit dem Sonderweg als politischem Kampfbegriff, als »pure Polemik«, nicht nur den Ausgangspunkt für die Auflösung der Westbindung bildet, sondern den Angelpunkt des gesamten Projekts einer neuen Historie, als deren *Telos* der vereinigte deutsche Nationalstaat *(post festum)* bestimmt worden ist.
Der westlichen Bundesrepublik (alt) hingegen wird keinerlei handlungsbefähigender Erinnerungswert attestiert; sie wird als eine »Auszeit der Geschichte« begriffen, als oktroyierter Mittagsschlaf, aus dem der Prinz Vereinigung das neue Deutschland wachküßt.

Rücknahme der Erziehung: Deutschland als der »gute Wilde«

Der Begriff der »Umprägung« ist charakteristisch für die Vorstellung von der aufgezwungenen und letztlich »widernatürlichen« Re-Education, die als Fortsetzung des militärischen Siegs mit pädagogischen Mitteln erscheint. 1987 schreibt Weißmann in *Mut*: »Die Siegermächte des Zweiten Weltkrieges übernahmen nicht nur die militärische und politische Kontrolle über das Reich, sie betrieben auch eine kalkulierte Bestrafung und Demütigung des besiegten Feindes«. Vor allem die kritische Nachkriegsintelligenz wird als das Produkt »westlichen Einflusses« (und damit eigentlich »undeutsch«) an den Rand der Nationalgeschichte gestellt. Bei den Herausgebern von *Westbindung* wirkt das nachgerade so, als ob die westlichen Siegermächte kurzen Prozeß gemacht hätten: »Der sich frei entwickelnde Reststaat des Reiches, die Bundesrepublik, erhielt in seinem Innern eine Verfassung und Sozialordnung nach westlichem Muster und wurde nach außen in die westliche Verteidigungsgemeinschaft eingebunden.« »Bundesrepublik« erscheint lediglich als Apposition zu »Reststaat« – Legitimität wird ihr nur als Transitorium zugestanden.

Zur Kritik der angeblichen Indoktrination gehört nicht nur der skizzierte Anti-Intellektualismus, sondern auch die Ablehnung eines mehrheitsdemokratischen Gesellschaftsverständnisses. Mit Oswald Spengler formuliert Weißmann, die Nation werde durch eine Minderheit repräsentiert, und welche das sei, sei die eigentlich politische

Frage innerhalb der Gesellschaft. Nicht die Gleichheit der Individuen vor dem und im Staat ist Zweck der gemeinschaftlichen Übung, sondern die Selbsterhaltung der staatlichen Konstruktion, unabhängig von einer täglichen plebiszitären Legitimation und dem Nutzen für die Individuen: »Während man sich betreuend irgendwelchen Minderheiten zuwendet, verrottet das Allgemeine, das der Staat ist. Eine gewandelte Einstellung zum Staat gehört deshalb zu den dringendsten Forderungen ›politischer Bildung‹. Es müßte, ohne die nötige Nüchternheit zu verlieren, jener ›unpersönliche Stolz‹ wiedergewonnen werden, ohne den sich noch kein Gemeinwesen in der Geschichte halten konnte.« Dem Staat wird so eine Existenzberechtigung jenseits des Gesellschaftskonsenses zugesprochen: Staatlichkeit erscheint als ein Wert an sich, der seine Begründung aus dem nicht hintergehbaren Prinzip der Nation gewinnt.

Neue deutsche Außenpolitik: östlicher und mächtiger

Die um sich greifenden Wiederbelebungsversuche am preußischen Tugendkanon erinnern an die Abmahnung, die Bundesrepublik solle mit der Vereinigung östlicher und protestantischer werden. In Verbindung mit den neu-alten geopolitischen Konzepten klingt das erst recht nach Drohung: »Deutschland ist östlicher geworden, es darf sich nicht allein Westeuropa verpflichten. Es ist als östliche Flügelmacht eine Brücke für Ost und West« (T. Mayer in *Westbindung*). Weißmann vermerkt begeistert, im November 1989 habe man in Berlin einen Eindruck davon gewinnen können, »was es heißt, wenn die Nation bei sich selbst ist«, doch da will sie offenbar nicht bleiben, wenn man die außenpolitischen Überlegungen, die auf die Auflösung der »Westbindung« abheben, ernst nimmt. Der Rückgriff auf die Geopolitik als methodisch-politischen Referenzrahmen der Außenorientierung ist eindeutig. Die Herausgeber der *Westbindung*, Zitelmann, Weißmann und Großheim, meinen, daß (fast) alle umdenken müssen, denn selbst konservative Wissenschaftler seien »dem Irrtum [erlegen], daß sich außen-, sicherheits- und bündnispolitische Festlegungen zwingend aus bestimmten gesellschaftspolitischen Präferenzen und Optionen ergäben«. Das schränkt die Vorstellung ein, die

Mitglieder einer Gesellschaft (bzw. deren Repräsentanten) könnten sich über außenpolitische Optionen verständigen und Entscheidungen treffen. Nicht die (westlichen) gesellschaftlichen Normvorstellung diktieren, wie man sich in der Welt verhält, sondern die pseudodeterministischen Vorgaben der geographischen Lage: »Da die Bedeutung geopolitischer Gegebenheiten geleugnet wurde und sogar der Begriff der ›Interessen‹ fragwürdig erschien, wurde das Verhältnis Deutschlands zum Westen vorwiegend auf der Ebene innen- und gesellschaftspolitischer Fragestellungen diskutiert.« Das soll sich ändern, Grundlage der Außenpolitik soll wieder Machtpolitik sein, und vor allem in Hinblick auf den ungeliebten europäischen Einigungsprozeß will man sich die Option des nationalstaatlichen Alleingangs offenhalten: Deutschland »muß lernen, daß Gewalt in den internationalen Beziehungen – als letztes Mittel der Politik – legitim ist... Und Deutschland muß schließlich fähig sein, das vorläufig Undenkbare zu denken, nämlich trotz der katastrophalen Abschnitte in der deutschen Geschichte zwischen 1914 und 1945 wieder ein Akteur der Weltpolitik zu sein – sollte der europäische Integrationsprozeß scheitern oder in einer unbefriedigenden Richtung verlaufen«, so Jochen Thies, Ressortleiter Außenpolitik bei der *Welt*, über die »Perspektiven deutscher Außenpolitik« in *Westbindung*.

Weißmann hatte bereits die Geopolitik als *Orientierungswissenschaft* ausgerufen; Thies beklagt zwei »Handicaps« der deutschen Außenpolitik: das »Verdrängen des Faktors Machtpolitik« und die »verlorenen achtziger Jahre«. Schuld daran ist vor allem die Einbindung Deutschlands in die westliche Gemeinschaft, die der historischen »Mittellage« nicht gerecht werde. Die »Risiken« einer »Totalwestintegration« werden in *Westbindung* zum totalitären Irrweg einer geschichts- und machtvergessenen Elite stilisiert: »Dieses Bekenntnis [Habermas', d. Verf.) zur ›westlichen Wertegemeinschaft‹ hat damit fast den Charakter einer auf die totalitäre Durchdringung der gesamten Gesellschaft gerichteten Utopie gewonnen.«

Dabei fungiert das Festhalten am Nationalstaat als das integrierende Moment, das alte »Westler« und neue »Neutralisten« zusammenbindet: »Doch die alten Kontroversen müssen in den nächsten Jahren wohl in den Hintergrund treten, weil neue Kontroversen dringlicher und aktueller sind ... Andere, die früher dezidiert für die Westbindung eingetreten sind und erhebliche Vorbehalte gegen Neutralitätsbestrebungen artikulierten, werden sich nun dagegen wenden, die deutsche Wiedervereinigung nur als Zwischenetappe hin zur Auflösung des deutschen Nationalstaats in einen europäischen Bundesstaat zu betrachten.« Der Nationalstaat ist also der vorläufige Endpunkt der Entwicklung. Dem Nicht-Wollen stellt Ludwig Watzal mit der scheinbar so normativen Kraft des Faktischen das Nicht-Können zur Seite: »Auch die politische Union [Europas] wird sich nicht so einfach realisieren lassen, da sich keine nationale Regierung ›entmannen‹ wird.«

Welche Konsequenzen diese Aufkündigung westlicher und historischer Verbindlichkeiten nach sich zieht, formuliert Weißmann 1987 in der Zeitschrift *Mut*: »Die Deutschen müssen die Besonderheit ihrer Situation begreifen lernen; diese Besonderheit war früher ihr Stolz, so wie sie heute ihre Scham ist: Die deutsche Nation ›weist über sich als Nation hinaus, sie ist zum Reich hin offen‹.« Nicht ganz so pathosdurchwirkt wirft er sechs Jahre später nicht nur die Frage nach einem neu zu verhandelnden europäischen Bündnis (mit der Hegemonialmacht Deutschland?), sondern auch die nach der atomaren Bewaffnung Deutschlands auf.

Die neue Ostorientierung findet ihre Entsprechung in der Abwertung des deutsch-französischen Verhältnisses. Gemessen am Idealbild der Bismarckschen Bündnispolitik konstatiert Thies als grundlegende »Schwäche« der deutschen Europa-Politik, daß die politische Klasse Angst habe vor dem »Spiel mit mehreren Bällen«. Antifranzösische Ressentiments lassen grüßen, und Deutschland soll germanischer werden: »Gewiß ist die enge deutsch-französische Zusammenarbeit von großer Bedeutung. Aber darf man ihr so uneingeschränkt vertrauen, wie es Helmut Kohl tut? Muß Deutschland nicht in gleicher Weise versuchen, die Zusammenarbeit mit Großbritannien zu gestalten, das dem Norden und Osten Deutschlands mentalitätsmäßig viel näher liegt?« Die eher rüde Gangart, die die bundesdeutsche Regierung gegenüber Frankreich in der jüngeren Vergangenheit angeschlagen hat – nicht zuletzt anläßlich der Umgestaltung des EWS –, läßt vermuten, daß hier Lehren bereits angekommen sind, auch wenn man die Westbindung (noch) nicht in Frage stellt.

Thies' Rückruf in die Geschichte ist preußisch: »Die außenpolitische

Elite, die es einmal gab, ist teilweise durch Emigration, Holocaust und den Verlust von Berlin als Metropole verlorengegangen.« Die vergleichende Verharmlosung, die in dieser Reihung steckt, wird angemessen begleitet von der Wehmut, mit der Thies den Wegfall der »Großagrarier, des Adels oder des Militärs« als außenpolitischer Elite beklagt. So anachronistisch es heute erscheint, die Herrschaftseliten Preußens als Idealbilder wieder auferstehen lassen zu wollen, es paßt in das Absurditätskabinett der preußisch-großdeutschen Geschichtssimulationen. Der Umzug nach Berlin gewinnt dadurch »Vollzugscharakter«, denn Deutschland »muß mit dem Umzug von Regierung, Parlament und Teilen der Funktionselite nach Berlin versuchen, mit seiner Vergangenheit ins reine zu kommen«, und Anschluß finden an bessere Zeiten.

Den Vollzug der Einheit als Kopulation mit der Vergangenheit zu ermöglichen, das ist die selbstgestellte Aufgabe eines solchen Verlagsprogramms – Oswals Spenglers Diktum zur Methode erhebend: Natur soll man wissenschaftlich behandeln. Über Geschichte soll man dichten.

Elke Schmitter

Schnurrbart und Ohnmacht

Einige unmethodische Überlegungen zur neuen Rechten und alten Linken und zur Übersichtlichkeit der Geschlechterverhältnisse

»Wie verhält es sich eigentlich in der jüdischen Ehe?«, wird ein älterer Mann gefragt. »Wie überall«, sagt der: »Ich befasse mich mit dem Wesentlichen, meine Frau mit den Kleinigkeiten.« »Und was heißt das bei Ihnen?« »Das, was es überall heißt: Meine Frau entscheidet, ob wir Kinder haben und wieviele, wo wir wohnen, wohin wir in Urlaub fahren, ob wir ein Auto kaufen und so weiter. Und ich bin zuständig für die Frage, ob wir diplomatische Beziehungen mit China aufnehmen sollen, warum Jelzin und Clinton sich nicht verstehen, ob die Nato in Jugoslawien einmarschiert...«

In der neuen Rechten (also Schönhuber bis Schäuble und *Criticón* bis *FAZ*) spielen Frauen nicht die geringste Rolle. Brigitte Seebacher-Brandt als einzige Ausnahme taucht vor allem in ihrer Eigenschaft als Witwe auf, also als körperliche (und ihrem Verständnis nach auch geistige) Hinterlassenschaft eines Mannes, der nicht mehr mittun kann. Dem schlagenden Unterarm der Rechten folgen dem Vernehmen nach Groupies, die in ihrer psychologischen und öffentlichen Bedeutung (schwärmendes Beiwerk, das den männlichen Beziehungen nachgeordnet ist) den Befund eher bestärken: Obwohl der politische Diskurs aus guten wie schlechten Gründen in der Bundesrepublik hauptsächlich von Männern bestritten wird, ist die Fraulosigkeit der Rechten in ihrer Reinheit auffallend.

Einerseits ist das lustig: Diese schnurrbärtigen jungen Männer, die Herrn Nolte noch auf dem Sessel halten, der junge FAZ-Herausgeber, der dem Dichterdenker Jünger die Aufwartung macht... man könnte die Jungs so spielen lassen, wenn sie nicht auch an Machtergreifung dächten (hierzu später). Andererseits mutet die Geschichtslosigkeit dieser Bilder auch wieder deprimierend an: Hat sich denn nichts und gar nichts getan? So sieht es aus – aber warum?

Der Kern- und Kampfbegriff der Extremisten der Mitte ist die »Nation«: eine Erfindung, die in ihrer Verbindung von hoher Abstraktion und tiefster Gefühligkeit zunächst das deutsche Denken, dann die deutsche Gesellschaft reorganisieren soll. »Was heißt das, Nationalismus: wir stehen zu Deutschland, weil wir Deutsche sind, weil Deutschland unser Vaterland, die deutsche Seele unsere Seele ist, weil wir alle ein Stück der Seele Deutschlands sind.«[1]

Die Nation ist in Deutschland kein Mit-, sondern ein Gegenbegriff zur Republik. Die Republik ist einem reflexiven Prozeß assoziiert, der bürgerliches Denken und Handeln, politisch selbstbewußt agierende Individuen und die Arbeit an Widersprüchen voraussetzt und fordert. Der Begriff der Republik appelliert an BürgerInnen, die Differenzen austragen, Kompromisse aushandeln; historisch und genetisch ist die Republik wandelbar, offen. Sie ist nicht anders denn als veränderlich denkbar; ihre Substanz ist eine politische und lebensweltliche; sie verfällt, wenn ihre BürgerInnen mit sich und ihr zerfallen.

Die Nation ist kein prozeduraler, sondern ein Wesensbegriff. Sie ist durch Grenzen nach außen und innen organisiert: Landesgrenzen (die deutsche Nation erkennt Polen in seinen heutigen Grenzen an), genetische Grenzen (Staatsbürgerrecht), Grenzen des guten Geschmacks (Christo-Reichstag-Debatte), die nicht überschritten werden dürfen.

Eine Diskussion dieser Grenzen wird, wenn überhaupt, im Modus des Widerwillens geführt: Politische, genetische oder auch ästhetische Veränderungswünsche wehren die nationalen Führer als Zumutungen ab, weil die Nation das ist, *wovon man immer schon ausgeht*. Die intellektuelle Substanz des Begriffs »Nation« erschöpft sich in dem Mißverständnis, gegen unvermeidliche Modernisierungseffekte (Institutionalisierung der Gesellschaft, Internationalisierung politischen Handelns) einen vermeintlich modernen, historisch längst erledigten Mobilisierungsbegriff prägen zu wollen: eine mißlunge Sublimierung unverstandenen Unbehagens. Die ideologische Substanz der Nation liegt, zumal nach der vollzogenen Einheit, in deren materialer Unver-

1 Joseph Goebbels, zit. nach Klaus Theweleit, *Männerphantasien*, 2 Bde., Frankfurt 1977/78. Meine Überlegungen sind Theweleit in hohem Maße verpflichtet, wie man unschwer erkennen kann.

änderlichkeit, die nicht Loyalitäten, sondern Identifizierung evozieren soll; jede Debatte nationaler Gegebenheiten erschüttert folglich die innere Ordnung und Souveränität auch ihrer (Für)Sprecher.
Die Nation hat so einerseits bestimmbare Wesensmerkmale; andererseits ist sie als Leitmotiv politischen Sentiments von diffuser und zugleich größtmöglicher Reichweite. In seinem Nationalgefühl kann man sich, je nach Mentalität, durch deutsche Bettler, ausländische Vertragsarbeiter, AsylbewerberInnen, Zigeunerfrauen oder jugendliche Schwarzfahrer verletzt sehen. Im Falle des Angriffs verteidigt man dann nicht sich, sondern die übergroße, gleichwohl verletzliche, kränkbare Mutter Nation, der *man* entstammt. Sie fungiert auch darin als Gegenbegriff zur Gesellschaft: Als Mitglieder der Gesellschaft wären Schwarzfahrer, Ausländer und Bettler Adressaten einer Argumentation. Als Ausgegrenzte und Angreifer der Nation wird *über* sie verhandelt und gesprochen, geht man *gegen* sie vor. Das diffuse »Wir« der Nationalisten wird hier konkret wirksam: Die Nation ermächtigt ihre Anhänger automatisch zu deren Verteidigung. Wolfgang Schäuble, der sich beiläufig auch als »Architekt der Einheit« feiern läßt, spricht nicht ohne dialektischen Witz von der »Schutzgemeinschaft Nation«.
Was daran männlich ist? Es muß daran etwas männlich sein, gerade heute, sonst würden sich mehr Frauen an der frisch erblühten Nationaldebatte beteiligen.
Es gibt die Überlegungen von Klaus Theweleit in seinen *Männerphantasien* (die ich nicht verkürzt wiedergeben, sondern zur erneuten Lektüre empfehlen möchte), die vom Material Nazideutschlands ausgehen. Ergänzend für die Jetztzeit kann man anmerken: Speziell der »große Diskurs« über die Nation ist radikaler geschlechtlich organisiert als jede andere politische Debatte. Er findet auf zwei Ebenen statt: Da ist zum einen die Frage der »Westbindung«, die Rolle Deutschlands in Europa, als mögliche (reale) Weltmacht, etc.; eine Diskussion, die gänzlich in den Bereich des »Wesentlichen« fällt, von dem die Frauen ausgeschlossen sind und sich ausschließen. Frauen arbeiten in Bürgerinitiativen, gehen mit Kerzen auf die Straße, verhindern Flughäfen, erstreiten Kindertagesstätten: Sie agieren in jenen lebensweltlichen Zusammenhängen, die man im obigen Sinne »republikanisch« nennen könnte. Männer reden über Außenpolitik,

innere Sicherheit und den Jäger 90; von diesen Gegenständen zur »Nation« ist es ein kurzer Weg.

Die andere Ebene des »Nationendiskurses« ist die gefühlige: Wolfgang Schäubles Stellungnahmen zur Reichstagsverpackung, Kanzler Kohls Geschichtsmetaphern, die Leitartikel der *FAZ* zur Rolle Deutschlands allüberall, Roman Herzogs instruktive Überlegungen zur Ein- bzw. Ausbürgerung appellieren an und artikulieren ein Bedürfnis nach einer Entität namens Nation, die gegen prozedurale Fragen immun ist. (Und wenn einmal die Gnade zuteil wurde, Außenminister Kinkel über Deutschlands Anwartschaft auf einen Sitz im UN-Sicherheitsrat zu hören, wird auch da auf die puerile Substanz entsprechender politischer Überlegungen aufmerksam gemacht: In seiner Darstellung geht es vornehmlich um Fragen des »Ansehens«, des Mitspielens. Klaus will im Ausland ernst genommen sein, sonst steht er auch zu Hause dumm da.) Die Verbindung des Bürgers zur Nation taucht hier nirgends auf, weil sie anders denn gefühlsmäßig nicht konstruiert werden kann; die Nation wird nicht gemacht, sondern verteidigt, gestärkt und gerettet. »Nationale Interessen« sind im Regelfalle jene, die keine Bürgerin noch als ihre begreifen wird, sie kann sie allenfalls so empfinden. Der nationale Diskurs ist die eigentliche Bewährungsprobe jeder politischen Rheorik.

Er hat noch eine weitere Qualität, die ihn von Debatten geringerer Reichweite angenehm unterscheidet: Er ist anschlußfähig für jede Form des Kulturpessimismus. Dieser ist zwar auch Linken zugänglich, eigentlich aber das Hoheitsgebiet der Konservativen: Der Mensch als Tier, das institutionell gezähmt werden muß, ist Ausgangsfiktion rechter Anthropologie und Gesellschaftstheorie. Strauß und Enzensberger haben auch deshalb die Empörung linker Intellektueller auf sich gezogen, weil ihr kulturpessimistisches Geraune sich in seinen (nicht reflektierten) Annahmen jeder genuin rechten Politik geradezu andient: Hier ist das dumpfe deutsche Fernsehvolk, der Muslim als Faschist, der Weltbürger als Gewaltverbrecher – und dort das elaborierte Instrumentarium nationaler Politik, die das Menschentier zur Räson bringt. Maßnahmen der Disziplinierung, der Kontrolle und der zentralisierten Gewalt wiederum sind traditionell und noch aktuell Denk- und Betätigungsfelder männlicher Politik.

Die Nation gibt als Gegenstand der Diskussion, an dem entlang und von dem aus die Rechte sich und möglichst andere organisiert, Männern unterschiedlicher »Lager« offenbar das Gefühl, ihre Beteiligung an einer solchen Debatte sei unabdingbar. Jenseits des Gegenstandes sind es natürlich Rituale der gegenseitigen Anerkennung, die zu dieser eigenartigen Fortsetzung eher diffuser Fragestellungen führen: So wie Klaus Kinkel im UN-Sicherheitsrat mitspielen will, so mag auch Tilman Fichter nicht draußen bleiben, wenn die andern drinnen, also unterm Nationaldach, ihre Eigentore schießen – und so werden auch die bestdotierten Planstellen für deutschen Kulturpessimismus als intellektuelle Flankierung rechter Politik von Männern eingenommen. Am Rande finden eher possierliche Spielchen statt, wie die sogenannte »Ehrenerklärung«, die – wieder mit der Ausnahme der Witwe – aufrechte Männer der deutschen Öffentlichkeit für Rainer Zitelmann, ehemals Chef der »Geistigen Welt«, abgaben: eine Ehrenerklärung als Vorstufe zum Duell, insofern sie ihr Objekt für satisfaktionsfähig erklärt – wer hätte gedacht, daß wir das noch einmal erleben dürfen... Die historische Funktion des Nationenbegriffes – Abgrenzung, Ausschließung, Machtverteilung – wiederholt sich als soziale.

Was also stattet die Nation mit so anderen Gefühls- und Handlungswerten aus als die Republik, woraus ergibt sich die radikale geschlechtliche Zuordnung?

Die Republik appelliert an ichstarke Individuen mit einem hohen Säkularisierungskoeffizienten: Sie verheißt weder Schutz noch Erlösung aus sich heraus, ihre Heilsversprechen sind von schwankendem Gehalt, sie läßt Depressive wie Optimisten als Agenten ihrer Interessen zu. Der pessimistische Zeitungsleser ist Bürger der Republik wie die Funktionäre eines Naturschutzverbandes, der aus dem Iran geflohene Taxifahrer kann sich zu der Republik, die ihn aufnahm, ebenso loyal erklären wie der Kriegsdienstverweigerer, dessen Vater – ein erfolgreicher Anwalt – mit beachtlicher Sachkenntnis Steuern hinterzieht und seinem Sohn die Verweigerung politisch übelnimmt: Sie alle haben ihren persönlichen Begriff »der Republik« gebildet und mit emotionalen Anteilen ausgestattet. Allein der Steuerhinterzieher ist, in dieser Sicht, auf dem Weg zum Nationalisten, denn jenseits pekuniärer Interessen drückt sich im Betrug an der Gemeinschaft zweierlei aus: einerseits eine Geringschätzung der demokratischen

Möglichkeiten, auf die Erhebung und Verteilung öffentlicher Gelder einzuwirken, andererseits aber ein infantiles Motiv der Entschädigung, das sich aus Enttäuschung speist – die große Mutter hat ihm nicht gegeben, was ihm gebührt, also muß sie bestohlen werden. Lassen wir die Frage beiseite, wie ausgenüchtert das Verhältnis des Individuums zu der politischen Gemeinschaft, in der es lebt, überhaupt sein kann: Die Republik initiiert, als höchstes der Gefühle, Loyalität, also eine Befindlichkeit, die vorübergehende Solidaritäten auf der Basis eines Vertrags gestattet – ein kündbares Verhältnis, welches das Individuum allein oberhalb der Gürtellinie in Anspruch nimmt.

Familiär gesehen, entspricht die Republik einem Modell des Zusammenlebens Gleicher unter Gleichen, das sich unter Geschwistern herausbilden kann, wenn die Eltern lange genug in Urlaub fahren: Macht wird neu verteilt, Rollen werden neu und ohne Bezugnahme auf ein lobendes oder strafendes Oben definiert, Gerechtigkeitsnormen müssen formuliert werden, welche die Interessen der Gemeinschaft und der Individuen auf unbestimmte Zeit und ohne hierarchische Klammer schützen. Daß in einer solchen Gruppe – deren Eltern übrigens nicht wiederkommen und bald auch nicht mehr vermißt werden – die Geschlechterbeziehungen nicht frei von den Machtzuweisungen der Vergangenheit und der Umgebung sind, ist selbstverständlich. Der männliche Bürger der Republik hat seinem weiblichen Gegenüber noch immer eine Menge voraus; er muß seine Macht aber nötigenfalls *selbst* begründen. Das kompliziert die Situation, es bedarf der Flexibilität, neuartige Konflikte erzwingen neue Lösungen. Daß die Lösungskompetenz der Republik sich auf Kompromisse beschränkt, ergibt sich aus dem Fehlen einer imaginären Schutzmacht und -gemeinschaft – und Kompromisse sind in asymmetrischen Gefügen für die Gehandikapten immer günstig, weil ihre Aushandlung eine vorübergehende Gleichstellung (nämlich in der Verhandlung) erfordert. Bekanntlich werden republikanische Modelle immer wieder neu (in den letzten zwanzig Jahren allerdings mit sinkender Emphase) gebildet; die Wohngemeinschaft gehört hierher, die Genossenschaft, der Kibbutz. Die größtmögliche Fassung dieser Gemeinschaftsorganisation ist die Republik. Hier haben auch symbolische Einigungsfaktoren den höchsten Anteil an der emotionalen Versorgung der Einzelnen. In der Bundesrepublik kann, in Ermangelung anderer öffentlichkeitswirksamer Traditionen, der Präsident diese Funktion übernehmen, Großbritannien gestattet sich eine Königsfamilie, Frankreich eine ruhmreiche Vergangenheit. Auf Über-Ich-Instanzen und entsprechende Projektionen kann keine Republik verzichten; für deren Instandhaltung sind allerdings die BürgerInnen (Geschwister) verantwortlich. Ein kritisches Verhältnis zu den Über-Ich-Instanzen gehört dazu: als gewissermaßen notwendige, aber nicht hinreichende Bedingung der Identitätsausbildung – gleichzeitig müssen diese Instanzen nicht destruiert werden; eine *Aura* darf ihnen bleiben.

Und die Nation? Man könnte einwenden, daß man auch zur Nation ein kritisches Verhältnis haben kann. Aber was heißt das? Vertritt der Kanzler dieselbe? Der Außenminister? Das Parlament? Es liegt sicher nicht allein an der Trostlosigkeit der gewählten Beispiele, daß diese Assoziation von skurriler Sprödigkeit bleibt: Die Nation ist zugleich zu groß und zu erhaben für diese Anwender, sie ist auch zu diffus. Der hohe Anspruch, mit welchem der Begriff der Nation einerseits verbunden ist, die unauflösliche Verbindung von Nähe (des Wir) und Ferne (zur ewigen Substanz) andererseits verbieten die Konkretion der Nation in Personen, selbst wenn diese priesterlichere Qualitäten aufweisen als Kinkel, Kohl oder der Abgeordnete Riesenkamp aus Geldern. Die Nation hat eine Geschichte, sie hat Grenzen, sie hat eine Zukunft, Aufgaben, Pflichten und Feinde – aber sie hat keine Repräsentanten. Wenn sie Fleisch wird – oder Schnurrbart –, dann in Führern.

Hat die Nation Mitglieder, Bürger, Einwohner? Kaum. Sie hat Anhänger, Gegner und (hierin dem Staate gleich) Untertanen. Was sind das für Menschen?

Es sind jene, die ein großes Ganzes wollen, unteilbar, nahfern, ewig. Es sind jene, die ein rechenschaftliches Verhältnis zur eigenen politischen Biographie als eine Anstrengung empfinden, die an Zumutung grenzt. Das Erhabene der Nation, der Diffusionsraum des Begriffs, der jeweilige, aktuelle, konkrete politische Maßnehmen gebietet, entpflichtet zugleich von jener prozeduralen und permanent teilnehmenden Überprüfung, die der Republik eigen ist. Es stirbt sich leichter für die Nation, es lebt sich aber auch gewichtiger.

Der Teilnehmer am großen Ganzen ist immer auch Mamas Liebling oder Papas Hoffnung, er ist der Älteste der Söhne, der aufpaßt, daß kein Unsinn geschieht, während die Eltern fort sind. Nationalisten sind Kinder, die auf die Rückkehr der Eltern warten; vorübergehend deren Macht teilhaftig und doch nicht souverän; von geliehener Autorität begnadet und daher, wenn ein Geschwister aus der Reihe tanzt, schnell in Unruhe zu versetzen. Der mögliche Umschlag ins Eschatologische ist auch deshalb der Nation zugeordnet. Polittechnisch gesehen, ist der Begriff Nation nicht anfällig für Propaganda, sondern bereits selbst Propaganda auf ihrer höchsten Stufe: Unerkennbar sind da Interesse und Wirkung miteinander vernäht, ein aufblasbarer Beutel um ein Nichts aus heißer Luft. Psychologisch gesehen, ist der Begriff Nation von unermeßlichem Nährwert, weil er risikolose (An-)Teilnahme, honorierte Demut und unkostenfreien Dünkel vermittelt. Zudem sind mit ihm, wie mit einer dritten Hand, Dinge zu greifen, die ein normaler Mensch niemals zu fassen bekommt: der Atem der Geschichte, die Identität Deutschlands, die Verantwortung einer Großmacht und eine Menge anderer Eckwerte deutschen Unsinns, die unsereinen zum Staunen bringen.

Schade, daß der Feminismus einen Gutteil seiner Energien mit der Erfindung eigener Phantasieparadigmen verausgabt, anstatt sich der amüsanten Phänomenologie jener neuen Herrenkultur zu widmen, die von Ullstein über die *Welt* bis zum Hause Wolf Jobst Siedler das nackte männliche Denken mit gedecktem Tuch bekleidet, bis wieder Uniformen im großen Stil geschneidert werden dürfen. Was gibt es da nicht zu besichtigen! Womit wir wieder bei der Frage wären, wann aus dem Kabarett Ernst wird und warum die Linken jetzt in Unruhe geraten.

In der alten Bundesrepublik war die Macht gemütlich verteilt: Die einen hatten die Handlungs-, die anderen die Definitionsmacht inne. Wer Macht hatte, war bestensfalls schlau, wer ohnmächtig war, war immer und schon deshalb klug; Intellektualität und Macht bildeten Gewohnheitsantinomien. (Wie groß die Verblendung in dieser Situation schon gewesen sein mag, steht hier nicht zur Debatte; selbst der fiktive Anteil dieser Machtverteilung wirkte konsolidierend auf die Verhältnisse.) Schon vor 1989 gab es ein Renegatentum, aber erst mit der deutschen Einheit bildete sich die Gewohnheit aus, ehemalige

Linke wie Klaus Rainer Röhl am Nasenring den Herausgebern der *FAZ* vorzuführen, auf daß sie sahen: Diese Männer kommen nun zu uns, und zwar auf allen Vieren. Seit einiger Zeit befällt die Linke das unangenehme Gefühl, die Rechte erhebe nun in Einigkeit mit der Faust auch das Haupt. Die alte Hegemonie des Diskurses rutscht mit Enzensberger, Strauß, Fichter etc. ab in die Grube der Tätigen, und dort liegt die Zukunft begraben.

Woher die Angstreflexe? (Denn selbst im erschrockenen Innewerden, daß die elegante Ohnmacht nun an Wirkungsmächtigkeit verloren hat, die gewohnten Bornierungen nicht mehr schützen, der müde Verzicht auf einen Platz am grünen Tisch kein Thrönchen mehr bereiten wird: Was ist denn so beeindruckend an jenem »Diskurs« der Nationalen, die sich mit Phrasen auf die wattierten Schultern klopfen?) Es sind Projektionen, die hier wirken; dagegen hilft nur Entzauberung. Kein Geringerer als der Bürovorsteher des Architekturbüros der Einheit hat unlängst erst das »Ende der Idylle« ausgerufen, damit die lyrische Kündigung der alten Machtverträge. Daran ist nichts Erschreckendes. Was imponiert, ist jene Identifizierung von männlicher Rhetorik mit Definitions- und Handlungsmacht, die nationales Empfinden von jeher ausmachte. *Daß* dies imponiert, hat womöglich mehr mit der narzißtisch-halluzinatorischen Identifizierung mit historischen Opfern der intellektuellen Linken zu tun als mit einer realistischen Einschätzung des Gegenübers.

Jenseits dieser lockeren Vermutung liegt aber eine viel ernstere Einsicht nahe: Den Männern ist es in der Bundesrepublik in nun beinahe fünfzig Jahren nicht gelungen, ein profanes, aufgeklärtes, ressentiment- und regressionsfreies Verhältnis zum Politischen herzustellen. Die innere Geringschätzung republikanischer Politik zeigt – unter all den Rationalisierungsmaßnahmen und Institutionalisierungen, die männliche Politiker durchsetzten – einen erschreckenden Mangel an Mündigkeit. Kaum ist die Krise da, wird ein Mobilisierungsbegriff aus der historischen Mottenkiste gezerrt, der – neben seiner ideologischen Effizienz – vor allem eine Qualität hat: Hier dürfen Männer Gefühle zeigen, hier darf geschwärmt, empfunden, gehofft und gezürnt werden, hier kann sich das Infantile unter Umgehung des Ich mit dem Über-Ich vermählen, und Ohnmachtsgefühle, stillgestellte Lebendigkeiten, Selbsthaß und Aggression finden ihre gesellschaftlich geweihte Aufhebung. Die neue Übersichtlichkeit birgt, ist man mit Siedler-Autor Schäuble *Der Zukunft zugewandt*, auch unerwartete Chancen: Unter anderem könnte der Restbestand der Linken sich darauf besinnen, wie komisch die Männer sind – bevor der Witz historisch wird.

Fallgeschichten.
Ernst Nolte, Rudolf Augstein und Gleichgesinnte

Hans-Ulrich Wehler

Die Kontinuität der Unbelehrbarkeit

Ernst Noltes Nationalsozialismus – nur Reaktion auf den Bolschewismus?

Der Berliner Historiker Ernst Nolte ist immer für eine Überraschung gut. Seit seiner Emeritierung stößt er unentwegt Bücher aus.[1] Jetzt liegt das neueste Opus vor: *Streitpunkte. Heutige und künftige Kontroversen um den Nationalsozialismus* (Berlin 1993). Das verrät eine bemerkenswerte intellektuelle Energie. Noch mehr überrascht aber, daß Nolte sich jetzt zum erstenmal selbst korrigiert, wohlgemerkt: auch nur ein einziges Mal. Nicht mehr *Der Faschismus in seiner Epoche* – so der Titel seines ersten Buchs, das ihn vor genau dreißig Jahren bekannt machte – hat die Zeit zwischen 1918 und 1945 geprägt. Vielmehr hat der Bolschewismus, daran läßt Nolte keinen Zweifel mehr, die Signatur der Ära von 1917 bis 1989/91 mindestens ebenso nachhaltig bestimmt. Der Grund: Diese »mächtigste Ideologie des 20. Jahrhunderts« bildete die stärkste Herausforderung für die westliche, die bürgerliche Welt. Auch Hitler und der Nationalsozialismus reagierten nur auf den Sowjetkommunismus: erst durch ihre Imitation in Gestalt eines totalitären »Antibolschewismus«, dann durch ihren konsequent geführten Weltanschauungs- und Vernichtungskrieg.

Nolte hat dieses Interpretationsschema zuerst 1974 in seinem Buch *Deutschland und der Kalte Krieg* skizziert, dann in Aufsätzen und in seinem Werk über *Marxismus und Industrielle Revolution* (1985) weiter ausgeführt, in einem *FAZ*-Aufsatz, der im Sommer 1986 den »Historikerstreit« mit auslöste, pointiert zugespitzt und schließlich in seinem Buch über den *Europäischen Bürgerkrieg 1917–1945* (1987) breit entwickelt. Zwar spricht er das Dementi seines ersten Buchtitels

1 Ernst Nolte, *Nietzsche und der Nietzscheanismus*, Berlin 1990; ders., *Geschichtsdenken im 20. Jahrhundert*, Berlin 1991; ders., *Lehrstück oder Tragödie? Zur Geschichte des 20. Jahrhunderts*, Köln 1991; ders., *Heidegger*, Berlin 1992

nicht explizit aus. Der Widerruf einer verfehlten eigenen These ist Noltes Sache nicht. Wohl aber ist der Sache nach sein neues Buch daraufhin angelegt, den Sowjetkommunismus als das präzedenzlose Böse, daher als das eigentlich epochale Phänomen hinzustellen, das zwischen 1917 und 1945 den »europäischen Bürgerkrieg«, dann im Kalten Krieg von 1945 bis 1989/91 eine Art von Weltbürgerkrieg erzwang.

Noltes *Streitpunkte* sind ein staunenerregendes Buch. Auf den ersten Blick kommt es ganz verständig daher. Es verspricht Auskunft über ein gutes Dutzend bekannter NS-Kontroversen, außerdem prognostiziert es fünf künftige Diskussionen. Historiker sind gewöhnlich rückwärtsgewandte Propheten. Warum sollte einer von ihnen nicht auch einmal die vertraute vorwärtsgewandte Prophetie praktizieren? Wie der Inhalt der »heutigen«, erst recht der »künftigen« Kontroversen präsentiert wird, darauf kommt freilich alles an. Und da erweist sich: Nichts hat Nolte seit dem großen Disput der achtziger Jahre hinzugelernt. Nirgendwo nimmt er, obwohl doch die Gegenargumente so überlegen waren, die unhaltbaren eigenen Argumente zurück, modifiziert sie, bietet neue an – ungeachtet des Umstands, daß die von ihm gepriesenen strengen Regeln der wissenschaftlichen Diskussion eben dies verlangen. Nirgendwo entwickelt er, aufgrund eigener Lernerfahrungen, neuen Erkenntnisgewinn versprechende Hypothesen, die fortan den empirischen Test bestehen müssen, mithin am Vetorecht der Quellen nicht scheitern dürfen.

Der Grundzug dieses Buches ist eine dogmatisch verhärtete Verteidigung all jener umstrittenen Positionen, die man von Nolte aus den letzten zwanzig Jahren kennt. Hinter dem ehernen Panzer ungerührter Rechthaberei lebt dieser einsame Repräsentant einer »philosophischen Geschichtsschreibung« – so seine unbefangene Selbstcharakterisierung 1984 – in der unerschütterlichen Gewißheit, daß sein geschichtsphilosophischer Determinismus von der Einsicht in die »wahren« Impulse und Motive der historischen Akteure getragen wird. Deshalb bedarf er auch keiner Revision. Insofern sind die *Streitpunkte* ein durch und durch doktrinäres Buch. Keiner der zahlreichen zwingenden Einwände, die während einer jahrelangen Debatte geltend gemacht worden sind, hat es vermocht, seine Grundideen auch nur von fern ins Wanken zu bringen. Deshalb ist es in allen wesentlichen Punkten ein Aufguß des *Europäischen Bürgerkriegs* und der Vorläufer-Einfälle seit 1974, jetzt aber in einer Form, die Nolte seinen Kontrahenten gern unterstellt: im Stil einer volkspädagogisch verdünnten Belehrung vom hohen Kothurn des Intimkenners der modernen Weltgeschichte.

Dabei bleibt Nolte ein spekulativ denkender Philosoph, zugleich auch im Grunde ein eigentümlich unhistorisch denkender Verfechter des Historismus. Auf dessen Denkmethode zielte schon 1964 sein – aus der damaligen Unkenntnis der Historismus-Tradition eingeführter – Begriff der »Phänomenologie« des Faschismus. Denn Nolte entwirft die Grundlinien seiner Interpretation und verläßt sich dann auf die überlieferten Eindrücke von höchst selektiv ausgewählten Individuen, damit aber in hohem Maße auf ihren spezifischen Erfahrungshorizont. Die Aussagen entgegenstehender Quellen werden weiterhin mißachtet.

Auch jetzt demonstriert Nolte wieder, daß die von ihm in Anspruch genommene und praktizierte »philosophische Geschichtsschreibung« mit derjenigen Geschichtswissenschaft nichts gemein hat, die auf möglichst explizit legitimierten erkenntnisleitenden Interessen und leitenden Fragestellungen, auf einer möglichst breit abgesicherten empirischen Basis, auf dem möglichst unvoreingenommenen Austausch rationaler Argumente beruht und sich deshalb ständig korrigiert, erweitert, verändert. Vielmehr bietet er die Bekenntnisse eines politischen Philosophen, der die Form des historisierenden Essays gewählt hat. Diese Nachbarschaft ist für Historiker betrüblich. Aber dem einsamen Repräsentanten der »philosophischen Geschichtsschreibung« gewährt diese Entscheidung auch unübersehbare Vorzüge: Er kann, unbekümmert um die Konkurrenz der Interpretationen und um die empirisch fundierten Ergebnisse der Fachhistoriker, seine Linie unberührt beibehalten. Das beschleunigt den eigenen Schreibprozeß, und das füllt.

Auch in Noltes Bekenntnis zur »Zusammenhangswissenschaft« – einer Spätblüte der Hegel-Marxschen Totalitätslehre – steckt die Arroganz eines Philosophen, der erhaben über dem Schlamm der empirischen Forschung thront und souverän die Gesamtheit der welthistorischen »Zusammenhänge« erfaßt. Die nicht eben kleine *community of scholars*, die seit rund sechzig Jahren den Nationalsozialismus untersuchen, hat die Anstrengung des Gedankens gewiß nicht gescheut. Aber, hoppla, jetzt kommt Nolte und bescheinigt ihr tumbe Rückständigkeit, denn dem »Nachdenken« müsse, fordert er forsch, endlich mehr Zeit gewidmet werden.

Die eigenen Thesen jedoch – sie bleiben, wie zuletzt schon im Bürgerkriegs-Buch von 1987, durchweg unbewiesen. Eine lockere Assoziation von Interpretationseinfällen, häufig aus dem Reservoir zeitgenössischer Befürchtungen und Ängste geschöpft, ergibt noch längst keinen schlüssigen Nachweis, daß der Nationalsozialismus primär eine Reaktion auf den Bolschewismus und eine radikal übersteigerte Imitation von dessen Vernichtungspolitik gewesen sei. Vom grundsätzlichen Ansatz her verkörpert Noltes neues Buch eine schroffe Abwertung der tatsächlichen historischen Genese des Nationalsozialismus als einer Protestbewegung gegen den westlichen Modernisierungsprozeß, gegen den Rationalismus, gegen den Kapitalismus und seine Klassengesellschaft, selbstverständlich auch seit jeher gegen die Linke und die Schmach der Niederlage im Ersten Weltkrieg. Für alle schmerzhaften Veränderungen, Konflikte und Enttäuschungen haben Hitler und der Nationalsozialismus »die Juden« verantwortlich gemacht. Sie sollten daher beseitigt werden, längst ehe die Sowjetunion konsolidiert war und sich als erste kommunistische Großmacht mit weltrevolutionärem Anspruch behaupten konnte. In Noltes Interpretation steckt eine monomane Reduzierung der gesamten Geschichte seit 1917 auf die Russische Revolution, die Entwicklung der Sowjetunion und der internationalen Reaktionen auf sie.

Nicht minder bizarr als dieser Reduktionismus ist Noltes Vorstellung von einem »historischen Recht« des Nationalsozialismus, dem »roten Terror« gewaltsam entgegenzutreten. Als ob die braune Barbarei einen irgendwie gearteten Rechtstitel auf ihrer Seite gehabt hätte, als sie die rote Diktatur 1941 überfiel, um sie durch einen neuartigen Vernichtungskrieg auszulöschen. Es ist ein höchst verschrobener Begriff von »Recht«, den Nolte immer wieder für ein angeblich angemessenes historisches Verständnis des Nationalsozialismus bemüht. Es ist eines, ein historisches Phänomen in seiner Komplexität möglichst umfassend und genau zu verstehen und zu erklären, mithin Verstehen und Erklärung nicht durch ein vorschnelles oder moralisierendes Urteil zu blockieren. Etwas anderes ist es, auf einem »historischen Recht« des Nationalsozialismus zu bestehen und damit Gerechtigkeit für ihn einzuklagen, weil er auf die vermeintlich einmalige Herausforderung durch den Kommunismus und die Sowjetunion doch nur mit imitierender Härte geantwortet habe. Das klare historische Urteil wird durch die Kategorie eines derartigen »historischen Rechts« alles andere als glaubwürdiger, vielmehr mit einer schweren geschichtsphilosophischen Bürde ohne Beweiskraft belastet.

Noltes Insistieren darauf, endlich ein »historisches Recht« des Nationalsozialismus anzuerkennen, zeigt erneut, daß seine fundamentalen Begriffe nicht »sitzen«. Selbstverständlich soll der Historiker die Eigenarten des nationalsozialistischen Rußland-Kriegs möglichst präzis erfassen, durch den Vergleich sowohl die Unterschiede als auch die Gemeinsamkeiten mit anderen Kriegen herausarbeiten, schließlich – sein höchstes Ziel – die Ursachen und die Natur dieses Krieges überzeugend erklären. Führt man aber, wie Nolte, ein »historisches Recht« auf die kriegerische Attacke gegen die latente Bedrohung durch den Bolschewismus ein, dient man – ungeachtet aller Kritik an den Exzessen des deutschen Vernichtungskriegs – nur zu leicht der Rechtfertigung des angeblich provozierten Gegenschlags.

In seinem Überblick über die laufenden Kontroversen präsentiert Nolte bekannte Probleme, als da sind: Kontinuität und Diskontinuität in der deutschen Geschichte nach 1933, der revolutionäre oder gegenrevolutionäre, der modernisierende oder archaische Charakter des Nationalsozialismus, der Einfluß Hitlers, der Charakter des Herrschaftssystems, die Rolle von Industrie, Justiz und Wehrmacht, der Widerstand, die Außenpolitik, die Natur des Krieges und die »Endlösung«.

Warum Nolte aber für den radikalen Revisionismus der schmählichen französischen Apologetik à la Rassinier, Faurisson und ihrer trüben Gesinnungsgenossen erneut eine Lanze bricht, ist kaum zu verstehen. Zugegeben, exotische Außenseiter können zur Klärung vernachlässigter Probleme anregen. Das ist schnell konzediert. Aber warum muß diese *lunatic fringe* ausführlich gewürdigt und damit aufgewertet werden, obwohl sie doch noch immer auf ihren aberwitzigen Behauptungen besteht, etwa auf der, daß die »Reichskristallnacht« von jüdischen Organisationen selbst inszeniert worden sei, ja daß die deportierten Juden in abgelegenen Gebieten Weißrußlands angesiedelt worden seien und dort bis heute lebten?

Immerhin: Manches Problem wird von Nolte sachkundig charakterisiert, gelegentlich durch hypothetische Fragen produktiv in Frage gestellt. Überhaupt tritt Noltes intellektuelles Format auch in diesem Band zutage.

Dennoch: Wichtige Probleme bleiben blaß. Zu ihrem Kern vorzustoßen, reizt Nolte offenbar nicht. Ein Beispiel: Vieles spricht dafür, die Rolle Hitlers und das NS-Regime als »charismatische Herrschaft« im Sinne Max Webers zu verstehen. Denn man kann mit Hilfe dieses Herrschaftstypus Hitlers Sonderstellung, zugleich aber auch den Charakter des »Dritten Reiches« mit seinen rivalisierenden Machtzentren erfassen. Der englische NS-Experte Ian Kershaw, von Nolte wegen einer frei erfundenen »marxistischen oder halbmarxistischen Grundeinstellung« flugs abgekanzelt, und der Heidelberger Soziologe Rainer Lepsius haben das zum Beispiel überzeugend getan. Nolte hätte sich auf solch eine aussichtsreiche Erklärung genauer einlassen sollen, da sie den sterilen Gegensatz zwischen der »intentionalistischen« und der »funktionalistischen« Interpretation der NS-Zeit zu überwinden vermag. Statt dessen begnügt er sich mit einigen hingetupften Impressionen.

Im Grunde hängt das damit zusammen, daß ihn die Analyse und Erklärung realgeschichtlicher Prozesse und Entscheidungszusammenhänge nicht interessiert. Ihm geht es ausschließlich um die ideologisch verformten »Motivstrukturen der politisch Handelnden«.[2] Nolte versteht sich weiterhin als geschichtsphilosophisch inspirierter Ideologieforscher. Deshalb drängt bei ihm alles – wenn auch in seiner oszillierenden Sprache oft in den Konjunktiv und in die Frageform verpackt – auf die angeblich dominante Grundkonstellation des 20. Jahrhunderts hin: Mit dem Bolschewismus errang eine menschenfeindliche Ideologie die Vorherrschaft in einer Großmacht. Ihrem globalen Erlösungs- und Revolutionspostulat sah sich besonders die westliche

2 Wolfgang Schieder, Der Nationalsozialismus im Fehlurteil philosophischer Geschichtsschreibung, in: *Geschichte und Gesellschaft*, 15, 1989, S. 89–114. Vgl. Hans Mommsen, Das Ressentiment als Wissenschaft? E. Noltes »Europäischer Bürgerkrieg?, in: ebd., S. 495–512

Welt fünfundsiebzig Jahre lang ausgesetzt. Hitler »muß«, zusammen mit dem Nationalsozialismus, an erster Stelle als Reaktion auf diese Bedrohung begriffen werden. Mit einem »gewissen historischen Recht« widersetzte er sich dem »umfassenden Anspruch« des Sowjetkommunismus »mit großer, wenn auch vermutlich (!) weit überschießender Energie«.

Jetzt rasten alle Nolteschen Klischees ein. Um der barbarischen Herausforderung gewachsen zu sein, bedürfte Hitler eines den Feind imitierenden »Antibolschewismus« von überlegener Härte. Als radikalisierter Vertreter des bürgerlichen Westens begegnete dieser »Anti-Lenin« der Vernichtungspraxis der Bolschewiki erst mit »Vernichtungsfurcht«, dann mit »Vernichtungswillen«. Genaugenommen wurde Hitler seine Vernichtungspolitik von diesem unmenschlichen Gegner geradezu aufgedrängt. Konsequent geht es weiter: Der Antibolschewismus bildete den »Grundbestandteil« der Ideologie Hitlers. In der Hierarchie seiner Motive besaß er den »Vorrang«. Alles Weitere »muß« von hier aus interpretiert werden: der Antisemitismus, die Rassenlehre, die Kampf-Doktrin, die Lebensraum-Expansion.

Mit diesem Gewaltstreich, der die historische Chronologie auf den Kopf stellt, werden alle von der internationalen Forschung ausführlich nachgewiesenen, prinzipiell andersartigen Bedingungszusammenhänge geleugnet, zur Makulatur erklärt.

Der *Antisemitismus* aus trüben Wiener und reichsdeutschen Quellen stand längst »im Zentrum von Hitlers Weltanschauung«, welche die Juden als Ursache aller Fehlentwicklungen der Moderne beseitigen wollte, ehe Sowjetunion und KPD zu Erzfeinden aufstiegen. Es ist daher keineswegs »töricht«, »den Antisemitismus der Nationalsozialisten von ihrem Antibolschewismus« abzulösen. Vielmehr stimmen alle ernsthaften Historiker darin überein, daß der Antisemitismus die »Primärideologie«, die »eigentliche ideologische Antriebskraft« Hitlers und seiner Anhänger war. Der Antibolschewismus hat diesen Antisemitismus zusätzlich aufgeladen, aber nicht etwa hervorgerufen.

Dasselbe gilt für das wirre Gebräuch der »*Rassenlehre*«, die völlig unabhängig vom Bolschewismus entstanden war und längst ihren fatalen Einfluß besaß, ehe die Sowjetunion auf der Bühne erschien.

Der *Sozialdarwinismus* hatte längst den »Kampf ums Dasein« als naturwissenschaftliches Gesetz gepredigt. Hitler war ein Gläubiger dieser Säkularreligion, ehe Lenin gesiegt hatte.

Der kriegerische *Drang nach »Lebensraum«* war längst aus den Erfahrungen des Imperialismus und des Scheiterns im Ersten Weltkrieg entsprungen. Das künftige, nach Osten gewaltig erweiterte großdeutsche Kontinentalreich sollte eine neue Niederlage ausschließen.

Der *Antimarxismus* hatte sich längst herausgebildet, da die sozialistischen Massenbewegungen furchterregend genug wirkten, ehe der Bolschewismus siegte. Im übrigen haben Zeitgenossen und Historiker den antimarxistischen Charakter des Faschismus seit jeher betont, keiner hat den Antibolschewismus nicht ernst genommen. Nolte hat diese Reaktion nicht entdeckt, sondern nur zu einer alles beherrschenden Dimension aufgebläht.

Vom *Radikalnationalismus* Hitlers und seiner Deutschen erfährt man dagegen nichts Näheres, obwohl diese Ideologie für die Erfolge des Nationalsozialismus weit wichtiger war als sein Antisemitismus oder Antibolschewismus.

Nichts hatten diese Elemente der Ideologie Hitlers und des Nationalsozialismus »ursprünglich« mit dem Bolschewismus zu tun, obwohl sie später gegen ihn mobilisiert werden konnten. Unverändert blendet Nolte die empirisch nachgewiesene historische Genese dieses wüsten Ideenkonglomerats aus. Da es aber nur in Deutschland als einzigem hochentwickelten Industrieland einen »Radikalfaschismus« gegeben hat, der aus eigener Kraft einen Staat beherrschte, sollte die aus der spezifisch deutschen »Krisengeschichte entspringende Herausforderung Europas« im Mittelpunkt stehen.

Nichts davon: Reaktion – Imitation – Destruktion, in dieses Schema preßt Nolte ein ganzes Zeitalter. Der Nationalsozialismus wird damit aus dem Kontext der deutschen Geschichte faktisch herausgelöst, der historische Prozeß auf Imitation reduziert, der Imitator zum stärkeren Gegenschlag gezwungen. Deshalb bleibt es für Nolte dabei: »Der »kausale Nexus zwischen Gulag und Auschwitz« lasse sich »schlechterdings nicht bestreiten«. Auf die Fundamentalbedrohung nur reagierend, führte Hitler seit 1941 im tieferen Sinne einen »Präventivkrieg«. Der Nationalsozialismus kann nicht »das ›absolut Böse‹ sein, soweit er sich einem überschießenden Glauben entgegenstellte, der nun [1993] als Irrglaube enthüllt« ist. Ergo noch einmal: »Wer die Untaten des Nationalsozialismus nicht als Gegenbilder zu den früheren Untaten des Bolschewismus verstehen will, wer in der Größe und Tragik des Nationalsozialismus nicht späte (!) und angestrengte (!) Gegenzüge zu den ursprünglicheren« der Roten erkennen wolle, habe vom 20. Jahrhundert »ein grob verzerrtes Bild«.

Manchmal freilich ist Nolte mehr als bizarr. Die »unterschiedslose Stigmatisierung des ›Antisemitismus‹ muß«, liest man, »als bloßes ... Kampfmittel gelten«. Und die »heikelste Frage«, die nach dem »rationalen Kern« des NS-Antisemitismus, beantwortet er freimütig mit der »inneren Affinität« des »Judentums« zu »den bolschewistischen Ideen«. Überdies sei – das Buch ist voll unterschwelliger Distanz und verklausulierter Häme gegenüber Juden und Israel – die »innere Affinität der Konzeption von Zionismus und Nationalsozialismus schlechterdings« nicht zu leugnen.

Nolte ist voller Sorge um seine Deutschen, die als »Sündervolk« verketzert worden seien. Er sieht in den Lichterketten »unter dem Deckmantel« des Protests gegen die Ausländerfeindschaft »in Wahrheit« die Absicht, das endlich wieder »hervortretende Nationalbewußtsein ... im Keim zu ersticken«. Er weiß auch, was die liberalen Befürworter der »multikulturellen Gesellschaft« umtreibt: Sie kämpfen dafür, auf diesem Umweg »endlich jene Schichten ... auszuschalten, denen man die Schuld am Ausbruch des Ersten Weltkriegs und am Sieg des Nationalsozialismus zuschreibt«.

Sollte etwa hinter allem Nolteschen Wortgeklingel nur ein »rechtschaffener« deutscher Nationalist stecken, der deutsche Untaten relativieren, die historische Verantwortung von deutschen auf andere Schultern abwälzen will? Ist das die schlichte Botschaft dieser »philosophischen Geschichtsschreibung«? Noltes Schlußappell lautet angesichts der offenbar unheilbaren Denkfaulheit aller übrigen Historiker anders: »Ich erwarte zuversichtlich, daß in Zukunft das Nachdenken ... über den Nationalsozialismus einen größeren Platz einnehmen wird« und daß man dabei »den Begriff des europäischen Bürgerkriegs ... zugrunde legen muß«.

Dieter Rudolf Knoell

Lehrmeister Hondrich als Volks-Schüler
oder Die (Bürger-)Kriegssoziologie als Fortsetzung der Politik des gesunden Volksempfindens mit nur zum Teil anderen Mitteln

»Volk ist viel.«
(Gottfried Benn, 1933)

1

Gerät die Gesellschaft in die Krise, gelingt es, so hofft wohl mancher, der Soziologie vielleicht eher, sich aus ihrer Krise, die nun schon so lange andauert, zu befreien. In Zeiten rapiden sozialen Wandels und kulturellen Umbruchs könnten für die Soziologie wieder bessere Zeiten anbrechen. Schließlich verdankt sie ihre eigene Entstehung eben solchen Zeiten. Den Wogen der »Sattelzeit« um 1800 (in der z. B. Hegel den »Weltgeist zu Pferde« am Werk sah) ist freilich keine schaumgeborene Venus entstiegen, keine Aphrodite und auch keine Athene, sondern eher ein Kentaur, noch dazu ein janusköpfiger. Dem hoffnungsvollen Blick in die Zukunft entspricht ein nostalgischer in die Vergangenheit (und jedem ist wiederum ein komplementärer beigemischt, ein vorwurfsvoller Blick in die Vergangenheit und ein besorgter in die Zukunft). Und auch als Sisyphos mag man die Soziologie sehen, wobei der zu bewegende Stein allerdings zuweilen nur aus Styropor bestehen dürfte.
Die Soziologie konstituierte sich im frühen 19. Jahrhundert als Krisenwissenschaft, war eine Antwort auf die Auflösung der alten (feudalistischen) Ordnung und formulierte Fragen nach den Entwicklungsmöglichkeiten einer neuen (bürgerlichen und nachbürgerlichen), nach den Chancen und Risiken des Fortschritts.
Es wurde »Soziologie sogleich in zwei unversöhnlichen Versionen entworfen, als Oppositionswissenschaft von St. Simon, als Stabilisa-

tionswissenschaft von de Bonald«.[1] Der Prozeß des Sichherauslösens aus der alten Ordnung wird als Emanzipation oder als »Anarchie« bzw. als Chaos gedeutet und die Soziologie entweder auf »Industrialismus« oder auf »Traditionalismus« verpflichtet,[2] auf Revolution oder auf Restauration. Es spaltet sich die Soziologie nicht nur entsprechend in Oppositions- und Stabilisationswissenschaft auf, sondern zugleich in Planungs- und Deutungswissenschaft.[3]

Die Hochphase ihrer sozialen Geltung erlebte die Soziologie in Deutschland wohl während der sechziger Jahre unseres Jahrhunderts, als sie geradezu ein Deutungsmonopol zu haben schien und ihr zugleich große planerische Fähigkeiten zugetraut wurden. Sie erschien, je nach Perspektive, verführerisch oder bedrohlich. Nicht wenige meinten, die Soziologie könne die Gesellschaft nicht nur erkennen, sondern auch selber verändern – in emanzipatorischer bzw. revolutionärer Richtung oder in zerstörerischer.

Schon seit ihrem eigentlichen Begründer Comte gab die Soziologie ja nicht selten einen spezifischen Machtanspruch zu erkennen, der in Comtes früherem Begriff der »Sozialen Physik« noch deutlicher zum Ausdruck kommt, sollte doch für die Gesellschaftswissenschaft die Gesellschaft so beherrschbar und verfügbar werden, wie die Natur es für die Naturwissenschaft bzw. die Technik ist. So sagte Comte denn auch: »Savoir pour prévoir et prévoir pour pouvoir.« Platons Philosophenkönige bekamen ihre Nachfolger in Comtes Sozialplanern oder Marx' Sozialrevolutionären.

Gesellschaft schien planbar, Geschichte bewußt machbar. Dieser Glaube, wiedergekehrt in der Bundesrepublik der sechziger, verflüchtigte sich in den siebziger Jahren. Mit den entsprechenden Hoffnungen oder (konservativen) Befürchtungen reduzierte sich auch die Attraktivität der Soziologie; sie sank zurück in die wissenschaftliche Normalität bzw. in das, was T. S. Kuhn »Normalwissenschaft« nennt. Die ehemals bewunderte oder gefürchtete »subversive Gesellschaftswissenschaft« forschte nur noch brav und bieder vor sich hin, weit-

1 Jürgen Habermas, Kritische und konservative Aufgaben der Soziologie, in: Ders., *Theorie und Praxis*, Frankfurt am Main 1963, S. 294
2 Ebd., S. 295
3 Ebd., S. 298ff.

gehend unbeachtet, ebenso fern davon, selber in der Universität (über-)mächtig und damit zur Gefahr für (um Mittel) konkurrierende Disziplinen zu werden wie davon, die etablierte (ökonomische und politische) Macht durch ihre kritische Gegenmacht zu gefährden. In den achtziger Jahren endlich hatte die Soziologie sich vollends in den akademischen Elfenbeinturm zurückgezogen, beschäftigt mit der Zweit- und Drittauswertung von Datenmaterial und der Beschaffung von erstrangigen Drittmitteln, die das sich selbst genügende Geschäft reibungslos weiterlaufen lassen sollten; auf der Ebene der Theoriebildung reproduzierte sich dies in Theoriegebäuden, die sich, wie etwa im Falle Luhmanns[4], nur noch in höchst abstrakter Form auf Gesellschaft und konkret eher auf sich selber bezogen.

Gegenwärtig scheint die Soziologie die soziale Welt wiederzuentdekken. Die *Soziale Wirklichkeit als Herausforderung der Soziologie* (1975) kehrt zurück. Und dabei macht die Soziologie die Entdeckung, daß zugleich längst überwunden Geglaubtes wiederkehrt (»Wiedergänger« entdecken ja auch als Hobbysoziologen tätige Literaten wie H. M. Enzensberger allerorten). Die Geschichte, welche Fukuyama nicht den Gefallen tut, zu enden, läßt mit der Entstehung des Neuen auch Altes auferstehen. Angesichts dessen fällt es dem so lange an die Dunkelkammer der akademischen Soziologie gewöhnten Blick schwer, noch bzw. wieder zwischen Wahn und Wirklichkeit zu unterscheiden, zwischen Lüge und Wahrheit, Inakzeptablem und Akzeptablem.

Der überraschende Umbruch von 1989/90 mit all seinen Folgen versetzt nun Teile der deutschen Soziologie in eine gewisse Euphorie, andererseits aber auch in jene Starre, die das Kaninchen angesichts der Schlange befällt. Und was aus dem Zylinder gezaubert wird, zielt häufig genug auf jenes pseudokritische Varieté, zu dem sich beispielsweise der *Spiegel* entwickelt hat. Dort darf nun das Kaninchen stets wieder verkünden, daß die Schlange doch, im Grunde genommen, recht hat. (Und wenn nicht dort, so in der *Zeit*.)

Nach dem Ende der »unnatürlichen Zweiteilung« Deutschlands, dem Erreichen der scheinbar so organischen nationalen Einheit, scheint es in der Soziologie (gewiß nicht dominierende, aber doch recht starke)

4 Niklas Luhmann, *Soziale Systeme*, Frankfurt am Main 1984

Tendenzen zu geben, nun auch wieder das »Organische« des Sozialen zu thematisieren und zu favorisieren, die (Volks-)Gemeinschaft. Es werden, entgegen Plessners *Grenzen der Gemeinschaft* (von 1924), die (inneren) Grenzen der Gesellschaft zu markieren versucht, und zwar im Blick nicht etwa auf Prozesse der Entgesellschaftung, Individualisierung, Atomisierung, sondern auf Sehnsüchte nach Gemeinschaftlichkeit, Geborgenheit, Identität. (Zum Teil bestimmt dies ja auch die »Kommunitarismus«-Debatte.) Es wird das Traditionale in der Moderne hervorgehoben, das Retardierende im Fortschritt, das Irrationale im (von Max Weber so eindrucksvoll beschriebenen) westlichen Prozeß umfassender Rationalisierung. Die soziologischen Zauberlehrlinge entdecken das Fortwirken des Mythischen in der entzauberten Welt.

Damit kehrt auch eine der wohl ältesten Fragestellungen der deutschen Soziologie wieder, nämlich jene nach dem Verhältnis von *Gemeinschaft und Gesellschaft*, von der sich schon Tönnies in seinem 1887 erschienenen gleichnamigen Buch hatte leiten lassen[5]. Dort gibt er eine »Theorie der Gemeinschaft« und eine »Theorie der Gesellschaft« und sieht die soziale Realität »entweder als reales und organisches Leben ... – dies ist das Wesen der Gemeinschaft, oder als ideelle und mechanische Bildung – dies ist der Begriff der Gesellschaft«[6].

Der gesellschaftliche Prozeß der Moderne wird gleichsam als einer zunehmender »Unbehaustheit« verstanden. »Gesellschaft ist die Öffentlichkeit, ist die Welt. In Gemeinschaft mit den Seinen befindet man sich, von der Geburt an, mit allem Wohl und Wehe daran gebunden. Man geht in die Gesellschaft wie in die Fremde.«[7] Und die Beschreibung impliziert durchaus auch eine Wertung. »Gemeinschaft ist das dauernde und echte Zusammenleben, Gesellschaft nur ein vorübergehendes und scheinbares.«[8] Das Goldene Zeitalter des Echten und Unmittelbaren scheint unwiederbringlich verloren. »Zwei Zeitalter stehen ... einander gegenüber; ein Zeitalter der Gesellschaft folgt einem Zeitalter der Gemeinschaft. Dieses ist durch den sozialen Wil-

5 Ferdinand Tönnies, *Gemeinschaft und Gesellschaft. Grundbegriffe der einen Soziologie*, Darmstadt 1970
6 Ebd., S. 3
7 Ebd.
8 Ebd., S. 5

len als Eintracht, Sitte, Religion bezeichnet, jenes durch den sozialen Willen als Konvention, Politik, öffentliche Meinung.«[9]
Hatte die zweite Auflage von Tönnies' Buch (1912) auf die damalige Jugendbewegung gewirkt, und war sein Gemeinschaftsgedanke von den Nazis zur Volksgemeinschaftsideologie umgewandelt worden (wogegen Tönnies, der noch in späten Jahren zur SPD gefunden hatte, sich nicht wehren konnte), so sucht die »Jugendbewegung« von heute, die der Skinheads und Neonazis, sich ihre geistigen Anregungen zwar andernorts, das Gemeinschaftsideal jedoch teilt sie mit jenen. Die *Junge Freiheit* ist auch eine, die an »alte Werte und Tugenden« erinnert.
Daß die neue staatliche Ordnung von 1990 prompt in die gesellschaftliche Krise geführt hat, ökonomische und soziale Verwerfungen in einem von 1949 bis 1989 nicht gekannten Maße mit sich brachte, wird nun genutzt, um doch wieder ganz bewußt und gezielt »Geschichte zu machen« (europäische Großmachtpolitik von einem starken Deutschland aus zu treiben) und Gesellschaft zu verändern, nämlich nach rückwärts.

2

Die von den Konservativen 1982 verheißene geistig-moralische Wende setzte erst mit zehnjähriger Verspätung so richtig ein. Und es besteht die Gefahr, daß sie sich durchsetzt, wie auch immer die Parteienkonstellation in Bonn oder Berlin nach dem Oktober 1994 sein wird. Es bedurfte erst der »Wende« von 1989 und der deutschen Vereinigung auf Kohlsche Art (die nun alles zusammenwuchern läßt, wie es sich, gut kapitalistisch, gehört), um die »geistigen Neuorientierungen« auf den Weg zu bringen. Die von Ernst Nolte 1986 gestartete Entsorgungsaktion, mit welcher der Nazismus aus dem Bolschewismus abgeleitet und als das weit kleinere Übel hingestellt werden sollte, mündend in den »Historikerstreit«, war eine Initialzündung[10].

9 Ebd., S. 251
10 Hans-Ulrich Wehler, *Entsorgung der deutschen Vergangenheit?* München 1988

Seit der Vereinigungszug abgefahren ist, wird systematisch den linken Gesellschaftskritikern eingeheizt, finden fortwährend (anti-)intellektuelle Inquisitionsprozesse statt, Ketzerverbrennungen, Teufelsaustreibungen. Sie sind die passende Begleitmusik zu den rassistischen Brandanschlägen und Morden. Eine Republik wird nach rechts gewendet. Und nur die Bereitschaft zur selbstverordneten Blindheit kann davor noch die Augen verschließen (wie es so überwältigend Klaus Hartung in seinem *Zeit*-Artikel »Wider den linken Alarmismus« gelingt[11]). In einem zum Teil bewußten, zum Teil bewußtlosen Zusammenspiel von konsequenten rechten Überzeugungstätern, ebenso konsequenten opportunistischen »Überzeugungsverächtern« zumeist linker Herkunft,[12] und den prinzipiell inkonsequenten Vertretern eines hilflosen Linksliberalismus werden die ideologischen Fundamente für das neue Großdeutschland gelegt. (In meiner *Kritik der deutschen Wendeköpfe*[13] habe ich versucht, anhand der Einheitsdiskussion und der Golfkriegsdebatte den Wechsel der Positionen und Argumentationsmuster zu rekonstruieren und zu analysieren.)

Es findet eine Umstrukturierung der Diskurse statt, die Begriffe – und damit auch politische Methoden und Ziele – zu rehabilitieren versucht, die jahrzehntelang als inkompatibel mit halbwegs aufgeklärtem Denken galten: Nation, Volk, Rasse (Ethnizität), Krieg. Die Gespenster der Vergangenheit kehren zurück. Und der »Zeitgeist« widmet sich hingebungsvoll der Geisterbeschwörung. Die kritische Spiritualität geht in politischen Spiritismus über. Vorläufiger Höhepunkt dieser Entwicklung, einer geistigen Rückwärts- und Abwärtsbewegung, ist die demonstrative Bereitschaft auch von Soziologen, nunmehr die »Gesellschaft« zu verabschieden und durch »Staat« und »Nation« zu ersetzen, nicht mehr von der (heterogenen) »Bevölkerung« zu sprechen, sondern »das Volk« zu beschwören. Am weitesten gebracht haben es hierin wohl bisher der verstorbene Tübinger Sozio-

11 *Die Zeit*, 20.11.1992
12 Klaus Hartung, Überzeugungen sind unfruchtbarer denn je, in: *Die Zeit*, 10.5.1991
13 Münster 1992

loge Friedrich Tenbruck[14] und der Frankfurter Kollege Karl Otto Hondrich[15].

Lehrmeister Hondrich macht sich an die »Umwertung aller Werte«. Was einstmals vom kritischen Gedanken als fiktiv und irrational durchschaut worden war, wird nun von ihm in einer antikritischen Gegenbewegung als sozial eben doch nach wie vor wirksam und darum zu affirmieren rehabilitiert. (Wenn man so will, zieht er damit auf bedenkenlose Weise seine Konsequenz aus dem »Thomas-Theorem«: »When people define a situation as real, it is real in its consequences«.)

Dies hört sich etwa so an: »In den elementaren Übereinstimmungen zwischen Kindern und Eltern, zwischen Kindern und Kindern, Freunden und Nachbarn wird gemeinsame Herkunft als Wertgefühl erlebt, das sich jenseits von allen Nutzenerwägungen und Interessen einprägt.« Je unerbittlicher das (kapitalistische) Wertgesetz zuschlägt, den einzelnen das Brandzeichen (Arbeitslosigkeit, Obdachlosigkeit, Armut, soziale Deklassierung, Perspektivlosigkeit) einbrennt, desto nützlicher und notwendiger werden geistige Ersatzbildungen, die nun das legitimieren, was vielen als letzter Halt bleibt: die Herkunft, die nationale Zugehörigkeit und vermeintliche Zusammengehörigkeit. Wo alles nur noch seinen Preis hat, wird als letzter Wert das Nationalgefühl präsentiert (dessen Preis letzten Endes der Opfertod im Krieg zu sein pflegt.) Suggeriert wird: Wären nur die Fremden nicht, könnte man die Probleme schon bewältigen. Die reaktionärsten Traditionen und Tendenzen der Romantik (auch einer deutschen »romantischen Soziologie« mit ihren »erschauten Wahrheiten«, die konsequenterweise in Othmar Spanns *Der wahre Staat* von 1921 ihr wahres Ziel finden) werden an die Stelle des Kosmospolitismus gesetzt, wie Goethe ihn lebte und verkörperte. Hondrich: »Dieses Werterlebnis wird nicht durch fragwürdige Analogie oder Ideologie auf größere Kollektive übertragen, sondern setzt sich völlig unangestrengt, im Normalfall unbewußt, in die Selbstverständlichkeit um, daß man sich unter

14 Der Anfang vom Ende, in: Rammstedt/Schmidt (Hg.), *BRD adé! Vierzig Jahre in Rück-Ansichten*, Frankfurt am Main 1992

15 *Lehrmeister Krieg*, Reinbek 1992; Rede auf dem 26. Deutschen Soziologentag, in: *Die Zeit*, 25.9.1992; Das Volk, die Wut, die Gewalt, in: *Der Spiegel*, 4.1.1992

Menschen gleicher Sprache und so weiter nicht nur besser versteht, sondern auch wohler, sicherer, stärker fühlt als unter Fremden.« (Was unter anderem auch den Massentourismus erklärt, in dem die Deutschen Weltmeister sind, ja?).

Und Hondrich zieht auch gleich die Konsequenz: »Drohen Wir-Gefühle von einer Mehrheits- in eine Minderheitssituation zu geraten – wie in manchen Innenstadt-Schulen, in die viele nichtdeutsche Kinder hineinkommen –, dann sind die Abwehrreaktionen der Eltern zwar auch durch verletzte Interessen zu erklären (›unsere Kinder lernen nicht genug‹), aber wieviel mehr durch gekränkte ethnokulturelle Identität!?« Die fremdenfeindliche Agitation der Haider und Schönhuber setzt genau an der gleichen Stelle an. Aber solche Kränkung kann doch wohl nur ein selber krankes »gesundes Volksempfinden« treffen, das sich nun endlich auch noch von einem als Soziologie auftretenden »gesunden Menschenverstand« seine Kraft und Herrlichkeit bestätigen lassen kann. Hondrich tut so, als könnten »Wir-Gefühle« nur auf ethnisch homogener Basis entstehen, nicht z. B. auch im gemeinsamen Kampf um Verbesserung der Lebensverhältnisse ethnisch heterogener Gruppen. Die Deklassierten, Deutsche und Nichtdeutsche, sind ja in vielen Städten bereits Mehrheiten. Sie brauchten, um zu ihrem Recht zu kommen, keine nationalen »Wir-Gefühle«, sondern das volle Bewußtsein ihrer (potentiellen) kollektiven Stärke. Doch der zeitgeistige Soziologe Hondrich will die sozialen Absteiger ja nicht zu ihrem Recht kommen lassen, sondern nur zu ihrem – nationalistisch entstellten – Ausdruck. (Derselbe Hondrich hatte sich immerhin auch einmal mit Entwicklungssoziologie und Dritter Welt befaßt.)

Je stärker die arbeitsteilige Gesellschaft sich ausdifferenziert, die Menschen sozial atomisiert werden, desto größer wird offenbar der Surrogatbedarf. Und da auch der Professor, so sehr er in quasi-feudalen Strukturen lebt, den Gesetzen der Marktwirtschaft gehorcht, versucht er eilends, die Nachfrage zu befriedigen. Es könnte allerdings auch sein, daß er gleich zu viel des Guten bzw. Schlechten tut, indem er als Volkstheoretiker zugleich Angebotspraktiker ist (folgend den »Chicago Boys«). Im Falle von Hondrich haben wir es sogar mit einem Anbieter (oder Ranschmeißer?) zu tun, der einen bereits weitgehend gesättigten Markt mit Billigprodukten überschwemmt. Wie billig sie sind, läßt sich unschwer seinem *Spiegel*-Essay vom 4. 1. 1992 entnehmen. (Der *Spiegel* scheint spätestens seit Enzensbergers Golfkriegs-Essay jener Ort zu sein, an dem man als Intellektueller seinen Offenbarungseid leisten muß.) »Der Staat, nach dem jetzt gerufen wird, kann nur Herr der Lage werden, sofern das Volk sich mit seinen Sorgen und Wünschen von ihm verstanden und vertreten fühlt – und nicht von den Gewalttätern. Die Anschläge auf Asylheime, von der Mehrheit verurteilt, symbolisieren gleichwohl die Meinung derselben Mehrheit, daß der Staat dem Zuzug von Fremden Einhalt zu gebieten habe.«

Mit anderen Worten: Der starke Staat muß den Gewalttätern die Arbeit abnehmen, indem er sein Gewaltmonopol ihr Geschäft besorgen läßt. Der »Asylkompromiß« von CDU/CSU, FDP und SPD ist denn auch genau die realpolitische Umsetzung des Hondrichschen Programms; und er ist, nahezu wörtlich, die Übernahme der entsprechenden Passagen des Parteiprogramms der »Republikaner« aus dem Jahr 1987. Präziser läßt sich der Weg, den die Republik in den vergangenen Jahren genommen hat, nicht beschreiben. Die rechtsradikale Position von vorgestern ist die politische Mitte von heute. Der »Gleichklang der vielen« (Hondrich), wie er heute alle kritischen Stimmen übertönt, wäre noch vor kurzem vielen als Dissonanz erschienen. Inzwischen gilt er weithin als Sanctus und Benedictus. Das aber heißt auch, daß wir an einem Requiem teilnehmen. Der kritische Geist wird zu Grabe getragen. Die neue Stimmung ist zwar nicht wohltemperiert, sondern scharfkantig, zerrissen, depressiv, aber der Soziologe stimmt immerhin einen Cantus firmus an, der da heißt: Volk und Nation (plus Lehrmeister Krieg).

3

Kaum hat Hondrich die mythische Figur des Volkes wiederentdeckt, verwandelt sich der Soziologe auch schon in den Mythologen, der nach dem Kriegsgott nun auch noch der Volksseele huldigt. Daß er diese nicht eben als eine reine beschreibt, hält ihn nicht von der Affirmation ab. (Welchen Denker fasziniert schon das Gute?) Was dieses Kollektivsubjekt fühlt, denkt, tut, kann, in der Sicht Hondrichs, nur noch auf- und hingenommen werden. »Das Volk« ist das Opium der Rechtsintellektuellen. Und Hondrich inhaliert kräftig. Berauscht, schwankend zwischen Verachtung und Verehrung, steht Hondrich vor dem selbstgeschaffenen Götzen. Spricht »das Volk«, so hat die Kritik zu verstummen. Und dieses Verstummen muß natürlich möglichst laut hinausposaunt werden. Als Klangverstärker ist der *Spiegel* allemal brauchbar. Endlich ist die Soziologie, deren Versagen angesichts der Umwälzungen von 1989/90 Hondrich konstatiert hatte (nur partiell zu Recht), auf der Höhe der Zeit; allein, sie reproduziert nur deren Niedrigkeit. Hondrichs soziologischer Solidarpakt mit Ritter, Tod und Teufel führte zwangsläufig zur gefühlvollen Nationalsoziologie.

Es gebe, so Hondrich, »für kollektive Gefühle keine größere Kränkung, als sie zu übersehen und zu überhören. Genau dies aber widerfährt ihnen in Deutschland.« Die »Moral des Deutschseins« reagiert eben nun einmal mit Mord und Totschlag, wenn sie nicht hinreichend berücksichtigt wird. »Eine gesamtdeutsche und zugleich eine multikulturelle Identität für das Ganze zu schaffen, mutet der Gesellschaft mehr zu, als sie heute einlösen könnte.« Bei F. K. Fromme hieß das so: »Heute kann es sich die Bundesrepublik weniger leisten denn je, Wirtschaftsflüchtlinge aus fernen Ländern... hereinzulassen. Hier muß nun schleunigst gesetzgeberisch Abhilfe geschaffen werden; die Bundesrepublik hat jetzt vor allem für die Deutschen da zu sein.«[16] Die Neonazis brauchten die Schraube nur noch ein Stückchen weiter zu drehen, indem sie das »vor allem« durch ein »nur« ersetzten. Das passende Wort für »gesamtdeutsche Identität«, die sich als Gegensatz von Multikultur definiert, ist auch schon vorhanden: Volksgemeinschaft. (Sie wird z. B. auch von Cora Stephan wiederentdeckt.[17] Die Verwahrlosung der politischen Sitten ließe sich kaum drastischer demonstrieren.) Die gemeinschaftlich begangenen völkischen und rassistischen Gemeinheiten, mit denen wir es nun zu tun haben, krochen aus diesem ebenso furchtbaren wie fruchtbaren Schoß.

Hondrichs Entgegensetzung zweier Identitäten formuliert, zu

16 *Frankfurter Allgemeine Zeitung*, 9. 1. 1990
17 *Der Betroffenheitskult. Eine politische Sittengeschichte*, Berlin 1993, S. 170–172

Ende gedacht, ein Bürgerkriegsprogramm: Gesamtdeutsche gegen die Fremdkulturellen in Deutschland. Die Einlösung seines völkischen Identitätskonzepts wäre die Vertreibung der Fremden – der Asylanten, der »Schwarzen«, der Türken. Hondrichs Reduktion von Komplexität schafft, indem sie deutsche Multikultur für illusionär erklärt, Platz für deutsche rassistische Unkultur. Sie verzichtet leichthin auf Werte und Normen, die seit geraumer Zeit für die Identität zivilisierter Gesellschaften unverzichtbar sind. »Ohne kollektive Gefühle und Symbole« sei Integration nicht zu haben, meint Hondrich. Diejenigen, »die neue deutsche Gemeinschaftsgefühle erwarten« (wenn sie schon keinen Arbeitsplatz und Lohn mehr erwarten, keine bezahlbare Wohnung etc.), vor allem die Ostdeutschen, dürfen wenigstens auf diesem Gebiet nicht enttäuscht werden.

Im vorausgesetzten realpolitischen (Fiktionen in Dienst nehmenden) Nationalkonzept sind Identität und Integration nun einmal nicht ohne Ausgrenzung und Auslöschung fremder Identität(en) zu haben, nicht ohne Desintegration und Dissoziation. Aufgabe der völkischen Soziologie ist es hier, den »Satz vom ausgeschlossenen Dritten« zu begründen. Verständnisvoll führt Hondrich den jungen »Arbeiter aus Sachsen« an, der sich gegenüber Marokkanern, »die hier seit 15 Jahren arbeiten«, zurückgesetzt fühlt – statt ihm, stellvertretend, zu erklären, daß er halt eben der Neuankömmling ist und die anderen die Alteingesessenen sind, mit allen Folgen, die das normalerweise hat. (Das Bild selbst ist natürlich ein geschöntes.) Brutale Reaktionen auf nichtvölkische Verhältnisse und Verständnisse müsse man verstehen. »Gegen diese moralische Fremdbestimmung wehren sich die jugendlichen Gewalttäter stellvertretend für das Volk.« Sie sind das Volk. Und Hondrich ist ihr völkischer Beobachter. Scharfsichtig erkennt er schon von weitem einen Geßlerhut: »Der Westen selbst, in seiner Dünkelhaftigkeit, ist nicht greifbar und ansprechbar. So ziehen die Enttäuschten dorthin, wo er seinen Geßlerhut gepflanzt hat, Symbol seiner Fremdherrschaft: ein Asylbewerberheim.« Symbol der westdeutschen Fremdherrschaft – und damit Geßlerhut – ist also die Wohnstätte der ausländischen Fremden. Dieser Tell-Schuß trifft nicht ins Schwarze, sondern trifft sich mit dem (bzw. den) Braunen. »Ausländer ja – aber nicht so viele auf einmal, nicht mit falschem Etikett. Für dumm verkaufen läßt sich das Volk nicht.« Die Verkäufer von allem Möglichen und Unmöglichen, die 1990 in den deutschen Osten strömten, haben da vermutlich etwas andere Erfahrungen gemacht.

»Das Volk ist in Deutschland eine Neuerscheinung« – und man kann schon ziemlich sicher sein, daß die nächste Neuerscheinung Hondrichs (bei Rowohlt oder Suhrkamp?) ihm gewidmet sein wird, denn er ist ja scheinbar die große Ausnahme: »Dabei zeigt sich in aller Schärfe: Politiker und Intellektuelle in Deutschland, dem Volk entwöhnt, nehmen das Volk nicht an.« Hondrich identifiziert »das Volk« weitgehend mit den Fremdenfeinden und nimmt diese an. Er ist bereit, »das Volk« zu verwöhnen, damit es Hondrich (als den Obersoziologen der Nation) annimmt. Populistische Soziologie ist Hondrichs Rezept, um ein populärer Soziologe zu werden. Er schaut den (rechten) Leuten aufs Maul, um ihnen nach dem Munde reden zu können. Der Gesellschaftstheoretiker Hondrich wird zum Gemeinschaftspraktiker Hondrich.

Die »Volksgemeinschaft« ist bei ihm fortentwickelt zur Gemeinschaft der Intellektuellen mit »dem Volk«. »Dem Volke dienen« tritt uns hier in ganz neuer Gestalt entgegen. Hier macht einer seinen Diener vor »dem Volk«. Hier gibt einer zu verstehen: Das Volk hat recht; und sollte es einmal nicht recht haben, so ist es besser, mit ihm unrecht zu haben – statt gegen es recht. Vor Jahren dachten gewisse Leute auch einmal so über ihr Verhältnis zur Kommunistischen Partei. Überaus typisch für die gewendeten westlichen Ex-Kommunisten, die uns jetzt als Ex-und-hopp-Kolumnisten entgegentreten, ist das, was Christian Semler, ehemals glühender Verehrer Kim Il Sungs und Großer Vorsitzender der mächtigsten aller proletarischen Parteien der studentischen Subkultur, am 1. Februar 1993 unter dem vielsagenden Titel »Historische Fehlkalküle – damals und heute?« in der *taz* zum besten gab: »Wie Ernst-Otto Hondrich in seinem jüngsten Essay herausgearbeitet hat, verfehlen die Bonner Parteien auf gefährliche Weise die Gemütslage der Menschen sowohl in den alten wie in den neuen Ländern.« Unser neu-alter Volksfreund will sie auf keinen Fall verfehlen. Dafür verfehlt er wenigstens den Namen Hondrichs, der nun mal leider Karl Otto heißt, trotz des Frankfurter Kollegen Apel, der ebenso heißt, wenn auch mit Bindestrich, und nicht auf den Geisteßstrich geht, um die völkischen Bindungen zu beschwören. Vermutlich ist Semler so fixiert auf den Ernstfall, daß ihm der kriegerische Hondrich zwangsläufig zum Ernst(-Otto) wird. Die maoistischen Volksfreunde haben sich mittlerweile »herausgearbeitet« bis zur völligen Kenntlichkeit; ausgehend von der objektiv revolutionären Lage, sind sie jetzt bei der völkischen Gemütslage angekommen, die eben etwas ausländerfeindlich ist. Noch zehn Jahre angestrengten Sichhineinarbeitens – und sie werden sogar Vornamen richtig abschreiben können, von allen anderen Fertigkeiten ganz zu schweigen.

Der volksnahe Soziologe Hondrich pflanzt auch gleich seinen eigenen Geßlerhut auf: »Pragmatische Maßnahmen allein helfen jetzt wohl nicht mehr. Gefordert sind symbolische Akte. Solidarität mit den Bedrohten und Zusammenstehen gegen Gewalt sind das eine. Änderung des Grundgesetzes und bedingte Schließung der Grenzen das andere. Das Volk sieht darin auch eine Anerkennung seiner selbst. Auf dieser Grundlage kann man über Einwanderungspolitik reden.«

Nun wissen wir, auf welcher Grundlage Herr Hondrich mit uns und anderen zu reden bereit ist. Als »herrschaftsfreien Diskurs« würde sein Frankfurter Kollege Habermas dies vielleicht doch nicht gelten lassen. Hier wird versucht, einen Plafond zu schaffen, der exakt zum neuen großdeutschen Haus paßt. Gewisse Argumente sollen von vornherein ausgeschlossen werden, bestimmte Positionen ausgegrenzt (wie z. B. schon jene, welche die SPD vor »Petersberg« vertrat). Und es werden weit geöffnete Türen eingerannt mit der Forderung nach Akten symbolischer Politik, die ja das einzige sind, was die real existierende politische Klasse einigermaßen professionell liefert. Daß die Soziologie die Öffnung der Mauer nicht vorhergesehen hatte, machte Hondrich ihr 1992 zum Vorwurf. Offenbar um selber ein leuchtendes Beispiel zu geben, plädiert er 1993 für die bedingte Schließung der Grenzen. Der Soziologe offeriert uns also seine Wissenschaft als ideellen Gesamtbundesgrenzschützer, virtuellen Hilfspolizisten und spirituellen Frontsoldaten. In der Krise soll die Soziologie sich als völkische Stabilisationswissenschaft bewähren. Dies zeigt, daß bei Hondrich und seinesgleichen die kritische Vernunft bereits ausgewandert ist. Hondrichs Rekurs auf mythologische Kategorien (wie »der Krieg« und »das Volk«) könnte nichts anderes bewirken als die weitere Desintegration und Destabilisierung der Soziologie als Wissenschaft. Seine populistische Attitüde, machte sie denn Schule, entschärfte nicht die soziale Krise, sondern verschärfte nur die Krise der Soziologie.

Wollte man, zu seinen Gunsten, annehmen, daß Hondrichs theoretische Kehre mehr ist als ein opportunistisches Manöver, daß ihr vielmehr etwas von jener seismographischen Kraft innewohnt, die der Soziologie in den Jahren vor 1989 (Hondrich zufolge) abging (auch ihm selber), dann wäre sein Rückgriff auf mythologisierendes und mystifizierendes Denken zu lesen als (allerdings bewußtloser) Nachvollzug der schon älteren Erkenntnis, daß der Prozeß der Zivilisation nicht irreversibel ist, als Vorahnung eines neuen deutschen bzw. europäischen Rückfalls in die Barbarei.

4

Die *Ansichten auf den Bürgerkrieg*, die vom so überaus vergleichssicheren Golfkriegstheoretiker Enzensberger geliefert werden sollten, hatte Hondrich bereits vorweggenommen. Relativ frühzeitig hatte er diese »Bildungslücke« entdeckt: *Lehrmeister Krieg*. Oder: Prototypische bürgerliche Lernprozesse. Resümierend den 26. Deutschen Soziologentag, stellte Hondrich fest: »Auf dem Soziologentag präsentiert sich das Fach in einer überwältigenden Vielgestaltigkeit der Themen und Interessen. Es gibt, außer dem Krieg, wohl kein Themengebiet, das nicht angeschnitten wird.«[18] Und er fügte hinzu, es habe »die soziologische Theorie möglicherweise unterschätzt, was nach wie vor, und in Zukunft wahrscheinlich stärker als in der Vergangenheit, das soziale Leben bestimmen wird: kollektive Vorstellungen von Zusammengehörigkeit, also Kultur als Lebenszusammenhang, der die einzelnen auch dann trägt und prägt, wenn sie sich nur noch als Individuen sehen wollen«.[19]

Hondrich stellt Ulrich Becks Individualisierungsthese also seine Kollektivierungsthese entgegen. Damit geht er als Gesellschaftstheoreti-

18 Karl Otto Hondrich, Selbstreferentialität statt Selbstreflexion. Bemerkungen zum 26. Deutschen Soziologentag, in: *Soziale Welt* 1/1993, S. 136–141, Zitat S. 136

19 Ebd., S. 138

ker allerdings ein nicht zu unterschätzendes Risiko ein, denn die Beschreibung von Atavismen kann leicht, wenn man nicht sehr vorsichtig ist, zur atavistischen Beschreibung werden. Seine Kolleginnen und Kollegen findet Hondrich viel zu vorsichtig. »In welchem Feld machen wir uns eigentlich noch selbst die Schuhe schmutzig?«[20] Hondrich hat endlich wieder die Stiefel im Marschgepäck, den Marschallstab im Tornister und die gewaltbereiten Kollektive im Visier. Er macht sich die Schuhe – bzw. die Hände – im »Feld der Ehre« schmutzig. »Neue Themen werden angeschlagen.«[21] Und neue Töne. Genauer gesagt: Alte kehren wieder.

Hondrich meint, daß die Gesellschaft sozusagen traditionsverhafteter sei, als man lange Zeit glauben wollte. Die Soziologie sei der Gesellschaft vorausgeeilt, habe sie rationaler erscheinen lassen, als sie tatsächlich ist: »Völker werden in Bevölkerungen aufgelöst, Nationen und Staaten in der Weltgesellschaft, Kulturen in einer universalen Moral, Gewalt in Verständigung, territoriale Grenzen in funktionale, Fremdbestimmung in Selbstorganisation, Affektivität in Rationalität, Kollektivität in Individualisierung, kurz: allen Theorien, die in den vergangenen Jahrzehnten die paradigmatische Diskussion beherrscht haben, unterliegt eine nicht weiter diskutierte Fortschrittsstimmung, derzufolge das Alte dem Neuen, das Unerwünschte dem Erwünschten, das Diffuse dem Differenzierten weiche. Daß diese ins Theoretische übersetzte Fortschrittsstimmung das Produkt einer einzigartigen Prosperitäts-, Friedlichkeits- und Dominanzperiode der westlichen Gesellschaften sein könne, eher ein vorübergehender Ausstieg aus der Geschichte als ein geschichtlicher Leitpfad, haben wir nicht bedacht.«[22]

Hondrich argumentiert also gegen die Paradigmata der Kommunikationstheorie (Habermas), der Systemtheorie (Luhmann) und der Individualisierungstheorie (Beck), um, vor allem mit Tenbruck (seit langem bekannt als einer der konservativsten Vertreter des Fachs), für eine Rückkehr zu traditionelleren Werten und Normen der Soziologie zu plädieren – die übrigens bei Tenbruck zu einer erklärten Ab-

20 Ebd.
21 Ebd., S. 141
22 Ebd., S. 140

kehr von der Soziologie geführt hatte (ein Schritt, den vor ihm bereits ein Antisoziologe wie Schelsky getan hatte). Dahinter steht wohl der antiaufklärerische Gedanke, daß dann, wenn (zu) viele (zu) viel kritisches Wissen über die Gesellschaft verfügbar haben, deren Funktionieren nicht mehr gewährleistet sei. Während Tenbruck mit Schelsky[23] an einen unheilvollen Einfluß der Soziologie auf die Gesellschaft, also an deren (All-)Macht zu glauben scheint, so, als wäre Comtes Programm einlösbar und bereits eingelöst, ist für Hondrich eher deren Ohnmacht evident, jedenfalls solange sie die realen Mächte der Geschichte ignoriere (eben: Nation, Volk, Gewalt, Krieg).

In einem Beitrag für die *Soziale Welt* hat Wolfgang Bonß Hondrichs Position bereits kritisch gesichtet[24] und dabei festgestellt, daß Hondrich sich gedreht hat. Ob dies zu größerer Wirklichkeitsnähe der Soziologie führt, steht freilich dahin. Bonß meint, »daß Hondrich in einem zunächst fast antiaufklärerisch anmutenden Gestus gegen das ›Kommunikationsparadigma‹ zu Felde zieht« (wobei das »zunächst fast« u. U. der kollegialen Höflichkeit geschuldet ist), ohne in der Kommunikation mit den Konkurrenten die Notwendigkeit eines Paradigmenwechsels hinreichend begründen zu können: »Nationalismus, Ethnozentrismus, Fremdenhaß und Gewalt sind ... Momente, die die Selbstwahrnehmung der Moderne am stärksten irritieren. Offen bleibt freilich, wie diese Irritationen zu interpretieren sind; falsifizieren sie, wie Hondrich vorschlägt, die eingeschliffenen Selbstbeschreibungen der Moderne und erfordern einen ›Bruch‹ im theoretischen Denken bis hin zur Aufgabe bestimmter Aufklärungsideale?«[25]

In der Tat spricht vieles für die konträre Auffassung Becks, der jene gerade als Resultat der Dialektik der Aufklärung bzw. der Ambivalenz der Moderne sieht, als Teil der Kontinuität, nicht als (totalen) Bruch. (Diese Auffassung wird auch gestützt von Analysen der technologischen Rationalität der Barbarei, des Grauens, wie sie kürzlich

23 *Die Arbeit tun die anderen. Klassenkampf und Priesterherrschaft der Intellektuellen*, München 1977

24 Die Wirklichkeit dreht sich – Was macht die Soziologie?, in: *Soziale Welt* 1/1993, S. 142–148

25 Ebd., S. 145

von Gerhard Armanski, Zygmunt Bauman und Wolfgang Sofsky[26] vorgelegt wurden. Als leicht zugänglicher Text sei hier nur genannt: Zygmunt Bauman, *Das Jahrhundert der Lager*.[27]

Vermutlich ist Hondrich jetzt nur deshalb so außerordentlich irritiert von den Einbrüchen des Irrationalen in die gewohnte soziale Ordnung, weil er zuvor allzu sehr von deren Rationalität überzeugt war. Doch es ist ja beispielsweise die *Dialektik der Aufklärung* als Selbstbeschreibung der Moderne alles andere als überzeugt von der umfassenden Vernunft des Wirklichen. Hondrich hält die Soziologie für unvernünftig, weil sie zu rationalistisch auf das im Sozialen wirkende Irrationale reagiere. Die Soziologen, behauptet er, »haben zu dem, was die Welt heute bewegt, nichts zu sagen. Krieg und Gewalt, Völker und Nationen, die leidenschaftlichen Wir-Gefühle von Wertgemeinschaften kommen... nicht vor. Die Fragen nach Triebkräften der Sozialität haben wir Soziologen durch die nach Kommunikation ersetzt...«[28]

5

Wollte oder könnte der Soziologe Hondrich mit sich selber kommunizieren, so läge es für ihn nahe, etwas in die Ferne zu schweifen und sich z. B. wieder einmal seine Arbeiten früherer Jahre anzusehen, als da etwa sind *Demokratisierung und Leistungsgesellschaft* (1972), *Theorie der Herrschaft* (1973), *Bedürfnisse im Wandel* (1983). Und er könnte oder sollte sich dabei zugleich die Frage stellen, welche Bedürfnisse in seinem Wandel wirksam sind. Auch Triebkräfte des Soziologen sind keine zu vernachlässigende Größe. Anders gesagt: Nicht immer ist Wandlungsfähigkeit bzw. Wendebereitschaft ein Zeichen von Größe. Und Cleverness ist nicht mit Klugheit gleichzusetzen. Das »dumme Geschwätz von gestern«, das einen nicht mehr zu kümmern braucht, kann intelligenter sein als der Zeitgeist von heute. (Aber wer liest schon noch seine eigenen Bücher von vor 10 oder 20

26 *Die Ordnung des Terrors. Das Konzentrationslager*, Frankfurt am Main 1993
27 In: *Neue Gesellschaft/Frankfurter Hefte* 1/1994, S. 28–37
28 Hondrich, Rede auf dem 26. Deutschen Soziologentag, a. a. O.

Jahren? Die Sonne der öffentlichen Aufmerksamkeit scheint so hell und heiß auf die soziologischen Wendeprodukte, daß jene »alten Bücher« erst recht wie der längst geschmolzene Schnee von (vor-)gestern erscheinen.)

Andererseits mag man in jenen Büchern auch, ganz am Rande, Passagen entdecken, die bereits vorausweisen auf den »neuen Hondrich«, jenen, der alte Bedürfnisse wiederentdeckt und auf neue Fragen alte Antworten gibt, vermutlich in der Hoffnung, so dem Zeitgeist doch noch ein Stück voraus zu sein und der Soziologie den Weg – in neue Relevanz – zu weisen. Am Ende seiner *Theorie der Herrschaft* schrieb Hondrich vor zwei Jahrzehnten: »Die Theorie, die hier entfaltet wurde, wäre eine schlechte, würde sie nicht Raum für unterschiedliche politische Programme lassen. Sie untersucht die Konsequenzen der sich entfaltenden Leistungsgesellschaft für Macht- und Herrschaftsstrukturen. Sie sagt jedoch nichts aus über den Verlauf, den die Leistungsgesellschaft inhaltlich, durch die weitere Entwicklung ihrer Bedürfnisse bzw. Leistungsziele, nehmen wird. Hier muß, theoretisch, die soziologische Erforschung der Bedürfnisdynamik ansetzen, politisch die Diskussion über Leistungsziele und ihre Konsequenzen.«[29]

Ein Jahrzehnt später war die dynamische soziologische Erforschung der Bedürfnisse an diesem Punkt angelangt: Es werden nun »Bedürfnisse neu formuliert: Bedürfnisse nach Umweltschutz als Konsequenz der Einsicht in die Gefährdung der Umwelt. Bedürfnisse nach mehr Beteiligung an politischen Entscheidungen als Folge davon, daß die Vermehrung und funktionale Spezialisierung von Entscheidungen die im Palaver unserer Stammes-Vorfahren übliche und mögliche allgemeine Beteiligung und Konsensfindung unmöglich gemacht hat. Bedürfnisse nach mehr Gleichheit und gleichen Chancen angesichts der Tatsache, daß ein rücksichtsloses Ausspielen der wachsenden Leistungsungleichheit den schwächeren Teil der Gesellschaft in bitteres Elend sinken ließe... Sind demnach die Bedürfnisse nach Umweltschutz, Beteiligung an Entscheidungen, mehr Gleichheit etc. überhaupt neue? Leben in ihnen nicht uralte Bedürfnisse wieder auf, die nur deshalb nicht als solche bewußt waren, weil ihre Befriedigung

29 Karl Otto Hondrich, *Theorie der Herrschaft*, Frankfurt am Main 1973, S. 219f.

über viele Generationen hinweg sichergestellt war, so daß sie unauffällig im Zustand der Hintergrundserfüllung ... dahindämmerten?«[30] Das Hintertürchen, das Hondrich sich damals offengelassen hatte, ist inzwischen zur weit geöffneten Tür geworden, die er einrennt.
Die 1983 im Vordergrund stehende Gefährdung der Umwelt ist 1993/94 für Hondrich abgelöst von der Gefährdung durch die Umwelt in Gestalt der hereinströmenden Ausländer, Asylbewerber, Fremden. Der nach dem Zerfall der bipolaren Weltordnung nicht nur auf dem Balkan um sich greifende »Tribalismus« (ver-)führt auch Hondrich zu Regressionen, die völkische Aggressionen legitimieren. Der Rückfall in Denk- und Verhaltensweisen der Stammes-Vorfahren scheint nun doch immerhin einen neuen Konsens nötig und möglich zu machen, einen nationalen. Wo die soziale und ökonomische Ungleichheit wächst, wächst auch das Bedürfnis nach Kompensation durch (wenigstens) ethnische bzw. rassische Gleichheit. »Uralte Bedürfnisse« dämmern herauf. »Deutschland erwache!« Das neue politische Programm des Soziologen Hondrich ist das der Verwischung des Unterschieds zwischen Stammtisch und Katheder. Und es zeigt sich, daß schlechte (bzw. schwierige) Zeiten für die Gesellschaft nicht ohne weiteres gute Zeiten für die Soziologie sind.
Die neu angesagte »nationale Identität«, die sich, nach Hondrich, so wunderbar im Kriegserlebnis herstellt (auch ein Curriculum), ruft geradezu nach einer völkischen Soziologie. Hondrich ist ein Odysseus, der seine Gefährten an den Mast binden will, um sich selber in die Fluten stürzen und in Richtung der Sirenen schwimmen zu können. Daß diese – der Autor ist eben nicht ein alter Grieche, sondern das neue Deutschland – nun in Gestalt der Skinheads auftreten und ihre Gesänge Haßgesänge sind, macht sie anscheinend nicht weniger verführerisch.

Ist erst einmal der Krieg als Paradigma des sozialen Lernens etabliert, avancieren die Akteure »bürgerkriegsähnlicher Situationen« zu sozialen Lehrmeistern des soziologischen Lehrmeisters: »Im Krieg formt sich die kollektive Identität im Gegensatz nicht nur zum äuße-

30 Karl Otto Hondrich, Bedürfnisse, Ansprüche und Werte im sozialen Wandel. Eine theoretische Perspektive, in: Ders./Antje Vollmer (Hg.), *Bedürfnisse im Wandel*, Opladen 1983, S. 15–74, Zitat S. 73f.

ren Feind, sondern im Innern auch zu den individuellen Identitäten. Gesellschaften lernen im Krieg, in der Niederlage wie im Sieg, ihre in den individuellen Bestrebungen oft schon vergessene kollektive Existenz kennen.«[31] Daß diese für viele Individuen zugleich das Ende ihrer Existenz bedeutet, das Aufgehen im Kollektiv der Nation sich als Übergang in den Tod realisiert, erweist die Qualität dieser Form von Solidarität bzw. Identität. (Hondrichs publizistischer Sieg übrigens, bis in die *taz* hinein, ist identisch mit seiner intellektuellen Niederlage.) Die Universalisierung von Werten wie Solidarität funktioniert in der Sicht Hondrichs dann am besten, wenn das menschliche Leben als Wert aufgelöst wird.

Auch die individuelle Identität des Soziologen löst sich auf, wenn er sich mit der Existenz völkischer Kollektive konfrontiert sieht. Die Abstraktion soziologischer Theorie weicht einer Einfühlung, die alle Differenzen einebnet, jede Distanz aufhebt. »Warum erschreckt uns gerade Gewalt gegen Ausländer so sehr, wenngleich ihr Anteil an der ›Gesamtgewalt‹ in der Gesellschaft verschwindend gering ist? Die kollektive Emotionalisierung, schwankend zwischen Empörung und Genugtuung, muß auch etwas mit unserer kollektiven Identität zu tun haben, mit dem wunden Punkt der Deutschen. Wir empören uns über Gewalt gegen Ausländer besonders deshalb, weil sie unsere Vision einer offenen Gesellschaft stört, in der es keine Deutschen und Ausländer, sondern nur noch Menschen geben soll. Die Gewalttäter zwingen uns eine Unterscheidung auf, die wir nicht mehr machen wollen. Und was uns noch mehr erbost: Sie zwingen uns in eine Identität mit den Mördern und Brandstiftern selbst.«[32] »Wir sind das Volk«. Und: »Wir sind ein Volk«.

Oder: In der Nacht sind alle Katzen grau. Das sich einstellende Grauen freilich ist mehr als nur das Morgengrauen. Die Raubtiere (Nationalismus und Faschismus) wittern Morgenluft. Hondrich hält ihnen schon einmal Futterstückchen hin. Es »profilieren sich unsere nationalen Gefühlslagen nicht nur gegenüber einer zahnlosen Supranationalität, sondern auch gegenüber den nationalen Gefühlen der anderen. Und im deutschen Innern verschwimmen die beliebt-ge-

31 Hondrich, *Lehrmeister Krieg*, a. a. O., S. 55
32 So Hondrich in: *Die Zeit*, 28. 1. 1994

wohnten Markierungslinien zwischen Rechten und Linken, Konservativen und Progressiven.« Seitdem die nationalen Reviere wieder deutlich markiert werden, bringt die zeitgeistige Soziologie sich auf Linie. »Wir verlassen ein Zeitalter der Visionen und treten ein in eine Epoche der Entdeckungen. Zu entdecken ist, welche Macht in Wirklichkeit die Gewalt hat – und welche Bedeutung die gemeinsame Herkunft... Je offener die Gesellschaft, desto mehr Gewalt und Nationalismus. Wer dies nicht wahrhaben will, riskiert letztlich die Selbstzerstörung der offenen Gesellschaft.«

Der Freiburger Politikwissenschaftler Oberndörfer wollte dies nicht wahrhaben und ließ erkennen, daß auch nach seiner Einschätzung wohl eher Hondrich letztlich die Selbstzerstörung (als seriöser Soziologe) riskiert, wenn er weiterhin, als Entdecker des deutschen Innern, in so trüben Gewässern fischt. Unter dem Titel »Abschied vom völkischen Wahn«[33] schreibt er: »Auch in dem Beitrag von Karl Otto Hondrich, bisher als linker Sozialdemokrat bekannter Soziologe, finden sich die wesentlichen Grundmuster des deutschen völkischen Nationalismus in bilderbuchartiger Form... Hondrichs These: ›Je offener die Gesellschaft, desto mehr Gewalt und Nationalismus‹ ist plakativer Unsinn oder politische Brandstiftung oder beides. Danach wären die Armeniermorde, der Holocaust und die heutigen ethnischen Säuberungen auf dem Balkan Ausdrucksformen besonders offener Gesellschaften gewesen.«

Popper hat über *Die offene Gesellschaft und ihre Feinde* geschrieben. Hondrich gibt sich nun als ein solcher Feind zu erkennen. Bis in einzelne Formulierungen hinein wird die deklarierte Toleranz dementiert und der eigene totale argumentative Herrschaftsanspruch formuliert. Z.B.: »Wer... Gewalt nur als untaugliches Mittel zum Zweck der Interessendurchsetzung ansieht und vernünftigerweise empfiehlt, sie durch andere Mittel zu ersetzen, der weiß nicht, wovon er spricht.« Oder es wird dekretiert: »Wer sich Gewalt und den kollektiven Wir-Gefühlen zivilisierend entgegenstellen will, muß sie zugleich als Gestaltungskräfte anerkennen.« Manches wirkt wie ein privater Kleinkrieg gegen den Frankfurter Kollegen Habermas, der ja bekanntlich den herrschafts- und gewaltfreien Diskurs favorisiert.

33 *Die Zeit*, 4.2.1994

Auch in seinem Aufsatz »Das alte Europa im Krieg. Der Konflikt auf dem Balkan und die Rolle kollektiver Gefühle in der Politik«[34] stellt Hondrich die großen kollektiven Gefühle gegen die kleinen individuellen Gedanken und kleinlichen Bedenken, und zwar im Rückgriff auf Durkheims Begriff des »Kollektivbewußtseins«. (Die zugrundeliegende Durkheim-Interpretation scheint mir fragwürdig, denn das, was Hondrich eigentlich meint, ist eher ein »Kollektives Unbewußtes«, das näher bei C. G. Jungs Archetypenlehre liegt als bei Freuds Auffassungen, welche diesen ja, wohl nicht zufällig, zu einer äußerst kritischen Einschätzung des Krieges bzw. der Kriegsbereitschaft geführt haben, etwa in seinem Briefwechsel mit Einstein. Auch eine gewisse Nähe Hondrichs zu ethnologischen Sichtweisen, z. B. bei Lorenz und Eibl-Eibesfeldt, ist zu erkennen, wenn es etwa heißt: »Gefühle sind der Stoff, in dem sich die Menschen am ähnlichsten sind...«)
Hondrich meint, auf die aktuelle Situation bezogen, »wir« grollten den UN, »weil sie uns um unseren Krieg bringen«. Und entsprechend tut er so, als wären »wir« immer schon und alle miteinander für Genschers (vom *FAZ*-Herausgeber Reißmüller inspirierte) katastrophale Subito-Anerkennungspolitik gewesen. »Mit welchen Gefühlen haben wir vor gut zwei Jahren die Loslösung Sloveniens, Kroatiens, später Bosnien-Herzegovinas aus dem jugoslawischen Staat verfolgt? Unser Herz schlug für die neuen kleinen Staaten.« Das Herz schlug (bei manchen), weil das Hirn gerade anderweitig beschäftigt war (z. B. in akademischen Ausschüssen, wo es gar nicht gebraucht wird, sondern schon ein erhobener Arm oder ein ausgestrecktes Bein genügt). Auch in diesem Fall herrschten die Gefühle, weil die Gedanken fehlten. Die großen (kriegerischen) Gefühle beruhen schlicht auf geringem (historischen) Wissen. »Zu Beginn der Balkankrise, vor etwa drei Jahren, sagte mir ein französischer Kollege mit diplomatischem Lächeln, daß es nun ja zu einer Neuauflage des deutsch-kroatischen Bündnisses aus der Hitlerzeit komme, während andererseits Briten und Franzosen an die alte Waffenbrüderschaft mit den Serben gemahnt würden. Ich war verblüfft und empört... Vom Pakt zwischen Ustascha-Kroaten und Nazi-Deutschen glaubte ich zum ersten Mal zu hören – aus französischem Mund...«

34 *Frankfurter Allgemeine Zeitung*, 10.2.1994

Hondrichs Reflexionen der vergangenen Jahre durchzieht, hinter aller zeitgeistigen Cleverness, eine politische Naivität, wie sie sich wohl nur noch ein deutscher Professor leisten kann. Eben sie ist es wohl, die ihn unfähig macht, der »Wiederkehr des Verdrängten« geistigen Widerstand entgegenzusetzen. Politisch naiv – oder zynisch – ist auch Hondrichs Einschätzung der Situation der deutschen Universität, wie er sie im *Spiegel* unter dem Titel lieferte: »Totenglocke im Elfenbeinturm. Karl-Otto Hondrich über den Wandel der Hochschulen und den Studenten Neuen Typs«.[35] Es argumentiert hier unverkennbar der Professor alten Typs, für den im Prinzip alles in Ordnung ist, solange die eigenen Herrschaftsstrukturen unangetastet bleiben. Hondrichs Fazit: »Im Grunde aber ist die deutsche Universität weder reformfähig noch reformbedürftig, ja nicht einmal unter Reformdruck... Bisher sind die deutschen Universitäten aus allen Neuerungsanläufen... im Grunde unbeeindruckt hervorgegangen. Reformresistent. Unheilbar gesund.« Wenigstens aus Professorenperspektive ist die akademische Welt noch in Ordnung. Hondrich hätte sie nur gern etwas gemeinschaftlicher. »Die Universität als Gemeinschaft« schwebt ihm vor. Ihr Fehlen ist gravierend, denn: »Den deutschen Eliten fehlt der orientierende Rückhalt einer Universitätsgemeinschaft... Die deutsche Universität treibt elitären Gemeinschaftssinn aus und ihre Studenten in andere Rollen hinein.« Daß die deutsche Universität Hondrich und Co. den elitären Gemeinschaftssinn bzw. Korpsgeist ausgetrieben und sie in ein neues Rollenverständnis hineingetrieben hätte, wird man schwerlich behaupten können. Sehr viel mehr Risikobereitschaft bewies Ulrich Beck in seiner Analyse der aktuellen Situation der deutschen Universität, wo es z. B. heißt: »...Wer überlebt, ist elitefähig. Denkbar wäre auch, daß das Ganze nur der angemessene Ausdruck einer total verkalkten Erwachsenenwelt ist, die sich nur noch durch radikale Wirklichkeitsverleugnung an der Macht zu halten vermag.«[36] Die universitäre Wirklichkeitsverleugnung, die von Hondrich auf so beeindruckende und bedrückende Weise zum Ausdruck gebracht wird, ist Teil einer universellen Wirklichkeitsverleugnung, wie sie in Deutschlands seit

35 *Der Spiegel*, 7.2.1994
36 Geisterbahnhof Universität, in: *Süddeutsche Zeitung*, 11.2.1994

Kohls Wort von den »blühenden Landschaften« immer weiter um sich zu greifen droht.

Seit dem Zusammenschluß der beiden deutschen Staaten und Gesellschaften öffnen sich wieder alte deutsche Wunden. Soziologische Wunderheiler wie Hondrich offerieren tödliches Gift als Medizin. Man sollte sich vorsehen; erkrankte Ärzte sind ansteckend.

Norbert Seitz

Als Rudolf Augstein 70 wurde...

Als Rudolf Augstein 70 wurde, hagelte es Gespräche: bei der *Zeit*, der *Süddeutschen Zeitung*, bei *Stern* und *Spiegel*. Und eins war anstößiger als das andere. Deutscher Herbst 1993. Hauptdarsteller: der *Spiegel*-Herausgeber. Ähnlich schamlos wie weiland Faßbinder bei Kluge/Schlöndorff anno 1977 präsentiert sich der Akteur. Verbal, versteht sich. Und die Mutter – Deutschland – ist auch immer dabei.

Taumelnd geriet Augstein während seiner Gesprächsserie zum Paradigmatiker der Verschlimmbesserung. Wo er sich entschuldigte, schwadronierte er schnurstracks in die nächste Katastrophe. Er habe sich wohl endlich den nationalen »Schuß« verpaßt, meinten viele verbitterte Ex-Freunde, die seinen Abstieg vom Intimfeind zum machiavellistischen Claqueur Helmut Kohls immer noch nicht verdaut hatten.

1963, als Augstein 40 wurde, hatte er gerade die Kanzlerschaft Adenauers hinter sich gebracht. 1973, zum 50., sah der *Spiegel* Brandts Denkmal bedenklich bröckeln. Zum 60., eine Dekade danach, servierte ihm Dauergesprächsverweigerer Kohl den Vollzug der Nachrüstung.

Als Augstein 1988 65 wurde, war Deutschland noch nüchtern. Dagegen mußte sein 70. als Katerfrühstück begangen werden. Zu Adenauers Zeiten der oppositionelle Strohhalm, unter Brandt der Fortschrittsmesser, bei Kohl der Beckmesser, ist auch der *Spiegel* nach 1989 in seine Normalisierungsphase eingetreten. »Der intellektuelle Thrill ist hin«, bekennt Jens Reich im *Spiegel*-Geburtstags-Spezial[1];

1 Der *Spiegel*-Spezial Rudolf Augstein, Nr. 6/1993. Darin Bazón Brock, Die Selbstergänzung des Regenwurms; Ralf Dahrendorf, Der letzte Nationalliberale; Peter Gau-

der Chefkolumnist verbreitet nicht mehr Zivilcourage, sondern nur noch Sodbrennen.
Als Augstein 70 wurde, war Deutschland wieder eins und souverän. So souverän, daß auch der Meister endlich seinen unverfälschten nationalliberalen Part spielen durfte, den anzunehmen ihm zuvor deutsche Ungleichzeitigkeit nicht gestattet hatte.

1

Kein Zyniker zu sein, sei in heutiger Zeit »nahezu lebensgefährlich«, gesteht Rudolf Augstein im Gespräch mit André Müller in der *Zeit*[2]. Der Jubilar räumt sogar die Möglichkeit ein, ohne Zynismus am Leben verzweifeln zu müssen.

Die Zeit: »Sie würden Selbstmord begehen.«
Augstein: »So weit bin ich noch nicht ...«

Peter Sloterdijk verdanken wir die Erkenntnis, daß sich in der Gegenwart der Typus des »modernen Massenzynikers« entwickelt hat – im Gegensatz zum »einzelgängerischen Kauz« der Antike. Der Zyniker der Gegenwart sei ein »Grenzfall-Melancholiker«, der seine depressiven Symptome unter Kontrolle habe und einigermaßen arbeitstüchtig sei. Sloterdijk bezeichnet diesen Typus auch als »integrierten Asozialen«.
Daß Zynismus auch eine stilvolle Form der politischen Hilflosigkeit darstellt, Dinge noch beeinflussen zu können, liegt auf der Hand. Zynismus ist gleichsam der Panzer, den man sich zulegt gegen normative Erwartungen, um Politik noch relativ enttäuschungsfrei rezipieren zu können. Dazu Augstein im *Stern*[3]:

»Ich bin gar kein so ganz richtiger Zyniker. Mancher ist nur zynisch, um Distanz zu haben und nicht unter die Räder zu kommen.«

weiler, Augstein – ein Strauß?; Heiner Geißler, Die alte Schlachtordnung; Johannes Gross, Augstein, der letzte Konservative; Jens Reich, Der intellektuelle Thrill ist hin; Daniel Vernet, Haßliebe zu Frankreich

2 »Morgen früh kann ich tot sein«. André Müller spricht mit Rudolf Augstein, in: *Die Zeit*, 15.10.1993

3 »Ich habe gewisse Verdienste um die Demokratie«. *Stern*-Gespräch, 21.10.1993

Ärger als Augstein trieb es Hans Magnus Enzensberger im Wahlkampf 1987, als er in einem anstößigen *Spiegel*-Gespräch die linke Schmach, sich für längere Zeit auf Kohl einstellen zu müssen, mit einem billigen intellektuellen Trick zu tilgen versuchte, indem er aus der Klugheit des Volkes die Redundanz des Kanzlers ableiten wollte: »Die Bundesrepublik kann sich eine inkompetente Regierung leisten, weil es letzten Endes auf die Leute, die uns in der ›Tagesschau‹ langweilen, gar nicht ankommt. Die realen gesellschaftlichen Prozesse verlaufen dem Bonner Zirkus gegenüber weitgehend autonom.« Jene Vorstellungen von Entstaatlichung, »Laienkompetenz«, »provinzieller Normalität« und einer »Politik des Privaten« liefen auf eine Theorie der praktischen Entsorgung Helmut Kohls hinaus. Welch zynische Vermessenheit, wenn man an des Kanzlers herausragende Rolle bei den epochalen Vorgängen zwei Jahre danach denkt!
Freilich hat sich mit der deutschen Vereinigung eine eigentümliche Mischung aus Symbolismus, Realitätsverlust und Scheinpolitik herausgebildet, die ihrerseits eine Welle des Zynismus in der Politikbetrachtung auslösen sollte. Doch mit Augstein hatte dies wenig zu tun, denn dieser war vor der Mauer, mit der Mauer und nach der Mauer Zyniker, mehr oder weniger...

2

In Augstein erkennt Ralf Dahrendorf den Typus des letzten Nationalliberalen, der für nationale Einheit, soziale Reform und bürgerliche Freiheiten eintritt, gemischt mit einer tiefen Euro-Skepsis und einem lediglich machtpolitisch, aber niemals emphatisch begründeten Bekenntnis zum Westen.
Johannes Gross geht im *Spiegel*-Spezial noch einen Schritt weiter und kürt Augstein zum reinen Konservativen, »weil er an tradierten konservativen Mustern festhält und instinktiv oder zerebral auf all jene Versuchungen nie eingegangen ist, die sich den progressiv empfindenden Geistern und Gemütern empfehlen.« Dies freilich nur unter dem Vorbehalt, daß die Bundesrepublik keine »echte Linke« und keine »wahren Konservativen« gekannt hat, und die beiden großen

Parteien, so Gross, sozialdemokratische Gruppierungen darstellten – mehr oder minder katholisch.

Augstein fühlt sich offenbar als ein Sieger der Geschichte, der sich den stillen Triumph nicht durch die Vertragsstümperei von Euro-Technokraten kaputtmachen lassen möchte. Mit der deutschen Einheit, dem späten Nationalstaat, sieht er seine Normalisierungsidee vor der Verwirklichung – wenn es da nicht noch Maastricht, den Nach-Versailler Preis für die Freiheit, jene französische Interessenpolitik und die noch nicht historisierte Nazivergangenheit gäbe!

Rudolf Augstein darf sich mit Recht als publizistischer Vorreiter der späteren Ostpolitik fühlen. Im Stil eines klassischen Konservativen hatte er schon frühzeitig eine staatsraisonale, gleichsam gaullistische Außenpolitik gen Osten gefordert, die sich aus der antikommunistischen Verbohrtheit eines »Kampfes zwischen Gut und Böse« lösen sollte. Statt dessen war eine aktive Wiedervereinigungspolitik angesagt, die freilich voraussetzte, auch die staatlichen Wünsche und Interessen der Sowjetunion mit in Erwägung zu ziehen. Ernsthaft mit den Russen und »deren deutschen Puppen« zu verhandeln, lautete Augsteins frühe Devise, »immer mit der Bereitschaft, ihnen im Gegenzug für die deutsche Einheit auch etwas zu bieten«. Die Magnettheorie hielt er seinerzeit für ebenso »bodenlos«, wie er die Spekulation mit dem plötzlichen Zusammenbruch des Kommunismus als Nicht-Politik geißelte. »Wie anders soll die Sowjetzone denn zurückgewonnen werden, wenn nicht durch einen Kuhhandel mit den Sowjets?« fragte Augstein unter seinem Pseudonym Jens Daniel im September 1951. Selbst in der Hochzeit des Kalten Krieges forderte er unverdrossen, »die Tür zum Osten nicht gänzlich zu verschließen«. Die Hallstein-Doktrin erschien ihm lächerlich, lieferte sich doch jene Verweigerungspolitik den Erpressungsmanövern von Dritt-Welt-Staaten aus. Augstein plädierte für eine »Umarmungspolitik«: »Klagt nicht an der Mauer, sondern erdrückt Ulbricht, indem ihr ihn umarmt« (15.8.1962).

Ingolf Dohler hat in seinem Augstein-Essay zum Zitelmann-Epos *Westbindung* nochmals herausgearbeitet, wie der *Spiegel*-Herausgeber schon kurz nach dem Mauerbau Grundzüge der späteren Ostpolitik entwickelte.[4] So riet er etwa zu verstärktem Handel und einer großzügigen Kreditvergabe. Auch wenn dadurch das SED-Regime zunächst stabilisiert würde, hätte man ihm aber »gleichzeitig etliche Keime appliziert, an denen es ersticken müßte, wenn es sich nicht liberalisierte« (ebd.) – eine vorweggenommene Bahr-Dialektik. Auch wenn Augstein nach dem Mauerbau bereit war, die DDR völkerrechtlich anzuerkennen, bedeutete dies für ihn kein Verzicht auf das langfristige Ziel einer Wiedervereinigung. Den Schlüssel dafür sah er ohnehin nur in Moskau aufbewahrt. So unterstützte Augstein die Ost- und Entspannungspolitik Willy Brandts vehement, ohne hinter ihr auch nur den Hauch eines nationalen Verrats zu wittern. Sie war in seinen Augen jene kluge konservative Diplomatie fernab aller ideologischen Kreuzzugsmentalität früherer Jahre. Endlich schien die nationale Frage wieder auf die Tagesordnung gekommen zu sein.

3

Augsteins frankophobische Tiraden halten seine wohlwollenden Kritiker nur für eine Verzweiflungsgeste angesichts des fehlenden Machtbewußtseins der provinziellen hiesigen Politik. Dahinter steckt nach Daniel Vernet von *Le Monde* eine Haßliebe gegenüber dem Nachbarn, die Bewunderung für den politischen Instinkt auf seiten der gebildeteren politischen Klasse an der Seine und der Ärger, daß komplementär dazu die interessenpolitisch minderbemittelte und zudem immer noch vergangenheitsgelähmte bundesdeutsche Politik im direkten Vergleich stets den kürzeren ziehen müsse.[5] Augstein in seinem Gespräch mit jungen *Spiegel*-Redakteuren auf die Frage »Warum wittern Sie dauernd irgendeine Verschwörung?«:

»Ich wittere Politik. Die politische Klasse in Frankreich ist deutschfeindlich, nach wie vor, und die Franzosen machen Europapolitik mit den besten Experten, die sie haben, wohingegen wir nach Brüssel die Leute schicken, die wir hier nicht mehr gebrauchen können. Auf diese Weise stehen wir nicht gleich zu gleich.«

4 Ingolf Dohler, Rudolf Augstein, die deutsche Frage und die Westbindung, in: Rainer Zitelmann et al. (Hg.), *Westbindung. Chancen und Risiken für Deutschland*, Berlin 1993, S. 195ff.

5 *Spiegel-Spezial*, a. a. O.

Daniel Vernet vermutet dahinter nur Liebeskummer: »Ach, wie schön wäre es doch, nach Muster der Franzosen einen kultivierten Nationalismus pflegen zu können, ohne sofort der düsteren Absichten verdächtigt zu werden! Gelassen auf die dunklen und die glorreichen Kapitel seiner Geschichte zurückzublicken...« In jenem *Spiegel*-Gespräch bestätigt Augstein Vernets Verdacht: »Wir dürfen uns aber nicht erlauben, das zu tun, was die Franzosen tun.«

Michael Nerlich geht mit Augsteins Frankreich-Pathologie weniger freundlich um. In seinem Essay in der *Neuen Gesellschaft/Frankfurter Hefte* (1/1994) »Der Haß auf Frankreich oder: Vom deutschen Veitstanz um die nationale Identität« rückt er den *Spiegel*-Herausgeber in die unrühmliche Traditionslinie eines »deutschen Amoklaufs gegen Frankreich«: »Die deutsch-französischen Beziehungen waren immer nur im privaten Bereich gut...« (*Spiegel*, 26.4.1993), wird Augstein dort zitiert. »Soweit die amerikanischen Verbindungen nicht alles überschatteten, wurde in Europa französische Politik betrieben und die Deutschen waren glücklich, wenn sie dezent über den Löffel balbiert wurden.« Auch Balladur, der neue Premier, stelle Frankreich über Europa, »ganz im Gegensatz zur Rhetorik von Kanzler Kohl, der sich zweimal verbeugt, wenn er die Trikolore sieht...« Nerlich sieht darin »die ganze alte *merde* vom Selbstmitleid des deutschen Michel«, die denunziatorische Klage über das raffgierige Frankreich, das mit dem Vertrag von Maastricht Deutschland für das späte Glück der Neuvereinigung bluten läßt. »Es gilt, die Bundesrepublik zu untergraben, und gleichzeitig soll Frankreich sein Wesen als alte Nation behalten.« Was sich Augstein als interessenpolitische Ratio zugute hält, ist für Europavisionäre von Geißler bis Glotz nur die Renaissance eines blanken deutschnationalen Ressentiments.

Wenn Erich Böhme, der langjährige Weggefährte als *Spiegel*-Chefredakteur, das angenehme Leben in Frankreich schildert, gleicht jede Distinktion einem Anti-Augstein: »Kontemplativer an Dinge heranzugehen, Entwicklungen ruhiger hinzunehmen, sich lateinisch erregen, aber dann auch Dinge auf sich beruhen lassen, nie etwas ganz grundsätzlich behandeln, ideologiefreier diskutieren.« Als im Wendeherbst 1989 Böhme seinen Kommentar »Ich will nicht wiedervereinigt werden« geschrieben hatte, »da ist bei Augstein nationale Unruhe ausgebrochen. Die hatte er immer in sich. Infolgedessen ist er mit Sicherheit auch kein guter Europäer...« – so Böhme in der *Woche*.[6] Nach seinem Lieblingszitat befragt, dem Ausspruch von Theodor Heuss »Wir sind nur Zuschauer unseres Schicksals«, antwortete der Jubilar im *Stern*-Gespräch: »Ich habe mich oft gefragt, was wäre, wenn Cäsar Gallien nicht erobert hätte. Gäbe es dann kein Frankreich? Wären wir ärmer dadurch?«

So kursiert Europa bei Augstein nur als perfide Mogelpackung der französischen Interessenpolitik. Bei der Beurteilung des französischen Euro-Engagements ist er ein analytischer Wiederholungstäter: Schon zu Zeiten der Europäischen Verteidigungsgemeinschaft (EVG) Anfang der fünfziger Jahre hatte der junge Augstein die Versailles-Keule geschwungen. Inzwischen gilt auch der Vertrag von Maastricht als noch schlimmer als jener unseligen Angedenkens, weil Frankreich via Maastricht dem nachkriegsdeutschen Identitätsstück, der harten DM, den Garaus machen möchte.

Über seine Frankophobien hinweg dehnt Augstein seine Verschwörungsideologie auch gern auf den Rest der Welt aus. Wie in einer Einkreisungsphobie werden »alle« nur noch als antideutsche Gang von Abzockern wahrgenommen, die ihr ausbeuterisches Geschäft mit dem schlechten Gewissen der Deutschen auf Kosten ihrer enormen Wirtschaftskraft treiben. O-Töne Augsteins aus dem *SZ-Magazin*[7]:

SZ-Magazin: »Teilen Sie da nicht einen typisch deutschen Verfolgungswahn: Alle Welt ist gegen uns, alle Welt will etwas von uns?«
Augstein: »Nein, wir werden nicht verfolgt – wenn wir den Geldbeutel aufmachen.«

Seiner Verschwörungsideologie kommt dabei der Widerspruch zu Zeiten des Golfkriegs entgegen, daß der deutschen Außenpolitik sowohl diplomatische Reserve und militärische Absenz einerseits wie die Kompensation durch Genschers Scheckbuch-Diplomatie andererseits angelastet wurden.

Augstein: »Und da sagen die in Bonn, dann sollen sie nicht immer kommen und die Hand aufhalten, wenn sie uns beschimpfen wollen. Das muß man wohl für eine ganz normale und natürliche Reaktion halten.«

6 Nationale Unruhe. Interview mit Erich Böhme, in: *Die Woche*, 17.6.1993
7 »Zum König habe ich nur die Stimme, nicht die Statur«, in: *Süddeutsche Zeitung-Magazin*, 22.10.1993

4

»Wir entscheiden nicht, wir sind nur Zuschauer unseres Schicksals«. Mit jenem bereits angeführten Heuss-Zitat von 1946 eröffnete NDR-Moderator Joachim Wagner das denkwürdige Fernseh-Streitgespräch zwischen Günter Grass und Rudolf Augstein im Februar 1990.[8] Der erste Bundespräsident hatte mit dem Ausspruch schon die Unabwendbarkeit des Nazi-Regimes und seine Zustimmung zum Ermächtigungsgesetz zu erklären versucht.

Mit der Anwendung von Heuss 1933 bzw. 1946 auf Kohl 1989 servierte Wagner Augstein eine maßgerechte Steilvorlage: Der »Deutschland-Rausch« – so Wagner – habe alle Dämme weggerissen, »noch ehe das Miteinander der beiden deutschen Staaten auch nur versucht werden konnte«. Was der einseitige Moderator »eine nicht mehr zu bremsende Dynamik« nannte, sollte Augstein hernach mit einer gängigen geschichtsfatalistischen Metapher belegen, die ihm Grass noch über drei Jahre danach im Geburtstags-Spezial des *Spiegel* nicht verzeihen konnte: »Der Zug ist abgefahren ... Es gibt Dinge, die man philosophisch eben nicht lösen kann, die sozusagen das einfache Volk löst.«

Ein Zug, der nicht mehr aufzuhalten sei, sei normalerweise ein Unglückszug, antwortete daraufhin Grass, nicht ahnend, daß sich hinter Augsteins Bekenntnis eine geballte nach-nietzscheanische Ladung verbarg, wonach eine noch so diffuse Bindung ans Volk unerläßlich ist, weil die Volksseele eben im Recht ist, auch wenn sie irren mag.

Brigitte Seebacher-Brandt hatte bereits wenige Tage nach dem Mauerfall der Linken jenes fatalistische Politikverständnis ins utopische Stammbuch geschrieben. Wenn Einheitsfreund von Dohnanyi der Linken bei ihrem »Nein zur deutschen Nation« nur einen Fehler oder Irrtum bescheinige, greife er analytisch zu kurz. In Wahrheit gehe es darum – so Seebacher-Brandt –, »Einsicht zu nehmen in die Unwägbarkeiten der Volksseele«.[9]

Willy Brandt sollte während des Epochenbruchs ins gleiche Horn sto-

8 Rudolf Augstein und Günter Grass, *Deutschland, einig Vaterland? Ein Streitgespräch*, Göttingen 1990

9 *Frankfurter Allgemeine Zeitung*, 21.11.1989

ßen: Wie Augstein bestand er darauf, daß der »deutsche Zug (!) nicht aufgehalten werden dürfe von jenen, die sich hinter Europa verstekken«. Und wie Seebacher-Brandt forderte er die »seelische Einheit« Deutschlands.
Mit der Zugmetapher wird auch das Unglück – 1933! – bejaht, weil der Lauf der Politik oft auch das Heulen mit den Wölfen verlangt; linker Veränderungswille im Namen einer universellen Vernunft gerät danach automatisch aufs Abstellgleis des Terrors oder des Utopismus; Linkssein erscheint nur noch als rationalistische Anmaßung, in quasi natürliche Zusammenhänge einzugreifen.
Vor diesem »viertel-philosophischen« Hintergrund hat die deutschdeutsche Neuvereinigung Geister wie Augstein und Grass, die noch gegen Adenauers Restauration und für Brandts Ostpolitik gemeinsam gekämpft hatten, ein für allemal geschieden.

Augstein: »Ich müßte ein gutes Wort für Grass finden. Das fällt mir so schwer... Er ist kein guter Kumpel mehr.«
Grass: »Ich hatte den Katastrophenzug in Richtung deutsche Einheit verpaßt und verließ den zugigen Bahnsteig. Seitdem ist mein Verhältnis zu Rudolf Augstein irritiert, wenn nicht gar gebrochen.«

Kein Geringerer als Peter Gauweiler sollte Augsteins so gedenken: »Ob wir wiedervereinigt werden sollen, ist nicht so sehr Sache der Amerikaner und auch nicht so sehr Sache der Juden, sondern der Deutschen.«[10] Es war, als lese er uns auf einmal unsere eigenen Gedanken vor. An alle Unions-Naheständler: Wer von euch hätte damals so zu schreiben gewagt?

5

Rudolf Augstein geht es darum, ein normalisiertes Deutschland endlich startklar zu machen für den wahrhaft politischen Konkurrenzkampf der Völker. Dies setzt freilich noch die Historisierung der Nazivergangenheit voraus. In schockierender Offenheit bekennt der Jubilar seine Nähe zu Ernst Nolte, dem Auslöser der Historikerdebatte Ende der achtziger Jahre:

10 *Spiegel-Spezial*, a.a.O.

»Ich verstehe Nolte in manchen Punkten besser als Hillgruber. Obwohl Nolte der gefährlichere von beiden ist. Ich glaube, daß die Vergangenheit vergehen muß. Das soll man nicht aktiv befördern, das kommt von selbst.«

Wo Gehlen vom »Aushängen der Reflexion« redet, um ein Diktat traumatischer Erfahrungen nicht zuzulassen, und Lübbe für ein »Beschweigen« der Nazivergangenheit als einem lebensdienlichen Vergessen plädiert, verwirft Augstein den Moralismus, sich wegen Auschwitz das weltpolitische Handeln vorschreiben zu lassen. Der Bann der Vergangenheit soll durch die Historisierung der NS-Zeit gebrochen werden: Auschwitz sei »nicht konstituierend für den künftigen Lauf der Welt«, erklärt er im Streitgespräch mit Grass. Seine Anerkennung der singulären Verbrechen von Auschwitz bleibt eine hohle rhetorische Geste – ohne jede moralisch-praktische Bedeutung: »Auschwitz wird automatisch durch die Geschichte relativiert. Das ist keine Frage ...« Augstein relativiert pausenlos: Die NS-Verbrechen mit Untaten während der Intifada (der »Knochenbrecher Rabin«!), die Verbrechen von Rostock, Mölln und Solingen mit denen von britischen Hooligans in Fußballstadien.

Grass: »Wir können die falsche Politik in Israel nicht ins Verhältnis zu Auschwitz setzen.«
Augstein: »Aber natürlich können wir das und werden es auch weiterhin tun.«

Natürlich ist Augstein darin kein genuin Rechter. Die Tilgung rechter Schuld käme ihm sowenig in den Sinn wie das Streicheln eines linken Moralismus. Manche sehen in seiner Provokation nur ein verwirrendes Sprachspiel mit den logischen Fehlern einer bloß moralischen Linken, die – wie Grass – Auschwitz zum beliebigen Argumentationsknüppel ritualisierte. Auschwitz sei die »große Schamschwelle«, die bei der Neugestaltung Deutschlands »mitgedacht« werden müsse. Augstein hält diese Einschätzung von Grass für pure »Religion«, zumal sie ihm völlig unlogisch erscheint. Wer für Auschwitz die deutsche Zweistaatlichkeit wie die Tyrannei in Osteuropa moralisch aufrechnend in Kauf nimmt, fixiert einen Preis, den es logischerweise für ein einmaliges Verbrechen nicht geben kann.

Augstein: »Dann müssen Sie auch die USA teilen (wegen Hiroshima, N. S.), dann müssen Sie Japan teilen, damit die keine Atombomben machen können.«

Aus der Einmaligkeit von Auschwitz folgert Augstein keine moralische Besonderung, sondern die totale Normalisierung deutscher Politik. Als historiographischer Hintergrund sei dabei der von Bazon Brock hervorgehobene Rückgriff Augsteins auf den Historiker Gerhard Ritter erwähnt,[11] »dessen Werk beispielhaft für Geschichtsschreibung als Legitimation durch Restaurierung historischer Kontinuität gelesen werden kann«. Danach ist Ritter wie Augstein eigen, Hitler nur noch als »punktuelle Störung innerhalb der Kontinuität deutscher Geschichte« anzusehen. Für Augstein stellt der NS-Staat »eine Option der Geschichte« in der Schreckensfolge von Friedrich dem Großen über Bismarck zu Hitler dar – aber keine Zwangsläufigkeit:

Augstein: »Die Hitlerei war ein Gottesunglück, und ohne Hitler wäre alles in einem kleineren Maße auch gekommen (...) Aber daß man die Menschen einfach in einen Gasofen steckt, das wäre niemandem eingefallen außer Hitler.«
SZ-Magazin: »Heißt das nicht, die Deutschen weitgehend freizusprechen aufgrund einer Naturkatastrophe namens Hitler?«
Augstein: »Ja, das heißt es...«[12]

6

Als vulgär und versoffen wurde Augsteins Gesprächsserie zu seinem 70. Geburtstag von vielen Kritikern empfunden. »Ich kann doch nicht sagen, daß ich gerne ficken möchte«, antwortete er brutal auf die Frage der *Zeit*, warum er zum vierten Mal verheiratet sei und ohne Frau nicht leben könne. Gleichzeitig legt er jedoch moralische Mindestmaßstäbe an Politiker an: »Als Ministerpräsident gehöre ich nicht ins Bordell«, saut er sein Opfer Lafontaine in der *Süddeutschen Zeitung* herunter: »Wenn Du irgendwas bist, mußt Du mit der Lotterei aufhören.« Und als Seitenhieb gegen den Parvenu Oskar: »Herr Lafontaine, der bläst sich doch damit auf, daß er ins Bordell geht.« Ein Satz mit Folgen, denn Peter Glotz nahm in seiner Gratulation in der *Woche*[13] für Freund Oskar und dessen Lebensstil die Retourkutsche: »Gelegentlich ist es beschissen, alt zu werden.« Im Klartext: Der se-

11 Ebd.
12 *SZ-Magazin*, a. a. O.
13 Peter Glotz, Der Viertel-Philosoph, in: *Die Woche*, 28. 10. 1993

nile Augstein ist doch nur neidisch auf den vitalen Saarprotz. Mit dieser Reduktion von Politik aufs Genital schien die Toskana-Fraktion auch endlich ihren Geist aufgegeben zu haben. Entzauberung findet dann statt, wenn die Selbststilisierung mit dem üblen Leumund identisch wird.

Augstein – ein Puritaner? Eher preußisch und konservativ sei sein Verhältnis zum Staat, so Johannes Gross: »Es soll in ihm mit rechten Dingen zugehen, es soll eine Staatstugend geben, die jede Korruption verabscheut, und es sollen ihm nur jene dienen, die nicht Glück und Reichtum suchen, sondern in denen einst, ganz friderizianisch, das Attachement an den Staat erwachte.« Ahnten wir nicht schon immer, daß der Hang des *Spiegel* zum investigativen Journalismus weniger mit einer Medienamerikanisierung als mit Rudolf Augsteins innerem Gneisenau zu tun hat?

Otto Köhler

»Deutschland repräsentieren, wie es wirklich ist«

Der Flagellat wird Bundespräsident

Solange die beiden Deutschland getrennt waren, versuchten die Präsidenten der westlichen Bundesrepublik, ihren Staat in aller Welt möglichst positiv darzustellen. Roman Herzog aber, der erste gewählte Präsident dessen, was zusammenwuchs, weil es nach verbreiteter Meinung zusammengehöre, will – wie er sofort nach seiner Wahl zum Bundespräsidenten verkündete – »Deutschland in den nächsten fünf Jahren so repräsentieren, wie dieses Deutschland wirklich ist«. Herzog unterstrich seine Drohung mit dem deutlichen Hinweis, daß er sich ein »unverkrampftes« Deutschland wünsche.[1]

Mein neuer Präsident und ich, wir hatten mit einer gewissen Wahrscheinlichkeit schon vor 36 Jahren miteinander zu tun – mit Sicherheit ungewollt. Er war 1958 Assistent seines Doktorvaters geworden, des Staats- und Verwaltungsrechtlers Theodor Maunz. Und Maunz wiederum war seit dem Herbst 1957 mein Kultusminister, was mir, je mehr ich über ihn in Erfahrung brachte, desto mehr mißfiel. Am 12. Februar 1958 beantragte darum der Student der Philosophie Otto Köhler in der Vollversammlung der Studentenschaft der Würzburger Julius-Maximilians-Universität in einem Mißtrauensantrag die Abberufung des bayerischen Kultusministers Theodor Maunz. Das war mit Sicherheit nicht der in der bayerischen Verfassung vorgesehene Weg zur Entfernung eines Ministers aus seinem Amt. Andererseits konnte ich mir – jung und unerfahren wie ich damals war – auch nicht vorstellen, daß einem Mann das Ministerium für Unterricht und Kultus anvertraut bleiben konnte, der wenige Jahre zuvor noch gelehrt hatte: »Der geformte Plan des Führers ist oberstes Rechtsgebot.«[2]

1 *Der Spiegel*, 6.6.1994
2 *Verwaltung*, 1937, S. 40

Daß mit der Wissenschaft, die Maunz gelehrt hatte, irgend etwas nicht stimmte, davon hatte man schon bald nach seinem Amtsantritt gemunkelt. Im Juristischen Seminar sah ich mir seine Schriften an und erschrak: Mein Kultusminister war 1936 zur »Überwindung des bürgerlich-rechtsstaatlichen Denkens« ausgezogen, um aus den »Wirklichkeiten des völkischen Lebens: Rasse, Boden, Führer, Gefolgschaft, Treue, Ehre« den »Neubau« der Rechtswissenschaft zu vollziehen.[3] Unvereinbar mit einem demokratischen Staatswesen erschien mir damals ein Minister, der in einem von dem anerkannten Kriegsverbrecher Hans Frank herausgegebenen Sammelband das Urteil des bayerischen Verwaltungsgerichtshofs (VGH) vom 28. Januar 1934 über den »inhaltlichen Wandel des Begriffes eines ›unbescholtenen Lebenswandels‹ einer deutschen Frau, die einen Juden geheiratet hat«, als »begrüßenswertes Ergebnis« bezeichnete.[4]
Daß Theodor Maunz sich im demokratischen Staat nicht geändert hatte, bestätigte schon damals eine vom portugiesischen Propagandaministerium herausgegebene Broschüre, in der er den portugiesischen Diktator Salazar, der sein Land mit Folter und Geheimpolizei regierte und die Opposition unterdrückte, als »Verfechter der Freiheiten menschlicher Persönlichkeit« rühmte.[5]
Zwei Tage nach meinem Antrag in der Vollversammlung stand völlig korrekt in der *Frankfurter Allgemeinen Zeitung*, daß die Studenten der Universität Würzburg dem bayerischen Kultusminister Theodor Maunz mit großer Mehrheit »ihr Vertrauen« ausgesprochen und meinen Mißtrauensantrag abgelehnt hatten.[6]
Der Referent des am Vortag alarmierten Kultusministers war gerade noch rechtzeitig mit Entlastungsmaterial aus München eingetroffen. Juden hätten sich für seine Hilfe bedankt, und sogar der (von mir hochgeschätzte) Kronjurist der SPD Adolf Arndt habe ihm zu seiner Amtsübernahme gratuliert.
Arndt sah sich falsch zitiert, er schrieb am 28. Februar 1958 an

3 Theodor Maunz, Der deutsche Hochschullehrer und die Rechtserneuerung, in: *Deutsches Recht*, 1936, S. 493
4 Theodor Maunz, Das Verwaltungsrecht des nationalsozialistischen Staates, in: *Deutsches Verwaltungsrecht*, hg. von Reichsminister Dr. Hans Frank, S. 40
5 Theodor Maunz, Salazar und die portugiesische Verfassung, in: *Salazar et son Œuvre*, Lisboa 1958, S. 23
6 *Frankfurter Allgemeine Zeitung*, 14.2.1958

Maunz: »Ich bedauere deshalb, feststellen zu müssen, daß mein Name mißbraucht wurde, indem ich ohne mein Wissen als Zeuge dafür benannt bin, daß Ihre Veröffentlichungen aus den Jahren 1933/45 nicht zu beanstanden seien.«

Nach dessen Antwort schrieb mir Arndt – »vertraulich« – am 12. März: »In seinem an mich gerichteten Brief vom 6. März hat Minister Maunz mir mitgeteilt, daß es sich in der Zeit zwischen 1933 und 1945 um eine Unrechtslage gehandelt habe, und hinzugefügt, es sei stets sein Bestreben gewesen, sich mit dem seinerzeit von ihm dargestellten Zustand nicht zu identifizieren; jedenfalls glaube er, in den 13 Jahren seit 1945 gezeigt zu haben, daß er demokratische Auffassungen vertrete, worin ich Minister Maunz zustimme.« Arndt eröffnete mir: »Nach meiner Überzeugung sollte die Angelegenheit damit erledigt sein.« Und Maunz schrieb er am selben Tag: »... bin ich gewiß, daß durch den leidigen Zwischenfall kein Mißton zwischen uns entstand, worüber ich mich freue.«

Ein Artikel, den ich 1958 dem sozialdemokratischen Zentralorgan *Vorwärts* geschickt hatte, blieb dort ungedruckt. Statt dessen erschien ein Beitrag des SPD-Abgeordneten Kahn-Ackermann, der bekundete, daß »man auch bei den bayerischen Sozialdemokraten angesichts der Tolerierung vieler gravierender ›Vergangenheiten‹ in der Bundesrepublik keinen Anlaß sieht, sich an dieser neuen Aktion politischer Archäologie zu beteiligen«. Kultusminister Maunz betrieb bald darauf eine Hetzjagd gegen den Würzburger Professor Franz Paul Schneider, der dem neutralistischen »Fränkischen Kreis« angehörte. Das sei eine »als staatsfeindlich anzusehende Organisation«, der Professor müsse deshalb aus seinem Amt entfernt werden.

Sechs Jahre später wurde das archäologische Material taufrisch. Der *Vorwärts* erschien mit der Überschrift »Maunz stützte Antisemitismus – Neue Dokumente gefunden«. Es waren die alten. Jetzt forderte die SPD – die Gründe für ihren Schwenk wurden mir nicht bekannt – den Rücktritt von Kultusminister Maunz. Am 9. Juli 1964 schied »des Teufels Jurist« (*Abendzeitung*) aus seinem Amt.

In München hatte eine junge FDP-Landtagsabgeordnete schon 1957 die Schriften des damals neuen Ministers studiert. Heute lese ich, was sie sieben Jahre später dem *Spiegel* anvertraute: »Ich bin damit herumgelaufen. Niemand, keine Seele, wollte etwas tun, nicht einmal die

Verfolgtenorganisationen.« Die Zitate allein vor dem Landtag zu verkünden, so berichtete der *Spiegel* 1964, habe sie 1957 nach eigenem Eingeständnis keinen Mut gehabt, zumal sich auch die SPD gegenüber Maunz versöhnlich zeigte.[7] Die Abgeordnete hieß Hildegard Hamm-Brücher. Sie kandidierte 37 Jahre später gegen den Maunz-Schüler Roman Herzog für das höchste Amt der Bundesrepublik. Im dritten Wahlgang hätte die FDP-Kandidatin eine gute Chance gehabt, doch die SPD – die sichere Niederlage ihres Kandidaten Rau vor Augen – ließ sie wieder im Stich: Der Maunz-Schüler wurde Bundespräsident, die Chance zum Herausbrechen der FDP aus der Koalition war vertan.
Im Januar 1960 – Staatsrat Hans Filbinger wurde in diesem Jahr Innenminister und trat erst achtzehn Jahre später wegen seiner von Rolf Hochhuth aufgedeckten Erfolge als Marinerichter vom Posten des Ministerpräsidenten zurück, während sein Kultusminister Roman Herzog etwas später ins Innenministerium überwechselte – beschloß der Baden-Württembergische Landtag, eine dreiköpfige Juristenkommission zur Überprüfung der Justizverbrechen des Dritten Reiches einzusetzen. Der Dritte neben den beiden Oberlandesgerichtspräsidenten von Karlsruhe und Stuttgart sollte ein »integrer und führender Strafrechtler« sein. »Dieser Strafrechtler wird heute noch gesucht«, schrieb die *Welt* fünf Monate später, am 3. Juni 1960, und fuhr fort: »Trotz offizieller Besuche hat sich bisher kein Professor bereit gefunden, den Besen zur allgemein als notwendig empfundenen ›Selbstreinigung‹ in die Hand zu nehmen. Gibt es keinen ›integren oder hochqualifizierten‹ Strafrechtler mehr? Oder fürchtet er die Meinung der weniger ›integren Kollegen‹?« Es war wohl unter den führenden Strafrechtlern kein integrer zu finden.
Theodor Maunz hatte schon 1936 die einflußreichen Strafrechtler von 1960 in seinem bedeutenden Aufsatz »Der deutsche Hochschullehrer und die Rechtserneuerung« eingehend gewürdigt. Gemeint war die nationalsozialistische Rechtserneuerung, und beteiligt daran waren nach seiner wohlbelegten Meinung die Professoren Heinrich Lange (1936: Breslau/nach 1945: Würzburg), Hans Gerber (Leipzig/Freiburg), Wolfgang Siebert (Berlin/Göttingen), Karl Larenz (Kiel/Kiel), Johannes Heckel (München/München), Ernst Forsthoff (Kö-

7 *Der Spiegel*, 22.7.1964

nigsberg/Heidelberg), Wilhelm Merk (Tübingen/Tübingen), Friedrich Schaffstein (Göttingen/Kiel), Edmund Mezger (München/München), Heinrich Henkel (Breslau/Hamburg), Erich Schwinge (Marburg/Marburg) und Eduard Kern (Tübingen/Tübingen). Keiner von diesen beflissenen Dienern des NS-Staates wurde nach 1945 abgewikkelt. Die wenigen, die es vorzogen, nicht auf ihre Lehrstühle zurückzustreben, erreichten noch weit mehr Einfluß: Carl Schmitt etwa oder der brutale SS-General Reinhard Höhn, der in seiner Akademie in Bad Harzburg – die Stadt wurde durch ihn ein Begriff – Zehntausende von bundesdeutschen Unternehmern in der richtigen Menschenführung ausbildete.

Maunz kannte diese Kollegen alle von damals, keiner konnte ihm Vorwürfe machen, ohne sich selbst ins Gesicht zu schlagen. Mein Rektor damals in Würzburg, der Strafrechtler Ulrich Stock, der sich pünktlich im März 1933 in »Die Strafe als Dienst am Volke« zur »Ideenwelt des neuen Staates« bekannte, war Maunz auch als Kriegsrichter der Nazis wohlbekannt. Stock verlangte 1958 vom AStA-Vorsitzenden, er solle meinen Antrag gegen Maunz von der Tagesordnung absetzen, der fand sich dazu nicht bereit.

Nahezu in der gesamten Zeit, in der Maunz Kultusminister war, kümmerte sich Roman Herzog als Assistent um den Lehrstuhl des Strafrechtlers. Der Minister hatte verständlicherweise nur noch wenig Zeit für seine Wissenschaft. Herzog: »Aber es gab fast jeden Tag eine Zeitnische, zu der es möglich war, zwischen 7.40 Uhr und 7.45 Uhr – um 7.40 war er mit dem Frühstück fertig und um 7.45 Uhr holte ihn der Cheffahrer Fischer ins Ministerium ab.« Täglich fünf Minuten am Telefon – das reichte, den Juristen und Menschen Roman Herzog zu prägen: »Ich habe mit ihm in dieser täglichen Zeitnische wahrscheinlich Hunderte von Gesprächen geführt, über Institutsangelegenheiten, über Probleme des Kommentars, über Fragen seiner Vorgerücktenübung und seines Seminars, über meine eigenen Probleme. Und immer sind wir in dieser kurzen Zeitspanne einig geworden und zu einem Beschluß gekommen.«[8]

8 Roman Herzog, Theodor Maunz als Lehrer, in: *Festschrift für Theodor Maunz zum 80. Geburtstag*, hg. von Peter Lerche, Hans Zacher, Peter Badura, München 1981, S. 116

Herzog kannte die alten Schriften seines Lehrvaters, sie regten ihn nicht auf. Dankbar war er vielmehr für dessen Ratschläge zum beruflichen Fortkommen. »Im übrigen«, so sprach etwa der akademische Lehrer Theodor Maunz zu seinem Schüler Roman Herzog, »gilt in unserem Beruf der Grundsatz: die Meinung des Gegners gering achten.« Der Schüler eifrig: »Ich habe mich danach gerichtet und bin nicht schlecht damit gefahren.«[9] Herzog legte dieses Geständnis in der Festschrift zu Maunzens Achtzigstem ab, 1981 – da war er schon Innenminister von Baden-Württemberg und konnte nicht nur auf die Meinung des Gegners eindreschen lassen.

Theodor Maunz starb am 10. September 1993 im Alter von 92 Jahren als geachteter Wissenschaftler. Schon zum 90. Geburtstag hatte ihn die *Süddeutsche Zeitung* gewürdigt: »Seine verfassungsrechtliche Arbeit in den fünfziger und sechziger Jahren hat dazu beigetragen, die Grundlagen für ein demokratisches Deutschland zu schaffen.« Jetzt, nach seinem Tod, schrieb die *Frankfurter Allgemeine Zeitung*: »Sein Name zählt zu den großen in der deutschen Staatsrechtslehre.« Es war schließlich wieder einmal die *Deutsche Nationalzeitung* (DNZ), die enthüllte, was man unter so einem demokratischen Deutschland zu verstehen hat.

Schon den BND-Gründer Reinhard Gehlen hatte das Blatt geoutet, indem es nach seinem Tod freundschaftliche Briefe des Geheimdienstchefs an den DNZ-Verleger, den Extremistenführer Gerhard Frey (DVU) druckte. Dem ehemaligen bayerischen Innenminister Alfred Seidl (CSU) ging es ebenso. Und nun Maunz. »Deutschland verlor seinen größten Rechtsgelehrten«, titelte die *Deutsche Nationalzeitung* und fuhr fort: »Dr. Frey seinen wunderbaren Wegbegleiter.« Bis ins 91. Lebensjahr hatte Maunz Freys »Deutscher Volksunion« (DVU) mit juristischen Gutachten geholfen. Dank dieser Gutachten konnten die Neonazis die Bundespost juristisch dazu zwingen, ihre ausländerfeindlichen Flugschriften als Postwurfsendungen auszutragen. Und die Rundfunkanstalten wurden gezwungen, extremistische Wahlspots zu senden. Maunz traf sich einmal in der Woche mit Frey »zu einer stundenlangen Besprechung aller zentralen, politi-

9 Ebd., S. 116

schen und juristischen Fragen« – und der bayerische Verfassungsschutz will von alledem nichts bemerkt haben.
Und dazu noch war Maunz, so formulierte Frey in seinem Nachruf, »allwöchentlich durch seine hervorragenden politischen Beiträge ohne Autorenangabe in der *Nationalzeitung* vertreten«.
1974 attackierte Maunz als Anonymus der *Deutschen Nationalzeitung* den Verfassungsschutzchef Günter Nollau wegen einer – behauptete er – »einseitigen Ausrichtung dieses Geheimdienstes zum Kampf gegen die freiheitlichen Rechte«. Freiheitliche Rechte – das ist die Bezeichnung, die vor allem von den Extremisten und Antisemiten im Gefolge der *Nationalzeitung* in Anspruch genommen wird. Maunz in diesem Blatt gegen den Verfassungsschutzpräsidenten: »Die hohen Sicherheitsrisiken in der Person des BfV-Chefs selbst sind zwingende Gründe, den Dr. Nollau seines Amtes zu entbinden.« Woche für Woche druckt jetzt die *Nationalzeitung* die alten anonym erschienenen Maunz-Artikel mit voller Namensnennung nach und kann triumphieren: Das Grundgesetz schreibt im Neonaziblatt. Denn Maunz ist – wie der Extremistenführer Gerhard Frey völlig zu Recht rühmt – »der maßgebliche Grundgesetzkommentator und führende Staatsrechtler, der Hunderttausende Juristen prägte«.
»Der Maunz«, das ist ohne jeden Zweifel *der* Grundgesetzkommentar der Bundesrepublik Deutschland. In einer praktischen Loseblattsammlung – was von der Verfassung nicht mehr gelten soll, wird herausgenommen und wandert in den Papierkorb – vertritt er anerkanntermaßen die h. L., die herrschende Lehre. 1958 hatte er mit der Niederschrift des vierbändigen Kommentars begonnen. Sein Assistent Roman Herzog war bald dabei und machte die Hauptarbeit. Daß sich inzwischen nicht nur die DVU völlig frei bewegen kann, sondern auch Aufbauorganisationen zur Wiederbegründung der NSDAP, das ist das Verdienst von Roman Herzog.
Dieser übernahm die Kommentierung des Grundgesetzartikels 139, der da lautet: »Die zur ›Befreiung des deutschen Volkes vom Nationalsozialismus und Militarismus‹ erlassenen Rechtsvorschriften werden von den Bestimmungen dieses Grundgesetzes nicht berührt.« Herzog verkündete, daß »Art. 139 heute in jeder Beziehung obsolet« sei, denn, so schrieb er angeekelt in seinen Kommentar: »Bei seinem Inkrafttreten fand das Grundgesetz eine beträchtliche Anzahl von al-

liierten und deutschen Rechtsvorschriften vor, die sich mit der sogenannten Befreiung des deutschen Volkes vom Nationalsozialismus und Militarismus, kurz mit der sogenannten Entnazifizierung befaßten.«

Herzogs Urteil über den Grundgesetzartikel 139: »Abzulehnen ist insbesondere der Versuch, ihn als ›Grundsatzaussage über die Haltung des GG gegenüber nationalsozialistischen und verwandten (z. B. faschistischen) Staatsauffassungen‹ anzusehen und insoweit natürlich fortgelten zu lassen.«

Herzogs Lehrmeister Maunz hatte schon anderenorts ausgerechnet mit der »Menschenwürde« des Artikels 1 gearbeitet, um den Artikel 139 auszuhebeln: »Allein aus der Überstaatlichkeit und Zeitlosigkeit der Menschenwürde folgt, daß sie den Entnazifizierungsvorschriften, die lediglich staatlich gesetztes Recht vorübergehender Natur sind, übergeordnet sein muß.«[10] Die Eliminierung des Artikels 139 aus dem Grundgesetz ist – wie nahezu jedes Wochenende im neuen großen Deutschland lehrt – Maunz und Herzog gelungen.

Was im sogenannten »Bonner Kommentar« von Jess steht, ist längst Vergangenheit: »Art. 139 ist augenscheinlich der einzige Versuch des Verfassungsgesetzgebers, aus der nach 1945 unleugbar gegebenen politischen, wirtschaftlichen und sozialen Umwälzung Folgerungen im Sinne verfassungsmäßiger ›Entwährung‹ erworbener Rechte zu ziehen...« Herzog hatte einen besonders raffinierten Trick gefunden, um den Artikel 139 auszuhebeln. Weil das Grundgesetz »allen totalitären Welt- und Staatsauffassungen ablehnend-kämpferisch« gegenüberstehe, gebe es in ihm keinen Platz für eine »Sondervorschrift nach rechts«.

Auch sonst ist von den Verfassungsinterpretationen des neuen Bundespräsidenten noch einiges zu erwarten: In dem von ihm maßgebend mitgestalteten »Evangelischen Staatslexikon« entdeckte Grundgesetzkommentator Herzog 1975: »Ein Verbot, die Todesstrafe durch Verfassungsänderung wieder einzuführen, besteht nicht.« Der Artikel 102 (»Die T.[odesstrafe] ist abgeschafft«) sei »ungenau formuliert«. Das Grundgesetz – davon ist Herzog überzeugt – verbiete die Todesstrafe lediglich als Strafe, es verbiete jedoch nicht »die Tötung

10 So in 19. neubearbeiteter Auflage, 1973, S. 120

zum alleinigen Zweck der Sicherung der Gesellschaft vor dem Täter«. Und darin ist er noch immer ganz erwartungsvoll: »Ob darüber hinaus ganz allgemein die planmäßige Tötung namentlich bestimmbarer Personen mit Artikel 102 unvereinbar ist«, das sei »bisher nicht geklärt.«[11]

Geklärt sind für Herzog noch nicht einmal die Grenzen Deutschlands. Ausgerechnet zur Jahreswende 1989/1990, als es für die Anhänger seiner politischen Richtung darum ging, Bescheidenheit zur Schau zu stellen – eine verbale Anerkennung der Oder-Neiße-Grenze gehörte damals eigentlich dazu, das Nahziel des Anschlusses der DDR zu erreichen –, da trumpfte er auf. Als Präsident des Bundesverfassungsgerichts gab er dem *Deutschlandfunk* ein Interview, in dem er den Fortbestand des Deutschen Reiches behauptete und erklärte, eine Anerkennung der Oder-Neiße als polnischer Ostgrenze komme zum gegenwärtigen Zeitpunkt nicht in Frage.[12]

Zu Polen, dem ersten Land, das Hitlerdeutschland mit Krieg überzog, unterhält der neue Präsident noch immer ein Verhältnis verachtungsvoller Gleichgültigkeit. Er revanchierte sich für eine unverdient großzügige Einladung des polnischen Staatspräsidenten Lech Walesa zur Teilnahme an den Feiern zum 50. Jahrestag des Warschauer Aufstands damit, daß er diese Erhebung von 1944 mit dem Aufstand im Warschauer Ghetto ein Jahr zuvor verwechselte – was gehen einen Deutschen polnische Aufstände an?

Roman Herzog hat wiederholt, ja mit penetranter Beharrlichkeit darauf bestanden, daß er sich nie bewerbe, daß es sich vielmehr bei ihm um ein »Geißeltierchen« handle, das einfach nur so im Wasser schwebe, und die großen Ämter schwimmen auf ihn zu. Das erklärt viel. Die Geißeltierchen, wissenschaftlich auch Geißelträger oder Flagellaten genannt, sind primitive Einzeller. Sie kommen auch als Parasiten vor und sind dann gefährliche Krankheitserreger. Die Tripanosomen etwa verbreiten die tödliche Schlafkrankheit.

Am Spätnachmittag, wenn der bisherige Bundesverfassungsgerichtspräsident und jetzige Bundespräsident von der Arbeit nach Hause

11 *Evangelisches Staatslexikon*, 2. vollständig neu bearbeitete und erweiterte Auflage, Stuttgart 1975. Spalte 2632f.

12 *Frankfurter Rundschau*, 2.1.1990

kommt, setzt er sich erst einmal – zur Entspannung, wie er verschiedentlich betont hat – in den Fernsehsessel. Er zieht sich – das ist die unter Fernsehkonsumenten und Flagellaten übliche Denomination solcher Vorgänge – dabei, nach eigener Aussage, Serien wie »Marienhof«, »Zwei Münchner in Hamburg« einschließlich der dazugehörigen Werbespots rein. Der Geißelträger saugt so den Volksgeist in sich auf, und es hängt von den Serienschreibern der Nation ab, auf welchen Kurs der oberste Flagellat das Staatsschiff bringt.
In einem Land, das zu repräsentieren Roman Herzog wirklich völlig ungeeignet ist, wäre ein Bundespräsident denkbar, der ein Zeichen setzt und sich weigert, an dem Tag sein Amt anzutreten, an dem keine zwölf Stunden zuvor der Angehörige einer sich zu treffend und mit Sinn für deutsche Tradition als Spezialeinsatzkommando bezeichnenden Polizeieinheit einen 16jährigen kurdischen Plakatkleber durch einen Schuß in den Rücken getötet hat. Roman Herzog will Deutschland so repräsentieren, wie es wirklich ist. Er übernahm darum ohne Verzug sein Amt. Seither ist er der Präsident der echten, der Originaldeutschen, denen sich am 3. Oktober 1990 andere bis dahin schwer definierbare Leute hinzugesellt haben, die er in seiner Antrittsrede ganz unverkrampft in Deutschland willkommen hieß: »Es trifft zu, Deutschland ist am 3. Oktober 1990 nicht nur größer und bevölkerungsreicher geworden.« Richtig, seither gibt es für ihn 17 Millionen, die sich jetzt auch Deutsche nennen dürfen. Anderen geht es künftig nicht so gut. »Mein Amt ist für alle da«, hatte Richard von Weizsäcker vor zehn Jahren nach seiner Wahl zum Bundespräsidenten erklärt. Roman Herzog korrigierte nach seiner Wahl: »Mein Amt ist für alle Deutschen da.«

Gewalt nach außen, Gewalt nach innen

Wolfram Wette

»Neue Normalität«
Militarisierungen und Weltmachtstreben

Am Ende des Zweiten Weltkrieges befanden sichdie Generäle der deutschen Wehrmacht hinter Stacheldraht. Dieser symbolisierte ihre vollständige Entmachtung nach jahrelanger exzessiver Betätigung der Vernichtungsmaschinerie. Dem Machtverlust, erzwungen nicht durch das eigene Volk, sondern von außen, durch die alliierten Siegermächte, folgte ein rapider Ansehensverlust des Militärs in der Bevölkerung.

Die nach dem Ersten Weltkrieg populäre pazifistische Parole »Nie wieder Krieg!« wurde nach dem Zweiten verschärft. Nun hieß es ganz konkret: »Nie wieder Militär!« Nicht nur die einfachen Menschen, die zu Kriegs- und noch schlimmeren Diensten gezwungen worden waren und sich dazu hatten zwingen lassen, sondern auch die Politiker – von Carlo Schmid bis Franz Josef Strauß – dachten und redeten damals so.

Die deutsche militärische Führungsschicht, welche – über mehrere Generationen hinweg – die Geschichte des deutschen Nationalstaats zwischen 1871 und 1945 wie keine andere gesellschaftliche Gruppe zu prägen vermocht hatte, war endlich am Ende, von außen besiegt. »Zerschlagung des deutschen Militarismus« lautete das wichtigste Kriegsziel der Alliierten. Die Hinterlassenschaft der militärischen Version des deutschen Zivilisationsprojekts: Ungezählte Tote, Verletzte, Verstümmelte, materielle Zerstörungen, der Bankrott des Rechts und der Humanität, die Abgründe eines Krieges, der als ein »kriminelles Ereignis« gewertet werden muß, »das den absoluten Tiefpunkt der deutschen Militärgeschichte darstellt« (Manfred Messerschmidt).

Der militärfreie Zustand nach 1945 währte jedoch nicht lange. Gegen den Willen der Bevölkerungsmehrheit drückte die Adenauer-Regierung in den frühen fünfziger Jahren die Wiederbewaffnung durch. Der Rhöndorfer, durchaus ein Zivilist und keineswegs ein passionierter Anhänger des militärischen Milieus, wußte, daß sein primäres politisches Ziel, nämlich die Westintegration der Bundesrepublik, nur um den Preis der Aufstellung deutscher Streitkräfte zu haben war, die von vorneherein in einen größeren Bündniszusammenhang integriert werden sollten. Ohne den Rückgriff auf Angehörige der früheren Wehrmacht-Elite war diese Aufgabe – zumindest in der für erforderlich gehaltenen Eile – aber nicht zu lösen. Daher wurde der Bundeskanzler gedrängt, vor den ehemaligen Wehrmachtsoffizieren einen Kotau zu machen. So gab Adenauer am 5. April 1951 öffentlich eine Ehrenerklärung für jene Angehörigen der Wehrmacht ab, »die sich nichts hatten zuschulden kommen lassen«. Diese Worte wurden nicht nur als Balsam auf die Wunden angenommen, sondern in der Folgezeit auch zu dreister Schönfärberei der Vergangenheit mißbraucht. Die Bundesrepublik Deutschland aber war dabei, sich wieder jene Machtattribute zuzulegen, die nach traditionellem Politikverständnis einen souveränen Staat erst konstituieren. Im Unterschied zur nationalstaatlichen Vergangenheit fand jetzt eine partielle Entnationalisierung statt: Sowohl das Projekt einer europäischen (EVG) als auch das einer nordatlantischen Einbindung (NATO) folgte der – gerade auch von Adenauer bejahten – Grundidee, das deutsche Militär angemessen zu kontrollieren.

Mit dem Aufbau der Bundeswehr, einer Rüstungsindustrie und der Wiederanknüpfung an das politische Denken in Kategorien der militärischen Gewalt reihte sich die Bundesrepublik Deutschland in die zeitgenössische Weltmilitärordnung ein. Doch eines kehrte nicht wieder: der alte Glanz des Militärischen, das Imponiergehabe einer Armee mit Pauken und Trompeten. Eine Restauration der herausgehobenen gesellschaftlichen Stellung des deutschen Berufsmilitärs, die ein wesentliches Charakteristikum von Kaiserreich, Weimarer Republik und Hitler-Zeit gewesen war, fand nicht statt.

Nicht wenige Offiziere litten und leiden bis heute an diesem Zustand, den sie als mangelndes gesellschaftliches Ansehen interpretieren. Sie sind, wie Kenner des Milieus zu wissen meinen, geradezu süchtig nach Streicheleinheiten, nach Anerkennung »von oben«, von den Politikern und den dominierenden Meinungsmachern. Die »unten«, die

einfachen Menschen, sind ihnen dagegen eher egal. Das hat das militärische Herrschaftssystem so an sich.
Gab es in der Bundesrepublik also schon keinen Sonderstatus mehr für das Militär – das Gerede vom Beruf »sui generis« versuchte ihn vergeblich einzuklagen –, so doch einen speziellen Bedarf an gesellschaftlicher Anerkennung. Man muß das zu verstehen versuchen: Der Kalte Krieg, in militärischer Hinsicht definiert durch das atomare Patt, verordnete den Soldaten die permanente Wartestellung. Durch bloßes Dasein sollten sie zur Kriegsverhinderung beitragen. Aktives militärisches Tätigsein – Kriegführen – war nicht gefragt, war untersagt. Denn es hätte mit großer Wahrscheinlichkeit Vernichtung und Selbstvernichtung bedeutet. Die Perspektive der zu erwartenden Kriegsfolgen ließ Kriegführungsdenken alten Stils einfach nicht mehr zu. Der sozialdemokratische Bundespräsident Gustav Heinemann brachte die Situation, in welcher sich das Militär nunmehr zu bewähren hatte, auf die klassische Formel: »Der Frieden ist der Ernstfall!«

Mit dieser geschrumpften Rolle des Militärs hatte man sich schon fast abgefunden, als durch den Zusammenbruch des kommunistischen Weltsystems und das durch ihn bewirkte Ende des Ost-West-Konflikts eine grundlegende Veränderung der Lage eintrat. Der Feind war verschwunden, mit ihm die atomare Bedrohung oder doch das Bild, das man sich von ihr gemacht hatte. Nicht mehr »Feinde ringsum«, wie es vor 1914 und vor 1939 einmal in der Propaganda geheißen hatte, auch keine Feinde mehr im Osten, sondern plötzlich »Freunde ringsum«. Beängstigend! Bei jenen Militärs, die perspektivisch zu denken vermochten, rüttelte diese Erkenntnis buchstäblich an der Existenz. Schließlich hätte sich ja in der deutschen Öffentlichkeit die Frage breit machen können: Wozu brauchen wir überhaupt noch ein Militär, wenn nirgends ein Feind in Sicht ist?
Diese Legitimationskrise des Militärs ging tiefer als alle früheren. Nicht das Land war bedroht, aber die Zukunft der Berufssoldaten. Diese aber nahmen die Herausforderung umgehend an. Sie durchdachten so ziemlich alle Betätigungsmöglichkeiten, die sich für eine Bundeswehr der Zukunft bieten könnten, und fanden sie schließlich in der allgemeinen Zukunftsperspektive einer »gewachsenen Verantwortung« des größer gewordenen Deutschlands: Verantwortung

weltweit, militärisch definiert, mit Friedensvokabeln in Watte gepackt, durch Hinweise auf eine beabsichtigte Einbindung in internationale Organisationen vom Makel des – historisch belasteten – nationalen Alleingangs befreit.
Die Propaganda der Bonner Hardthöhe brachte ein ganzes Arsenal guter und schöner Worte unters Volk: Wir Deutschen müßten Mitverantwortung für die Wahrung von Frieden, Humanität und internationaler Sicherheit« übernehmen, müßten uns beteiligen an »friedensbewahrenden«, »friedenserhaltenden«, »friedensschaffenden«, »friedensstiftenden«, notfalls auch »friedenserzwingenden« Missionen. Deutsche Sanitätssoldaten in Kambodscha wurden in der Bundeswehrwerbekampagne als »Engel von Phnom Penh« bezeichnet. Weiter ging es in der Militärwerbung um Begriffe wie »Menschlichkeit«, »Solidarität«, »humanitären Beistand« und um eine Bundeswehr »für Frieden und Menschlichkeit in der Welt«. Die Zeitschrift *Bundeswehr aktuell* (12.10.1993) beschrieb die künftige Aufgabe der deutschen Streitkräfte so: »Vom Kriegsverhinderer zum aktiven Friedensförderer«.
Man sieht: Begriffe wie »Krieg« und »Verteidigung« werden strikt vermieden; statt dessen okkupiert man sozusagen das Vokabular der deutschen Friedensbewegung und deutet es für die eigenen Zwecke um. Warum dieses Versteckspiel? Warum dieses verbale Verdrängen des Tatbestandes, daß jedes militärinterventionistische Unternehmen ein Akt staatlicher Gewalt ist, der jederzeit in Krieg umschlagen kann? Die Antwort lautet: Die »Out-of-area«-Propagandisten werben für eine möglichst breite Akzeptanz der neuen Rollen der Bundeswehr und nehmen zugleich Rücksicht auf eine friedenswillige deutsche Öffentlichkeit, die von Krieg nichts wissen will.
Im politischen Raum wird der Militärinterventionismus in Verbindung gebracht mit der Vorstellung einer durch die deutsche Einigung wiedergewonnenen »Normalität«. Auf die Militärpolitik bezogen, soll eine Neuorientierung der Außenpolitik an den Gewohnheiten und Statussymbolen der alten Weltmächte erfolgen, zur Vorbereitung auf die angestrebte Rolle, selbst Weltmacht spielen zu können.

Der neue Generalinspekteur der Bundeswehr, Klaus Naumann, testet seit 1991 immer wieder, wie weit sich das Militär in dieser gestaltungsoffenen Phase der deutschen Politik vorwagen kann, ohne von den verantwortlichen Politikern zurückgepfiffen zu werden. Er kam weit voran, da man ihm gestattete, genuin politisches Terrain zu betreten. Seine Grundgedanken über neue Aufgaben für die Bundeswehr wurden von der Bundesregierung nicht zurückgewiesen. Minister Rühe verlieh ihnen vielmehr am 24. November 1992 den Status von »Verteidigungspolitischen Richtlinien«, verbindlich für den gesamten Verteidigungsbereich.

Die verschlungenen Wege der politischen Willensbildung, die zu diesem Ergebnis führten, werden vermutlich noch manchen Politologen und Historiker beschäftigen. Gerne wüßte man genauer, wer in welcher Phase der Treibende und wer der Getriebene war. Blieb den Politikern womöglich nur die Rolle des Notars und des Verkünders? Immerhin gab der ehemalige christdemokratische Verteidigungs-Staatssekretär Willy Wimmer, der die Hardthöhe kennt, öffentlich seinen Eindruck wieder, daß sich »der Apparat verselbständigt« habe. Alt-Bundeskanzler Helmut Schmidt sah angesichts der vorlauten öffentlichen Auftritte des Generalinspekteurs gar den Primat der Politik in Gefahr. Wird General Naumann später einmal als ein neuer Seeckt bezeichnet werden? Sicher ist er weder ein Antidemokrat wie Seeckt noch ein potentieller Militärdiktator. Verbindet man mit dem Reichswehrgeneral jedoch die Vorstellung, daß er die Existenzinteressen des Berufsmilitärs und die Perspektive eines militärischen Machtstaats wirkungsvoll vertrat, so möchte man diesen Vergleich nicht ausschließen.

Legitimationskrise der Bundeswehr: Das ist, von außen betrachtet, eine abstrakte politische These, die den objektiven Aufgabenschwund und, damit einhergehend, die fehlende oder mangelnde Rechtfertigung der Existenz eines Milliarden Mark teuren staatlichen Gewaltinstruments umschreibt. Bei den Menschen, die dieser Institution angehören, wird die Legitimationskrise naturgemäß zu einem sehr konkreten Problem, nämlich zur Frage der materiellen und ideellen Existenz. Von daher erklären sich sowohl die emsigen Aktivitäten der Militärplaner im Hinblick auf neue Aufgaben der Bundeswehr als auch die große Verunsicherung unter den Soldaten. Diese Verunsicherung schlug sich unter anderem in einer heftigen Debatte in den militärischen Fachzeitschriften nieder, die von der Öffentlichkeit allerdings kaum wahrgenommen wurde.

Besonders aufschlußreich ist jener Teil der innermilitärischen Diskussion, der zwischen März 1991 und März 1992 in der vom Verteidigungsminsterium herausgegebenen Monatsschrift *Truppenpraxis* geführt wurde, also noch bevor Rühe seine »Verteidigungspolitischen Richtlinien« (24. 11. 1992) erließ. Die Debatte ist zu verstehen als ein Reflex auf die allgemeine Legitimationskrise nach dem Ende des Ost-West-Konflikts, auf die Erfahrung des Golfkrieges 1991 und auf die zukünftigen »neuen Aufgaben«. Die innermilitärische Sinnsuche verlief ungemein heftig und kontrovers. Sie ließ zunächst einmal erkennen, daß sich in der Bundeswehr noch immer die alten Positionen der »Traditionalisten« und der »Reformer« gegenüberstehen.

Was jedoch eine sensiblere öffentliche Wahrnehmung verdient hätte, ist der Tatbestand, daß die Traditionalisten selbstbewußt und kämpferisch wie nie zuvor auftraten. Sie witterten sozusagen Morgenluft, das heißt, sie sahen die – ihnen in der vierzigjährigen Bundeswehrgeschichte bislang verwehrte – Chance, ihre bellizistische Vorstellungswelt offen zu propagieren.

In erkennbarer Frontstellung gegen den in Militärkreisen wenig beliebten früheren sozialdemokratischen Bundespräsidenten Gustav Heinemann, der den Frieden als den »Ernstfall« und das Militär als »notwendiges Übel« bezeichnet hatte, gingen Teilnehmer der militärinternen Debatte nun in die Offensive mit der programmatischen Aussage: »Der Krieg ist der Ernstfall.«

Sie wurde in besagtem Kontext vornehmlich mit militärischen Argumenten begründet. Man muß jedoch berücksichtigen, daß diese professionelle Betrachtungsweise durchaus ihre Berührungspunkte mit einer gesamtgesellschaftlichen Diskussion aufwies. Hier sei nur an die bellizistische Argumentation nicht nur traditionalistischer Machtpolitiker, sondern auch etlicher linker Intellektueller während des Golfkrieges erinnert. Das heißt, daß die militärinterne Wiederbelebung kampf- und kriegsorientierter Denkmuster nicht bloß »von innen« gespeist wurde, aus der frustrierten Atmosphäre mancher Offizierskasinos, sondern daß sie auch Anstöße »von außen« erhielt. Sie hatte einen breiten gesellschaftlichen Resonanzboden, bis in Teile der linken Szene hinein (Enzensberger, Biermann, Broder u. a.), die man in der politischen Öffentlichkeit bislang pauschal dem pazifistischen Lager zugeordnet hatte.

Doch zurück zur militärinternen Debatte von 1991/92. Unter der Überschrift »Der Krieg ist der Ernstfall« las 1991 Generalmajor Johann Adolf Graf von Kielmansegg in der *Truppenpraxis*[1] den Lauen die Leviten. Während des Golfkrieges von 1991, in dem »Soldaten der deutschen Streitkräfte das erste Mal seit Bestehen der Bundeswehr auf eine wirkliche Probe gestellt« worden seien, erkannte der General »besorgniserregende« Zustände: einen sprunghaften Anstieg der Zahl der Kriegsdienstverweigerer, Klagen und mangelnde Disziplin selbst unter Berufssoldaten – und eben ein generell gestörtes Verhältnis zum Krieg. Hier die Kernaussage des hochrangigen Offiziers: »Und der Ernstfall ist eben nicht nur der Frieden, so einsichtig dies auf den ersten Blick auch scheinen mag und so gut sich damit werben läßt. Der Ernstfall ist vor allem der Krieg. Auch das Grundgesetz ist da ganz eindeutig. Der Verfassungsauftrag der Bundeswehr heißt Verteidigung, ohne wenn und aber, nicht Frieden.« Kriegsverhütung sei die Aufgabe der Politik.

Kielmansegg begnügte sich jedoch nicht mit – den Gesamtauftrag der Verfassung verkürzenden – rechtlichen Argumenten. Zugleich versuchte er eine allgemeine Kriegsapologetik wiederzubeleben, von der man gehofft hatte, sie gehöre endgültig in die Rumpelkammer der Geschichte, die aber heute womöglich schon wieder konsensfähig geworden ist. Es gibt Krieg, »weil diese Welt ein für allemal ist, wie sie ist, gut und böse, friedfertig und gewalttätig, gerecht und ungerecht«. Das bleibe für alle Zeiten so: »Denn Krieg, Gewalt, Tod und Ungerechtigkeit können eben nicht in einer großen moralischen und politischen Anstrengung für immer aus der Welt geschafft werden.« Wenn also der Frieden nicht gewahrt werden kann, »dann hat der Soldat zu kämpfen und er hat es zu können und zu wollen, wie das Gesetz es befiehlt, auch das Sittengesetz«. Alles andere, werden Kriegsgegner und Schwankende durch den General belehrt, »wäre verantwortungslose, utopische Traumtänzerei«. Es folgen weitere heftige Angriffe gegen jene Teile der deutschen Öffentlichkeit, die diesen Gedankengängen so nicht folgen möchten: »Viele, und nicht nur die Friedensbewegung, haben sich nur zu bereitwillig in den moralischen Impuls, in den emotionalen Reflex ›Kein Krieg‹ geflüchtet.«

1 *Truppenpraxis*, Nr. 3/1991, S. 304–307

In einer weiteren, auffallend aggressiven Stellungnahme[2] verschärfte General Kielmansegg seine Polemik nicht nur gegen seine Kontrahenten aus dem militärischen Milieu, sondern gegen jene großen Teile der deutschen Gesellschaft, die den Krieg durch friedliche Mittel der Konfliktbearbeitung ersetzt wissen wollen. Man muß das gelesen haben: »Die wahre Einstellung vieler Friedensbewegter, die sich so viel besser vorkommen als wir Soldaten, wenn sie hier völlig ohne Risiko und ohne Verantwortung ihre Parolen verkünden, zeigt sich nur zu deutlich am Krieg in Jugoslawien. Sie schweigen! Keine Demonstration, keine Mahnwachen, keine Entrüstung. Es geht diesen Menschen also offenbar gar nicht wirklich um den Frieden schlechthin. Das grenzt an Heuchelei. Ich bin aber sicher, daß sie sofort auf der Straße gewesen wären, wenn die USA oder eine andere westliche Nation militärisch eingegriffen hätte – was übrigens moralisch in hohem Maße gerechtfertigt gewesen wäre –, um das Schlachten in Kroatien zu beenden. Kroatien, das mit Krieg überzogen wurde, eben weil es keine kriegstüchtige Armee hat.« Weiter belehrt der General die – vielleicht noch zögerlichen – Leser der *Truppenpraxis*: »Mit dem ganz unpassenden Begriff Bellizismus hat das nicht das Geringste zu tun.« Er weiß Bescheid. Denn er kennt »die Geschichte und das Wesen des Menschen«.

Nicht verstehen kann er allerdings eine Gesellschaft, die dem Berufssoldaten die nötige Anerkennung verweigert. Kielmansegg leckt die Wunden vieler, wenn er bittere Klage darüber führt, »in welcher Weise in Teilen unserer Öffentlichkeit während der vergangenen Jahre mit dem Ansehen der Streitkräfte umgegangen wurde, wie Beruf, Aufgaben und Ethos der Soldaten bedenkenlos und ohne Risiko in aller Offenheit herabgesetzt werden konnten, wie Kriegsdienstverweigerung moralisch, ja christlich überhöht wurde ...« Es gebe sogar Angehörige der Bundeswehr, empört er sich, die sich darin gefallen, »ständig an der eigenen Auflösung und Negierung zu arbeiten oder die Sinngebung unseres Berufes in Frage zu stellen«. Mit alledem muß es nach der Überzeugung dieses Generals nun ein Ende haben. Er richtet den Blick nach vorn: Es gelte, »politische Normalität und Verantwortung« einzulösen, und das heißt, sich den lange verdrängten

2 Ebd., Nr. 1/1992, S. 108f.

Tatbestand wieder zu vergegenwärtigen, »daß Soldatsein in letzter Konsequenz auch töten und sterben heißen kann«. Also komme alles auf die Herstellung der »Kriegstüchtigkeit der Bundeswehr« an.

Ein anderer Diskussionsteilnehmer, Brigadegeneral Andreas Broicher, damals an einflußreicher Stelle für die Ausbildung des Heeres mitverantwortlich, verlangte in zwei Beiträgen »kriegsnahe Ausbildung«. In ihr sollten die Erfahrungen aus früheren Kriegen nutzbar gemacht werden für den »zukünftigen Krieg«[3]. Die Perspektive eines weltweiten Militärinterventionismus ist hier schon immer mitgedacht: »Der zweite Golf-Krieg hat uns allen die Möglichkeiten vor Augen geführt, die ein bewaffneter Einsatz mit sich bringen kann.«

Nicht ohne Pikanterie war die Art und Weise, wie ein ehemaliger hoher Offizier der Volksmarine der DDR, Konteradmiral Dr. Günther Pöschel, den Verfechtern der These, daß der Krieg nun wieder der Ernstfall sei, eilfertig sekundierte.[4] Selbstverständlich weise der Verfassungsauftrag »den Streitkräften als höchste Bewährungsprobe ihren Einsatz im bewaffneten Kampf, dem Kriege zu«. Für jene Teilnehmer der militärinternen Grundsatzdebatte, die bekundeten, daß sie nach wie vor den Frieden als den Ernstfall ansähen, hatte der stramme Ex-DDR-Offizier nur ein »Schmunzeln« und »eine Träne der Verzweiflung« übrig. Aber auch mit den Begriffsakrobaten auf der Hardthöhe, die Frieden sagen und Kampfeinsatz meinen, ging er ins Gericht: »Mit einer wahren Besessenheit wird nach meinem Eindruck seit geraumer Zeit versucht, militärische Terminologie ›friedfertiger‹ und ›gesellschaftlich angepaßter‹ zu machen. Da wird alles umgewandelt, was auch nur im entferntesten an Krieg, Verteidigung, Kampf, Tod, töten, sterben u.ä. erinnert. Die neuen Wortschöpfungen sind unklar, dehnbar, glitschig wie Aale und kaum mehr für den exakten militärischen Sprachgebrauch tauglich. Ich sehe darin eine gewisse Feigheit gegenüber der Öffentlichkeit. Man fürchtet offensichtlich wie der Teufel das Weihwasser den Verdacht,

3 Ebd., Nr. 3/1991, S. 294–298, und Nr. 4/1991, S. 372–380.
4 Der Krieg, das Vaterland und der Donner schweren Geschützes, in: ebd., Nr. 3/1992, S. 304–304

nicht für den Frieden zu sein und ob der klaren militärischen Sprache als ›Militarist‹ angesehen zu werden. So wird denn munter weiter neues Vokabular erfunden und die Öffentlichkeit damit eingelullt.« Wie wahr.

Zeitlich parallel zu solchen Diskussionen über eine Restauration des Einsatzes kriegerischer Gewalt im weltweiten Maßstab fanden – ebenso unbemerkt von der Öffentlichkeit – wichtige Veränderungen im Personalkörper der Bundeswehr statt. Im Zuge der Verkleinerung der deutschen Streitkräfte (Bundeswehr plus NVA) von 670000 auf 370000 Mann, durchzuführen bis zum Jahresende 1994, gingen auch einige tausend Berufsoffiziere vorzeitig in den Ruhestand. Wie Insider vermuten – empirische Untersuchungen zu diesem Aspekt stehen bislang noch aus –, dürften unter den Offizieren, die den Dienst quittiert haben, nicht wenige gewesen sein, die den neuen militärpolitischen Entwicklungen ablehnend gegenüberstanden und Zweifel hegten, ob die neuen Aufgaben überhaupt mit ihrem in der »alten« Bundeswehr geleisteten Eid in Einklang zu bringen seien. Leider verließen diese Offiziere die Streitkräfte stillschweigend, das heißt, ohne ihre Motive öffentlich zu erklären. Nach ihrem Weggang dürfte die ohnehin schwach ausgeprägte politische Pluralität des Offizierskorps der Bundeswehr weitere Einbußen erlitten haben. Das verbliebene Führungspersonal scheint die Politik des weltweiten Militärinterventionismus mehr oder weniger gutzuheißen. Es verspricht sich von ihr interessante Aufgaben, Aufstiegschancen, eine neue Legitimation und verstärkte gesellschaftliche Anerkennung.
Naturgemäß ist die außen- und militärpolitische Neuorientierung nicht ohne Auswirkungen auf die wissenschaftlichen Institutionen der Bundeswehr geblieben, die ihre Entstehung beziehungsweise ihre Ausgestaltung den Reformphasen der fünfziger und der siebziger Jahre verdanken. Einige von ihnen sollen nach dem Willen der Militärplaner künftig im Großraum Berlin-Potsdam in einem sogenannten »Geistigen Zentrum« inhaltlich und personell gestrafft sowie räumlich zusammengefaßt werden. Dabei scheint man sich bewußt über die Erkenntnis hinweggesetzt zu haben, daß im Zeitalter moderner Kommunikationsmittel geistige Arbeit auch dezentral und regional geleistet werden kann. Vermutlich sind die Beweggründe und Mo-

tive für solche Zentralisierungsbestrebungen primär im Bereich der Herrschaftssymbolik und der schnellen Zugriffsmöglichkeiten auf wissenschaftliches Know-how zu suchen sowie in einem geminderten Interesse an wissenschaftlicher Grundlagenforschung. Denn so genau will man die ganze Wirklichkeit des Krieges nun auch wieder nicht kennen.[5]

An dieser Stelle soll die Militärgeschichte etwas näher betrachtet werden, die seit 1959 in einer wissenschaftlichen Einrichtung der Bundeswehr, nämlich dem Militärgeschichtlichen Forschungsamt (MGFA), betrieben wird. Es wurde seinerzeit geschaffen, weil die Universitäten vor dem Hintergrund der Indienstnahme kriegsgeschichtlicher und »wehrgeschichtlicher« Forschung durch den NS-Staat nichts mit dieser – als anrüchig geltenden – Thematik zu tun haben wollten. Es wäre ein lohnendes Thema, einmal zu untersuchen, ob hinter dem seinerzeitigen universitären Naserümpfen, das zur Ausklammerung des historisch ungemein wirkungsmächtigen Faktors Militär und Militarismus aus der akademischen Forschung führte, nur uneigennützige Motive standen. Aber es war so: Mit diesem Teil der Geschichte wollten die Universitäten der fünfziger Jahre nichts zu tun haben.
Als das MGFA gegründet wurde, gingen die Initiatoren behutsam vor. Sie reagierten auf die historischen Belastungen der »Wehr- und Kriegsgeschichte« in der Weise, daß sie die in dieser Institution zu betreibende historische Forschung unter den Schutz des Artikels 5 Absatz 3 des Grundgesetzes stellten. Die Forschung sollte frei sein, nicht militärischen Interessen unterworfen werden können. Allerdings blieben die Initiatoren insoweit auf halbem Wege stehen, als sie statt eines Instituts unter wissenschaftlicher Leitung ein »Amt« mit einem militärischen Chef an der Spitze schufen, womit – angesichts der völligen Unvereinbarkeit wissenschaftlicher Arbeitsprinzipien und militärischer Herrschaftsansprüche – ein unersprießlicher Dauerkonflikt institutionalisiert wurde. Gleichwohl konnte sich unter dem verfassungsrechtlichen Schutzschild des Artikels 5 seit den ausgehenden sechziger Jahren eine moderne Militärgeschichtsforschung ent-

5 Vgl. Detlef Bald, Martin Kutz, Manfred Messerschmidt und Wolfram Wette, Zurück, marsch, marsch!, in: *Die Zeit*, Nr. 19, 6.5.1994

wickeln, die wegen ihrer kritischen Selbständigkeit national und international Aufsehen erregte und Anerkennung fand.
Mißfallen löste sie allerdings in zunehmendem Maße bei der – traditionalistisch orientierten – Generalität aus. Diese erwartete nämlich stillschweigend »Loyalität«, und das bedeutete: Rücksichtnahme auf militärisches Prestige, Mehrung des Ansehens des militärischen Berufsstandes durch die Darstellung seiner historischen Leistungen und nicht zuletzt historische Zuarbeit für die Kriegführungslehre. Was jene Gruppe von Wissenschaftlern des MGFA, die sich einer modernen Militärgeschichte verpflichtet fühlten, statt dessen bot, war eher eine von einer allgemeineren gesellschaftspolitischen Verantwortung getragene Forschung. Ihrem Wissenschaftsverständnis zufolge galt es, die interessierte Öffentlichkeit wahrheitsgemäß über die Rolle des Militärs in der Vergangenheit aufzuklären, natürlich auch über die Rolle der Wehrmacht der Hitler-Zeit. Genau das aber empfanden die Traditionalisten mit ihrem positiven Wehrmachtbild geradezu als »Wehrkraftzersetzung«.
Vor dem Hintergrund der oben geschilderten restaurativen Tendenzen der jüngsten Vergangenheit wird verständlich, daß der Militärgeschichtsforschung nunmehr eine verstärkte administrative Aufmerksamkeit zuteil wurde: Auf Betreiben führender Militärs der Hardthöhe entschied Minister Volker Rühe Ende 1992, das Forschungsamt bereits im Jahre 1994 – als erste Bundesbehörde überhaupt – in den Osten, nämlich in das traditionsreiche Potsdam, zu verlegen. Das geschah gegen alle sachlich-fachlichen Argumente, die sich noch am alten Forschungsauftrag orientierten. Die wichtigste Arbeitsgrundlage, nämlich die Akten des Bundesarchiv-Militärarchivs (BA-MA), einer Institution des Bundesinnenministeriums, verbleibt sinnigerweise in Freiburg. Der Schluß, daß künftig nicht mehr in gleichem Umfang wie in der Vergangenheit Quellenforschung betrieben werden soll, liegt auf der Hand. Man hört gerüchteweise von neuen Schwerpunkten: »Sinnstiftung« und »praktische Zuarbeit«. Sollte sich das neue »Geistige Zentrum« der Bundeswehr demnächst als eine große Propagandainstitution entpuppen?
Schon seit einiger Zeit ist ein gesteigertes Interesse der militärischen Führung an historischen Operationsstudien erkennbar, die für den Taktikunterricht nutzbar gemacht werden sollen. In welchem Kon-

text dies interpretiert werden muß, kann wiederum der – bereits in Teilen referierten – Debatte in der Zeitschrift *Truppenpraxis* entnommen werden. Brigadegeneral Andreas Broicher breitete sich dort über die Frage aus, welchen Nutzen die »Kriegsgeschichte« – die er, wie es vor 1945 üblich war, auf die Geschichte militärischer Operationen reduzierte – für die »kriegsnahe Ausbildung« haben könne.[6] Sein Credo lautet: »Ich bin überzeugt, daß die Kriegsgeschichte unsere wichtigste Lehrmeisterin ist und bleibt. Sie allein lehrt uns das wahre Wesen des Krieges, läßt die Ursachen von Sieg und Niederlage, die zahllosen zu überwindenden Schwierigkeiten und Reibungen erkennen; ihr Studium ist das beste Mittel, sich auf den Einsatz im Kriege vorzubereiten.« Broicher empfahl seinen Lesern folgerichtig nicht etwa die Lektüre des – im MGFA auf breiter Quellenbasis erarbeiteten und dem Ethos der Wissenschaft verpflichteten – Werks *Das Deutsche Reich und der Zweite Weltkrieg*. Statt dessen wies er auf »operative Studien« und »kriegsgeschichtliche Beispiele« hin – gemeint sind Darstellungen militärischer Operationen des Zweiten Weltkrieges –, in denen man operatives Denken und Handeln lernen könne. Die Perspektive des Militärinterventionismus läßt also auch hier grüßen.

Im Hinblick auf die von der Bundesregierung und der militärischen Spitze gewollten »neuen Aufgaben« der Bundeswehr ist mehrfach, auch im Deutschen Bundestag, vor einer »Militarisierung der deutschen Außenpolitik« gewarnt worden. Man fragt sich allerdings, ob diese Warnungen in der Öffentlichkeit hinreichend wahrgenommen wurden. Blieb der in den »Verteidigungspolitischen Richtlinien« verborgene Sprengstoff gar unbemerkt? Oder wurde ihm kein besonderer politischer Stellenwert beigemessen? Zu einer Reaktivierung der Friedensbewegung ist es jedenfalls bislang nicht gekommen.
Woran liegt das? Wer in dieser Gesellschaft paßt eigentlich auf, was auf der Bonner Hardthöhe ausgeheckt wird? Wo sind die kritischen und in militärpolitischen Fragen sachkompetenten Journalisten, die entsprechende Verbindungen haben, um »hinter die Kulissen« schauen zu können? Oder ist es heute schon wieder eine Frage des

6 *Truppenpraxis*, Nr. 3/1991, S. 294ff.

journalistischen Muts, gegen den Stachel der offiziellen Militärpolitik zu löcken?

Es könnte sein, daß wir es mit einem generationsspezifischen Problem zu tun haben. Die Generation von 1968 hat antimilitaristische Anstöße gegeben, die zu einer verbreiteten – historisch bislang einmaligen – Akzeptanz friedenspolitischer Betätigung in unserem Lande geführt haben. Diese Entwicklung war für dieselbe Generation, zumindest für ihre tonangebende intellektuelle Schicht, verknüpft mit einer pauschalen Ablehnung alles Militärischen. Progressive Einstellungen und pazifistische Überzeugungen mündeten in ein schlichtes Desinteresse am Militär. Es galt geradezu als degoutant, sich mit diesem Milieu in irgendeiner Weise zu beschäftigen. Anders als zu Zeiten Carl von Ossietzkys und Kurt Tucholskys, die sich – als Sprachrohre einer Minderheit – zeitlebens als kritische Analytiker militärpolitischer Vorgänge betätigten und auf diese Weise die politische Meinungs- und Willensbildung beeinflußten, übten sich die Intellektuellen der siebziger und achtziger Jahre diesbezüglich eher in Abstinenz, ja in Ignoranz gegenüber dem Machtfaktor Militär. Wahrscheinlich war dieses Verhalten auch der Ausdruck eines – im Vergleich zu den zwanziger Jahren – gewachsenen demokratischen Selbstbewußtseins: Das Militär wurde nicht mehr, wie damals, als Gefahr für die Demokratie wahrgenommen.

Mag die angesprochene Abstinenz also gute Gründe haben, so könnte sie seit dem Beginn der neunziger Jahre eine Gefahr hervorbringen oder doch begünstigen: daß sich nämlich die hier beschriebenen Tendenzen einer neuen Militarisierung unter dem propagandistischen Deckmantel der »Normalität« durchsetzen, ehe eine kritisch gewordene Öffentlichkeit dies überhaupt bemerkt.

Ludger Lütkehaus

Deutschland soll endlich wieder Frieden schaffen dürfen

Die Feldzüge des Generalinspekteurs Naumann

Was war der Super-GAU der jüngsten Militärgeschichte? Daß es die UdSSR als jederzeit verfügbare Bedrohungsressource nicht mehr gibt! Kaum etwas Schlimmeres hätte in dieser Hinsicht passieren können als das Ende des Kalten Krieges und die Auflösung der Blöcke im Jahre 1989. »Wenn es die Russen nicht gäbe, müßte man sie erfinden«, hatte Günther Anders schon beizeiten zutreffend die militärisch-politische Bedürfnislage charakterisiert, den Voltaireschen Gottesbeweis durch einen zeitgemäßen Teufelsbeweis ersetzend. Woher aber jetzt die Feinde nehmen und nicht stehlen? Kurzum: Die Lage war ernst, so ernst wie nie, gerade weil sie so fatal entspannt war.

Für die bundesdeutschen Militärs aber war sie noch ernster. Denn sie hatten nicht nur, anders als manche andere Verbündete, fast ein halbes lähmend kriegsloses Jahrhundert im Stande langweiligster, nie provozierter Verteidigungsbereitschaft ausharren müssen. Für sie waren auch in der Zukunft keine anderen Truppenübungsplätze in Sicht. Unglücklicherweise gab und gibt es in ihrem Vaterland Verbote, die den Einsatz der Bundeswehr außerhalb eines Verteidigungsfalles für das nordatlantische Bündnis verhindern. Und dann noch die ganze unbewältigte Vergangenheit der deutschen Kriegsgeschichte, die es der Bundeswehr bisher auf das betrüblichste versagt hat, zur »ganz normalen Armee« eines ganz normalen souveränen Staates zu werden. Auf diesem doppelt untergrabenen Boden ist doch kaum noch ein Staat, geschweige denn ein ordentlicher Krieg zu machen.

Was also tun, um der bedrohlich friedensträchtigen Lage abzuhelfen? Nun, darauf kann es nach der bis dato und auch weiterhin geltenden Militärdoktrin nur eine Antwort geben: die der »flexible response« –

ein »bewegliches Krisenmanagement«, dürfen wir das übersetzen. Man mußte die Situation eben umdefinieren. Dann konnte man hoffen, andere, vielleicht sogar noch ergiebigere Bedrohungsressourcen zu entdecken.

Umdefinition – »Umbesetzung«, um es etwas militärnäher zu fassen – war freilich aus psychomilitärpolitischen Gründen, die sich aus der traumatisierenden kriegsgeschichtlichen Erblast und der ebenso lästigen Verfassungslage ergeben, auch sonst geboten. Begriffe mußten umbesetzt werden, alte Inhalte waren zu reaktivieren und zugleich zu modernisieren, Sprachdesign – die verbale Variante der militärischen Tarnung – war erforderlich. Nur in der Wahl der Mittel mußte dieses Design andere Wege gehen. Es konnte sich nicht wie bei der Tarnung in Feld, Wald und Wiesen durch die gekonnte Anwendung von Naturdreck der Umgebung anpassen. Vielmehr war hier die humanisierende Oberflächenbehandlung an sich wenig schöner Dinge opportun. Allenfalls konnte man Anleihen beim Tarnkappenprinzip der »Stealth«-Bomber machen: mit Begriffen, die bei drohender Aufklärung nicht mehr reflektierten.

Schließlich kam es darauf an, die zurückgedrängten wehrhaften Gefühle wieder gesellschaftsfähig zu machen und den eingerissenen Ungeist auf Vordermann zu bringen. Auch das konnte nicht ohne gewisse Anpassungen geschehen. Man mußte auf der Klaviatur der herrschenden Stimmungen spielen lernen. Vielleicht mußte man am Ende bei der allgegenwärtigen Friedensduselei einige Anleihen machen? Ja, genau so war es! Wenn das gelang, durfte man sogar hoffen, eigentlich wehrkraftgefährdende, wenn nicht -zersetzende Impulse in Dienst zu nehmen, sie wie bei der Spionageabwehr gleichsam »umzudrehen«. Dann würde man nicht, wie es zunächst schien, einen bestenfalls geordneten Rückzug antreten müssen. Dann würde man statt dessen auf allen Fronten zum Angriff übergehen und die fruchtlose ewige Verteidigungsbereitschaft offensiv gestalten können. Ja, dann würde Deutschland endlich, endlich wieder Krieg führen – wir wollten sagen: »Frieden schaffen« dürfen.

Militärs und Militärpolitiker tun seit je nichts lieber. Das ist ihnen kaum vorzuwerfen; das ist einfach ihre »déformation professionelle«. Dementsprechend ist die Zahl derer, die dem skizzierten Umbesetzungsprogramm Gewicht und Stimme geben, beträchtlich. Es gibt unter ihnen aber einen besonders einflußreichen und talentierten Sprecher: den obersten Soldaten der Bundeswehr, den Generalinspekteur Klaus Dieter Naumann. Wir wollen im folgenden seine Rolle, nicht zuletzt seine Sprache, ein wenig charakterisieren – nicht, weil er uns aus irgendwelchen affektiven, gar persönlichen Gründen ein besonderes Herzensanliegen wäre. Wir fassen ihn nur als Symptomfigur für Tendenzen, die derzeit die deutsche Situation wieder zunehmend bestimmen. Auf Naumann trifft die Formel vom »Extremismus der Mitte«, die keine Mitte mehr ist, im prägnanten Sinn zu: Der biblische »Wolf im Schafspelz« ist nichts gegen diesen Bürger in Uniform.

In Anlehnung an einen ehrwürdigen Marxschen Begriff verstehen wir den Generalinspekteur, den wir aus zivilen Gründen kurz den »Inspekteur« nennen wollen, als »Charaktermaske«: Hinter einem durchaus überzeugend verkörperten Charakter steht die politisch und gesellschaftlich natürlich ungleich wichtigere Funktion und Position. In diesem Sinn berichten wir von Naumanns diversen Feldzügen. Wenn die Reminiszenz nicht etwas zu unterhaltend wäre, hätten wir in Anlehnung an einen vergnüglicheren Vorgänger, der auf Kanonenkugeln durch die Lüfte flog, von Naumanns »Naumanniaden« gesprochen. Keine Frage aber: Der Mann wird seiner Rolle gerecht.

Wie also sieht die umbesetzte neue Lage aus? Die Bedrohung ist nicht etwa hinfällig geworden; die »Bedrohungsachse« – wir halten uns immer an die Worte des Inspekteurs – hat sich 1989 nur gedreht: Die Ost-West-Achse hat sich zur Nord-Süd-Achse verschoben. Auf jeden Fall: Eine Achse muß her, »einerlei aus welcher Himmelsrichtung« sie kommt. Im Grunde ist eine einzige »Bedrohungsachse« aber viel zu wenig; besser wäre es, wenn man den ganzen Globus mit lauter »Bedrohungsachsen« überziehen könnte.

Deswegen nimmt sich die neue Situation, europäisch gesehen, so aus – mit einer brillanten Formulierung, in deren orakelhaften Ton man nur hineinhören muß, um ihren präzisen Kern zu verstehen: »Sicherheit *in* Europa gibt es nur, wenn Sicherheit *für* Europa besteht.« Vom »in« zum »für«: Der Mann ist einfach Dialektiker, sozusagen Sicherheitsdialektiker. Denn wenn das »in« noch allzu begrenzt ist, öffnet sich das »für« auf das großzügigste. Wo kann man unter dieser Voraussetzung nicht überall Sicherheitsbedrohungen für Europa entdekken.

Aus deutscher Sicht läßt sich das indes noch genauer und paradoxerweise zugleich noch weltumfassender sagen – der Inspekteur hat in dieser Hinsicht die Katze in den letzten Monaten immer deutlicher aus dem Sack gelassen: Deutschland ist eine »kontinentale Mittelmacht mit weltweiten wirtschaftlichen Interessen«. Folgerichtig kann es gottlob immer und überall und in allem zur Bedrohung dieser Interessen kommen, »direkt oder indirekt«. Und was wäre keine indirekte Bedrohung! Wie soll man diese Interessen aber verteidigen, wenn man nicht weltweit tätig werden darf? Kurzum: Wo zunächst der Feind-, also der Legitimationsverlust drohte, sorgt jetzt die Globalisierung der Bedrohung unversehens für jede Menge potentieller Feinde.

Gewiß, da sind die »vermeintlichen Verbote der deutschen Geschichte oder der deutschen Verfassung« – Naumanns »vermeintlich«, das es um keinen Preis mehr mit klaren Verfassungsaussagen halten will, muß man mit Nachdruck lesen. Hinter all diesen Vermeintlichkeiten darf man sich aber nicht »verstecken«. Mit anderen Worten: Verfassung als Versteck, Verfassungsrevision als Akt der Offenheit.

Ist da indessen wirklich so viel zu revidieren? Wenn man das deutsche Interessenfeld erst einmal so global umdefiniert hat, ist doch der verfassungsgemäß geforderte Primat der Politik konsequent beherzigt. Wie bei dem von Naumann so hochgeschätzten Altmeister, so auch jetzt bei dem neuen kleinen Clausewitz: Die Fortführung der Politik mit den altvertrauten »anderen Mitteln« – das ist es doch nur, was er möchte.

Ausdrücklich will er denn die Streitkräfte auch nur als Instrument der Politik genutzt sehen. Näher besehen, hat sich der Primat der Politik dabei allerdings ins Gegenteil verkehrt; die Berufung auf ihn dient genau dem entgegengesetzten Zweck: Gerade indem das Militär sich als Instrument der Politik definiert, nimmt es die Politik als Instrument des Militärs in Dienst. *Damit* deutsche Streitkräfte weltweit aktiv werden können, muß deutsche Politik bedrohungsfähige weltweite Interessen haben. Mit einem Wort, das man nur etwas prinzipieller als bisher verstehen muß: Militärpolitik, Kiautschou, nun ja, es kann nicht wieder unmittelbar deutsches ›Pacht‹-Gebiet werden, aber doch deutsches Interessengebiet. Und schon darf die Militärpolitik wieder Kanonenboot fahren.

Wir wiederholen das noch einmal, weil es möglicherweise für die

Selbstbehauptung der Politik von Interesse ist: Unter dem Etikett nicht bloß der Wahrung, vielmehr der forcierten Betonung des Primats der Politik reklamiert in Wahrheit die Militärpolitik den Primat für sich. Ob das noch auf dem Boden der Verfassung ist?

Da, wo die »vermeintlichen Verbote« noch wirken, wird man von dieser Art Primat jedenfalls nicht gerne hören. Also müssen zusätzliche Feigenblätter her. Die beste Wirkung erzielt immer noch der humanitäre Einsatz. Und wo kann nicht das Militär überall humanitär tätig werden, Somalia war da nur eine nicht ganz geglückte humanitäre Truppenübung! Entwicklungshilfe, wirtschaftliche Zusammenarbeit, Katastropheneinsätze, die Bundeswehr als Deutscher Entwicklungsdienst, das Verteidigungsministerium geht im Ministerium für wirtschaftliche Zusammenarbeit auf, General Lettow-Vorbeck kriegt einen Blauhelm verpaßt, und eines von den Kanonenbooten, auf denen der Inspekteur so gerne nach Kiautschou führe, fährt statt unter schwarzweißroter Kriegsflagge unter der des Roten Kreuzes; die Streitkräfte, wer hätte das geglaubt, als größte Caritasorganisation...

Das Militär als Instrument der Humanität wie der Politik: Das kann aber nur eine Militärpolitik sagen, die Humanität wie Politik als Instrument des Militärs nutzt. Hier darf man dem Inspekteur aufs Wort glauben: »Es gibt keinen Gegensatz zwischen einem humanitären Einsatz und einem militärischen.« Ein witziger journalistischer Beobachter des Inspekteurs notiert dazu: »Also ist alles humanitär, auch das Militärische. Und keiner lacht.«

Die humanitäre Militärpolitik ihrerseits zwingt zu weiteren verbalen Feldzügen: Man kann es nicht mehr bei den alten, häßlichen, auch so häßlich eindeutigen Tatsachen und Begriffen belassen. Der häßlichste ist immer noch der böse »Krieg«. Den darf es und soll es der Sache nach zwar wieder geben können, aber doch nicht dieses übel beleumundete Wort. Folglich kommt es in den Äußerungen des Inspekteurs, wenn überhaupt, nur ganz selten vor; lieber redet er nicht davon. Um so bereitwilliger pflegt er den Sprachgebrauch des Pentagons, der den »vermeintlichen« Gegensatz von Krieg und Frieden auf den von »friedenschaffenden« und »friedenserhaltenden Maßnahmen« schrumpfen läßt. Hier ist der Krieg verbal völlig liquidiert. Im Hauptwort – und das ist naturgemäß die Hauptsache – ist einzig und allein vom Frieden die Rede. Der verbleibende kleine Unterschied mit seinen gelegentlich größeren Folgen ist dem Beiwort überlassen. Und der Inspekteur läßt eigentlich kaum eine Gelegenheit aus, diesen schönen verbalen Gleichschritt mit der klitzekleinen Variation vorzuführen. Wenn er nur Zeit fände, würde er Tolstois bekanntes Werk wahrscheinlich am liebsten umtiteln, auch wenn es etwas umständlicher klingt: »Krieg und Frieden«, ach was, der Roman heißt jetzt »Friedenschaffende und friedenserhaltende Maßnahmen«!

»Von Tolstoi zu Naumann«, lautet jedenfalls die neue Devise. Wir stehen nicht an, dem Inspekteur für den hervorragenden Einsatz an der Wortfront das rhetorische Verdienstkreuz am Bande oder gleich den Ölzweig mit Schwertern zu verleihen. Verdient hat er ihn. Nur ist die irritierende Paradoxie nicht ganz zu verleugnen, daß unter den geschilderten Umständen eine friedenschaffende Maßnahme eben erst einmal kriegerische Maßnahmen nötig macht. Früher hätte man gedacht, daß man Frieden schafft, indem man mit dem Krieg aufhört. Weit gefehlt: Frieden schafft man, indem man Krieg führt! Etwas von den Irritationen, die hier auf den geschichtlich oder humanitär verunklärten Menschenverstand warten, muß auch der Inspekteur gespürt haben, als er einräumte, daß die Grenzlinie zwischen friedenserhaltenden und friedenschaffenden, also Kampfmaßnahmen nicht immer »chemisch rein« zu ziehen sei. In der Tat: Wer wird denn ausgerechnet hier *chemisch* reine Trennungen erwarten wollen.

Die friedenschaffenden Streitkräfte sind folgerichtig nur Instrumente des »Krisen- bzw. Konfliktmanagements«, womit zugleich schon gesagt ist, daß kriegerische Maßnahmen nicht eigentlich Krisen oder Konflikte darstellen. Das Wort »Truppen«, so sehr dem Inspekteur die menschliche Sache selber am Herzen liegt, kommt erst gar nicht mehr vor; Truppen sind in aller Schlichtheit »Krisenreaktionskräfte«, wobei sich nur eine eigentümliche Zweiteilung ergeben könnte: Die einen dienen nach wie vor verfassungsgemäß für den Verteidigungsfall; und die anderen für den Angriffs... nein, nein, nein, für den Krisenbewältigungsfall.

Wie wird der aber definiert? Wann darf man die friedenschaffenden »Konfliktbewältigungskräfte« einsetzen? Diese Frage ist zweifellos schwieriger zu beantworten als bei dem guten altbackenen Verteidigungsfall, der wort- und sachgemäß ziemlich eindeutig defensiv bestimmt war, es sei denn, man dachte unter dem Druck schrumpfender

Warnzeiten an vorwegnehmende Verteidigungsmaßnahmen. Außerdem war der Verteidigungsfall ja noch mit der vertrackten nuklearen Hemmschwelle belastet. Die nuklearen Waffen waren doch von nur begrenztem Wert, weil lediglich, wenn überhaupt, »als Reaktion auf einen Angriff« einsetzbar. Das hat sich jetzt von Grund auf geändert. Die Hemmschwelle – überhaupt immer diese Hemmungen – ist so gesunken, daß man sich jederzeit Gedanken über einen Einsatz machen muß, aber auch darf. Und friedenschaffende Streitkräfte sind nach des Inspekteurs kryptisch-vielsagendem Wort »nicht nur zur Verhinderung von Konflikten zu nutzen, sondern so auch einzusetzen«. Ein weites Feld der Ehre eröffnet sich hier, von der kümmerlichen Reaktion über die »energische Prävention« bis zur offenherzigen direkten »Aktion« – wir betonen noch einmal, daß wir zitieren –, früher hätte man tatsächlich wohl »Angriff« gesagt. Aber natürlich dient diese Art von Angriff nicht zu Angriffs-, sondern nur zu Konfliktbewältigungszwecken. Das Ende des Kalten Kriegs wäre das Ende des Kriegs überhaupt gewesen? Ein ziemlich guter Witz: Es ist die Ermöglichung vieler neuer heißer Kriege unter deutscher Beteiligung.

Das Zusammenkommen all dieser förderlichen Momente will noch einmal eigens gewürdigt sein: Gleichzeitig mit der Globalisierung der deutschen Interessen, also der Bedrohung, hindert jetzt keine Hemmschwelle mehr – als ob die Vorsehung höchstpersönlich Militärpolitik triebe – den Einsatz »friedenschaffender deutscher Krisenreaktionskräfte«. Jetzt können endlich wieder »alle klassischen Mittel der Politik« – dem Klassikerfreund und kleinen Clausewitz läuft schier das Wasser im Munde zusammen – eingesetzt werden, einschließlich der »unverzichtbaren militärischen Instrumente«. »Ihre Bedeutung nimmt keineswegs ab, ... ihre Rolle wird vielschichtiger, das Einsatzspektrum wird breiter.« Jetzt muß man endlich nicht mehr abwarten und stillhalten. Der Inspekteur zögert denn auch nicht zu sagen, daß der Einsatz der Bundeswehr künftig weniger die Ausnahme sein soll: »Ihr Einsatz wird fast zur Regel.« Die neue Goldene Regel. Die Ausnahme hatten wir schließlich lange genug.

Gewiß, der Einsatz bleibt ein »äußerstes Mittel«, »ultima ratio«. Aber wer hat denn gesagt, daß das äußerste auch das letzte Mittel sein muß. O nein, sagt Naumann, einmal mehr in der Rolle des begabten Dialektikers, »das äußerste, nicht aber das letzte Mittel« kann auch das vorletzte oder vorvorletzte sein. Am Ende vielleicht gar das erste? Jedenfalls ist offensichtlich, daß die Fortführung – oder auch von Anfang an die Führung – der Politik mit den »anderen Mitteln«, wie seit je in der militärpolitischen Tradition, keinem Zweifel mehr unterliegt. Generalstabspolitik. Was wir doch an dem guten alten zweiten Reich hatten.

Wenn die deutschen friedenschaffenden Krisenreaktionskräfte aber zur Wahrnehmung ihrer Aufgaben imstande sein sollen, dann braucht es neben der überfälligen Verfassungs- und Geschichtsrevision, dem Abbau der psychomilitärpolitischen Hemmschwellen, der Bereitstellung der nötigen Gelder, der Verteidigung der öffentlichen Wehrtüchtigkeit, dem Aufbau neuer effizienter Waffensysteme, die freilich im Rahmen des humanitär umgerüsteten militärischen Entwicklungsdienstes bald wieder weitergegeben werden können, »klare politische Ziele« und »möglichst frühzeitige Aufträge für die Vorbereitung«. Es ist nichts mehr mit dem Hü und Hott, den Abwägungen und Bedenklichkeiten der Politik. Militärpolitik im Sinn des Inspekteurs ist entscheidungsfreudige, entschlossene, sagen wir gleich: unbedenkliche Politik.

Gewiß, das räumt auch Naumann ein, die Warnzeiten haben sich, nachdem sie jahrzehntelang immer kürzer wurden, seit 1989 wieder verlängert. Darin liegen große Gefahren für den de-facto-Primat des Militärs über die Politik, der sich unter dem Diktat der »Echtzeit« (Paul Virilio) in vorbildlicher Weise herausgebildet hatte. Die militärisch erzwungene, also legitimierte Herrschaft der Geschwindigkeit, die »Dromokratie« vertrug sich auch beim besten Willen nicht mit der Demokratie, wieviel mehr beim schlechteren. Und jetzt sollen die auf Mehrheiten schielenden Zauderer von der Politik mit ihrer unsäglichen Behäbigkeit und ihrer konstitutiven Entscheidungsunfähigkeit die Langsamkeit wiederentdecken können? Nein, die »nutzbare Warnzeit« ist unendlich viel knapper, als wir glauben, ebenso knapp, wie die Bedrohungsressourcen reich sind. Präventive, aktive Entschlüsse gehören zu energischer Krisenbewältigung und Konfliktprävention, wir haben das im Dienste der vom Inspekteur geforderten Klarheit schon mit »Angriff« übersetzt. Wer »energische Prävention und Aktion« treiben will, darf nun einmal nicht defensiv gestimmt sein.

Aber tun wir denn diesem Mann nicht Unrecht, indem wir ihn ausschließlich auf den weitsichtigen dynamischen Militärpolitiker reduzieren? Vernachlässigen wir nicht das Menschliche, das doch auch ihm gegenüber gewürdigt sein will, nicht nur bei humanitären Militäreinsätzen? So ist es. Dem Mangel abzuhelfen, schließen wir mit einigen charakteristischen Momentaufnahmen, die zeigen können, wie heute ein friedenserhaltender, wenn nicht friedenschaffender Geist vom Zuschnitt des Inspekteurs in menschlichem Gewande aussieht.

Soweit man einigen unmittelbaren Beobachtern Glauben schenken darf, gibt er sich in der Öffentlichkeit ebenso »sympathisch«, »zivil« und nur begrenzt »konfliktfreudig«, wie er bei der Truppe »hart«, »streng« und »fordernd« ist: Was will man mehr von einem »Bürger in Uniform«, dieser Quadratur des Zirkels, verlangen. Hinter dem Doppelgesicht darf man indessen keinerlei Persönlichkeitsspaltung vermuten. Die Rollenspaltung ist vielmehr System. Für beide Rollen ist im übrigen jene mit einem gut vorstellbaren »schmalen Lächeln« einhergehende kontrollierte Spontaneität, jene mit großem Kraftaufwand verbundene Selbstbeherrschung nötig, ohne die kein »Charakterpanzer« (nach Wilhelm Reichs hier gerade in der Metaphorik so präzisem Verständnis: der Charakter *als* Panzer), schon gar kein militärischer, auskommen kann. »Vor sich selber geradestehen können«: Das ist die Formel, die Gewissen und militärischen Habitus im Gleichschritt marschieren läßt.

Daß man gemäß der rollenkonformen Rollenspaltung im Inspekteur einen Schöngeist vor sich hätte, wäre zuviel behauptet. Aber er liest, er liest Hermann Hesse und Thomas Mann, anerkannte klassische Moderne also mit humanitärem Einschlag, wenn er als kleiner Clausewitz nicht gerade bei seinem militärklassischen Altmeister *Vom Kriege* liest. Und, wenn er aus dienstlichen Gründen etwa in Paris weilt, dann sieht er sich im Bois de Boulogne, selbstverständlich in seiner Generalsuniform, unverzüglich eine Ausstellung mit Plastiken von Henry Moore an. Das ist nur schlüssig: Haben denn diese Skulpturen nicht so viele schöne Löcher? Äußert man aber gewisse Bedenken, ob sich denn ein uniformierter deutscher General im Bois de Bologne nicht befremdlich ausnehmen müsse, so wird er das ohne weiteres einräumen. Gleichwohl wird ihn die Frage nicht weiter irritieren, hat er doch bei seiner Antwort in seinem Büro ein großes goldgerahmtes Bild im Rücken, das Generalfeldmarschall Helmuth Graf von Moltke beim Kartenstudium, wohlgemerkt in Versailles, zeigt. Die Berufung auf »Ehre« und »Vaterland« und alle anstehenden »nationalen Aufgaben unseres Vaterlandes« darf man ihm glauben.

Aber warum in den Westen schweifen, wenn der Osten ruft. Gerne verbringt der Inspekteur zum Beispiel den Heiligen Weihnachtsabend nicht daheim, sondern bei der Truppe, »den vielen prächtigen Jungs«, die er »gerne hochjagt«, gerade weil er sie so liebt, daß er sie am liebsten wieder aufs Feld der Ehre schicken würde. Weihnachten 1991 wollte er eigentlich nur bei der Heimatschutzbrigade im ostdeutschen Eggesin verbringen. Doch dann drängte es ihn, auch gleich einem polnischen Regiment in Stettin Frohe Weihnachten zu wünschen. Dort nahm der Inspekteur, es verschlägt einem schier den Atem, so weit normale Menschen- und Soldatengestalt an, daß er zum Zeichen des Friedens die vom Pfarrer gereichte Hostie mit einem einfachen Soldaten brach, dem die Tränen – Naumann erzählt's mit sachlichem Tonfall – darob »in die Augen schossen«. Hauptsache, da schießt etwas; wenn das kein rührender Moment war! Mehr an Geschmack als bei diesem Hostienbruch kann man jedenfalls kaum verlangen. Und weil das so menschlich-schön war, hat der Inspekteur das nächste Weihnachtsfest gleich im fernen Kambodscha gefeiert. Das war zwar bei einer militärhumanitären Sanitätstruppe, doch die Frohe Weihnachtsbotschaft in die Heimat ließ sich davon nicht irreführen: Zum ersten Mal seit Kriegsende, nachdem »wir 46 Jahre lang keinen Toten in Konflikten zu beklagen hatten«, durften »deutsche Soldaten im Einsatz das Weihnachtsfest außerhalb der Heimat« verbringen. Wir haben berechtigte Hoffnung, daß es nicht das letzte Mal gewesen ist.

Unter diesen Umständen ist absehbar, daß in Zukunft wieder verstärkt jene sakralmilitärischen Fähigkeiten gefragt sein werden, die der Inspekteur schon beim geteilten Hostienempfang unter Beweis gestellt hat: die des Feldpredigers, des obersten Militärbischofs in Tateinheit mit dem obersten Soldaten, also auch des Begräbnisspezialisten, der die fälligen Totenfeierlichkeiten organisiert. Hier hat der Inspekteur das Plansoll an Ein- und Absegnungen sogar übererfüllt. Die ersten Freiwilligen waren noch nicht richtig ins somalische Feld gezogen – und schon hielt er für die in ihrer Eigenschaft als Gefallene naturgemäß noch unbekannten Soldaten den ersten Totengottesdienst ab: ein vorweggenommenes Requiem, ein »Praerequiem«, kürzer: ein »Prequiem« dürfen wir die von ihm inaugurierte neue Kultform der militärischen »pompes funèbres« nennen. Gewiß, normalerweise sterben die Menschen erst einmal; und dann finden die Feierlichkeiten für die Toten, die nun wirklich Mausetoten statt. Ein verantwortlicher Militärseelsorger wird die Öffentlichkeit aber beizeiten schonend darauf vorbereiten, daß »zwangsläufig Verluste kommen«. Wie sagt doch die Bibel: »Verluste müssen zwar kommen, aber Dank dem, durch den sie kommen.« Allen Streit hat sich der Inspekteur bei dieser Gelegenheit ebenso vorausschauend verbeten. Um so einfühlsamer hat er uns im selben Atemzuge schon »in der Gemeinsamkeit von Trauer, Mitgefühl und Respekt geeint«, auch wenn Trauer und Mitgefühl noch eigentlich keinen Gegenstand hatten. Kurz: Man muß die Toten feiern, nicht *wie*, sondern *bevor* sie fallen.

In diesen Dingen kann man aber nur angemessen nach vorne blicken, wenn auch der Rückblick, das vertraute Requiem für die Toten der Vergangenheit stimmt. Und davon gibt es ja einige. Doch hier läßt uns der Inspekteur in seiner Eigenschaft als oberster Nachrufer am allerwenigsten im Stich. Die Kriegsgräber nämlich der im Weltkrieg Gefallenen, die bisher insofern durch eine erschreckende Anonymität gekennzeichnet waren, als sie nur die Personennamen (soweit feststellbar), aber nicht die Dienstgrade und Truppenzugehörigkeiten erkennen ließen, sollen nach Naumanns dringendem Wunsch umgerüstet werden. Ihm Nachdruck zu verleihen, soll Naumann nach einer inzwischen durch ein Dementi bestätigten Meldung auch wirtschaftlichen Druck auf unsere osteuropäischen Ex-Kriegsgegner und Noch-nicht-Verbündeten in Aussicht gestellt haben. Wer könnte sich dem entziehen. Dienstgrade und Rangabzeichen werden die Gefallenen also bald wieder in Reih und Glied bringen, einschließlich – das trifft wieder besonders die osteuropäischen Länder – unserer gefallenen Brüder von der SS. Der Inspekteur will sich hier nun einmal nicht von überholten »historischen Sensibilitäten« beeinflussen lassen. Wie, im Tode wären alle Menschen gleich? Nein, nein, auf den Feldern der Ehre gelten andere Regeln als für den Hostienempfang. Will man sie

wieder friedenschaffend beackern – und dazu ist der oberste Soldat unseres Landes ganz offensichtlich ohne Wenn und Aber entschlossen –, dann wollen die »vielen prächtigen Jungs«, denen seine Fürsorglichkeit gilt, doch nicht als Menschen, sondern ganz persönlich, ganz individuell in ihrem Rang als Soldaten, in ihrer Funktion als »Krisenreaktionskräfte« gewürdigt sein.
Mit anderen Worten: Von diesem Generalinspekteur und seinesgleichen dürfen wir noch viele schöne Totenfeiern erwarten.

Andreas Kuhlmann

Saddam Hussein ist überall

Die neuen Szenarien der Gewalt und die Etablierung einer schwarzen Anthropologie

Nach dem Kollaps des real existierenden Sozialismus, so hieß es, müßten auch den letzten Weltverbesserern die Augen aufgehen: Endlich würden sich, wie Tag und Nacht, Wirklichkeit und Wahn, harte Faktizität und windige Vision, Machbares und bloß Wünschbares säuberlich voneinander trennen lassen. Eine mündige und vernünftige, klarsichtige und realitätstüchtige Menschheit könne sich nun endlich an den unzweifelhaften »essentials« des Lebens orientieren. Unangefochten von den Zumutungen und Anmaßungen der Utopisten, will und soll man sich nun an die Notwendigkeiten des Alltags halten. Anstelle der Konstruktionen einer gerechten Gesellschaft wurden nach 1989 Praktiken eloquent verteidigt, die sich ohnehin zu ihrem Recht zu helfen wissen und die sich um theoretische Legitimation einen Dreck scheren: das alltägliche Sichdurchwurschteln, die individuelle Bereicherung, der durchschnittliche oder auch der luxurierende Konsum. Das, was die Leute betreiben, um ihr Leben zu erhalten und zu unterhalten, erschien in einem neuen, glänzenden Licht. Die Verheißung, die, religiös, ein besseres Jenseits, dann, aufklärerisch, eine bessere künftige Gesellschaft versprach, schrumpfte endgültig zur puren Apologie der Gegenwart zusammen.
Soweit der Traum jener, die meinten, nun endlich habe es sich ein für allemal ausgeträumt. Hans Magnus Enzensberger rechnete mit der Illusion ab, die gesellschaftliche Entwicklung lasse sich einem Kalkül unterwerfen und beherrschen. Intellektuelle und Politiker, schrieb Enzensberger 1990 im 100. *Kursbuch*, seien gleichermaßen dem »projektiven Größenwahn« erlegen. Enzensberger, der einst so gnadenlos mit den Gewohnheiten der »Massen« im Kapitalismus ins Gericht ging, erteilt nun dem pragmatischen Alltagsverstand seinen Segen: »Es waren ja nicht die hilflosen Staatsapparate hüben und drüben, die

begriffen haben, was fällig war«, notierte er aus Anlaß der deutsch-deutschen Annäherung, »sondern die Gesellschaft hat, von einem Tag auf den anderen, ihre Sache selbst in die Hand genommen: der Dorfbürgermeister, der auf eigene Faust die verödete Straße, die eingebrochene Brücke reparieren ließ; der Schreiner, der die kaputte Kreissäge jenseits der Grenze wieder in Gang setzte; der hochherzige Helfer und der trübe Spekulant, der freiwillige Arzt und der unvermeidliche Schwarzhändler; und nach wie vor ist es die praktische Vernunft, die Telefonnetze knüpft, Zeitungen tauscht, Geld wechselt, Reisen unternimmt und Verträge schließt, selbsttätig, ohne große Töne, oft jenseits der Legalität, ohne Rücksicht auf Zehn- oder Zwanzig-Punkte-Pläne, Gremien, Konförderationsausschüsse, und gerade deshalb ist sie unaufhaltsam.« Ermattet vom Höhenflug der Spekulation, ermüdet vom gesellschaftskritischen Parforceritt, erschöpft vom Muskelspiel hochfahrender Richterposen, möchte Enzensberger – wie so viele seiner Generations- und Kampfgenossen – endlich Bodenhaftung erlangen, das Tempo drosseln, ab- und entspannen. Verwundert, voll Scham und schlechtem Gewissen vielleicht auch ob der habitualisierten Erhebung über die Normalität, der Eitelkeit und Hybris überlegener Reflexion, möchte er sich nun endlich bescheiden geben, mit dem gesunden Menschenverstand seinen Frieden machen und mit dem vormals geschmähten Normalbürger auf Du und Du verkehren.

Doch rasant sollte sich die Szenerie verdüstern. Die freudvolle Entdeckung des Allzumenschlichen wich schnell der Erkenntnis, daß eine sich selbst überlassene Menschheit allerorten mörderische und selbstmörderische Bestien hervorbringt. Nicht mehr die totalitäre Repression durch Politbüros und Meisterdenker, sondern die destruktive Anomie marodierender Horden prägten jetzt das Gefahrenbewußtsein. Alle Formen zeitgenössischer Gewalt – so stellt es sich Enzensberger 1993 in seinen *Aussichten auf den Bürgerkrieg* dar – zeigen gemeinsame Züge: Keiner der Aggressoren schere sich mehr um eine ideologische Begründung seines Tuns, und es sei völlig sinnlos, nach ihren »Motiven« zu forschen; ihre destruktive Energie richte sich nicht nur willkürlich mal gegen diesen, mal gegen jenen Gegner, sondern verschone auch den Täter selbst nicht. Ihm gehe es um gar nichts mehr, darum gebe es für ihn auch keinen Grund, dem eigenen

Überleben Wert beizumessen. »In einer Welt, durch die lebende Bomben irren, bleibt nur eine negative Utopie übrig – der Hobbessche Urmythos vom Kampf aller gegen alle.«

Die Umrisse von Enzensbergers monochromem Kolossal-Gemälde des allgegenwärtigen »Bürgerkriegs« waren bereits im Februar 1991 fertig: Denn auch bei Saddam Hussein und seinen Anhängern machte er die Neigung zu völlig sinn- und zielloser Aggression und zur Selbstzerstörung aus. Dasselbe habe schon für Hitler und Gefolgschaft gegolten, und so werde es immer wieder Völker geben, die, als »Feinde der Menschheit«, die kollektive Selbstauslöschung herbeiführen wollten.

Auch bei Enzensberger handelt es sich – wie er es von Hobbes sagt – um einen »Urmythos«. Mythen haben es so an sich, daß sie die individuellen Züge der Protagonisten unkenntlich machen. Ob in Sarajevo oder Los Angeles, ob in Tiflis oder Rostock, ob in Mogadischu oder den Trabantenstädten von Paris: überall nur »lebende Bomben«, Desperados also, die außerhalb der Menschheit stehen, da es für ihr Tun keinerlei einsichtige Gründe oder nachvollziehbare Motive gibt. Dort, wo der Wunsch zur kollektiven Selbstauslöschung einmal als anthropologische Konstante enttarnt ist – wie es Enzensberger mit Blick auf Hitler, Saddam Hussein und ihre Anhänger unternahm –, da erscheint schon der Versuch, spezifischere Erklärungen für Gewaltexzesse beizubringen, lächerlich.

Buchstäblich allgegenwärtig ist die von Enzensberger geortete Zerstörungswut, »auch wo sie notdürftig in gesellschaftlich geduldeten Formen kanalisiert wird, als Autowahn, Arbeits- und Freßsucht, Alkoholismus, Habgier, Prozeßwut, Rassismus und Familiengewalt«. Wo aber sind in diesem Weltuntergangs-Szenario der »hochherzige Helfer und der trübe Spekulant« verblieben? Enzensberger hat sie, wie wir mit Überraschung und Befriedigung feststellen, nicht völlig vergessen. Ganz am Ende seiner *Aussichten auf den Bürgerkrieg* zaubert er sie wieder aus dem Hut hervor; er verspricht uns »vorläufige Wunder«: »Nicht alle laufen Amok. Nicht alle wünschen die Auslöschung der anderen und ihre eigene. Spätestens am Tag der totalen Erschöpfung... treten die wahren Helden des Bürgerkriegs ans Licht... In einer improvisierten Werkstatt werden Prothesen hergestellt für die Krüppel. Eine Frau sucht nach Lumpen, die als Windeln zu brauchen sind. Aus den Reifen eines zerschossenen Fahrzeugs werden Schuhe gemacht. Die erste Wasserleitung wird zusammengeflickt, der erste Generator beginnt zu laufen. Schmuggler schaffen Treibstoff herbei... Der Bischof holt verwahrloste Söldner in den Schuppen neben der Kirche und richtet eine Autowerkstatt ein. Das zivile Leben beginnt. Es ist unaufhaltsam, bis zum nächsten Mal.«

Nein, Enzensberger ist kein Hobbesianer, obwohl sein spätmoderner Urmythos viel schwärzer ausfällt als der in der Konfrontation mit den konfessionellen Bürgerkriegen der frühen Neuzeit entstandene. Denn Hobbes' »Wölfe« waren noch intensiv mit der – vom Philosophen und Staatstheoretiker gutgeheißenen – Selbsterhaltung beschäftigt, während Enzensbergers »lebende Bomben« selbst dieses kreatürliche Interesse verloren haben. Wer aber schützt die, die leben wollen, vor den Desperados? Hier nun erweist sich Enzensberger als hartgesottener Liberaler: Selbst im Angesicht eines Pandämonius der Gewalt gerät er nicht in Versuchung, externe Instanzen zu beschwören. Enzensberger hat nichts dagegen, daß die Behörden der Strafverfolgung ihre Arbeit tun. Am Ende seines Essays über *Die große Wanderung* (1992) stellt er voll Verwunderung und Sarkasmus fest, daß der Staat sich an den Orten fremdenfeindlicher Exzesse seines Gewaltmonopols begeben und so zu erkennen gegeben habe, daß ihm auch noch der Antrieb zur Selbsterhaltung abhanden gekommen sei. Doch da erinnert er lediglich, in angenehm unterkühlter Diktion, an die minimalen Bestandsvoraussetzungen der Gesellschaft, ohne die elementare Befriedung durch Sanktionen als die zivilisatorische Essenz anpreisen zu wollen. Hoffnung setzt Enzensberger nicht auf den starken Staat, nicht aufs Militär, nicht auf die Kirche, nicht auf die bürgerliche Familie; brauchbar fürs Überleben erscheinen ihm allein die Instinkte, die in den Eingeweiden der Gesellschaft selbst am Werk sind, die – mal aus Eigennutz, mal aus Solidarität – dafür sorgen, daß die technische und organisatorische Infrastruktur (wieder) arbeitet und daß Menschen in Not nicht ihrem Schicksal überlassen werden.

Und dennoch: Enzensbergers Breitwand-Melodram vom Bürgerkrieg, der überall lauert und lodert, ist so erdrückend, daß darin die wenigen, denen noch pragmatische und moralische Urteilskraft zuzutrauen wäre, praktisch verschwinden. Insofern ist Enzensberger der beredte Wortführer einer männlich-hartgesottenen Intelligenz, die

ihrem Publikum zu demonstrieren bemüht ist, daß sie sich aller Illusionen und Visionen entledigt hat. Früher, in den Jahren der Revolte, dachte man, daß der Mensch im Prinzip gut sei und nur durch die gesellschaftlichen Umstände deformiert werde; deshalb sollte die Gesellschaft verändert werden, damit die Menschen zu sich selbst kämen und ihr »wahrer« Kern hervortrete. Heute dagegen, nach den Jahren der Ernüchterung, will man die Menschen unbedingt so nehmen, wie sie nun einmal sind: entweder als etwas schmuddelige Mischwesen mit eigennützigen und günstigstenfalls ein paar altruistischen Antrieben; oder aber als zerstörungswütige Bestien. Peter Schneider etwa zelebriert – im *Kursbuch* über »Deutsche Jugend« (1993) – seine Erkenntnis, daß die Menschen von »destruktiven und barbarischen Instinkten« getrieben werden und deshalb zu »barbarischer« und »roher« Gewalt neigen. Da helfe nur Erziehung »nach den Gesetzen von Lohn und Strafe«, notfalls »martialische Gegengewalt«. Man solle nicht mehr soziologisch erklären und pädagogisch fördern, sondern nur noch die Gewalt »eindämmen und kontrollieren«, wie auch Klaus Hartung – im selben *Kursbuch* – schreibt. Man soll, so Hartung, »Polizei und Justiz zielgenau einsetzen«, aber Ursachenforschung und »gesellschaftliche Lösungen« vergessen.
Hartung freut sich, daß die »Freiräume der Jugend«, die sich der altbundesrepublikanischen Wohlstandsidylle verdankten, zusammenbrechen. Zwar ist er sich bewußt, daß 180-Grad-Wendungen nur der »letzte Reflex des Ideologen« sind. Deshalb zögert er: Die »pessimistische Anthropologie« sei näher an der aktuellen Wirklichkeit, dennoch will er die »optimistische Anthropologie« der Reformära nicht endgültig verabschieden. Seine Unentschiedenheit schiebt er dann aber doch beiseite und ringt sich zu dem beherzten Bekenntnis durch: »Ein pragmatischer Pessimismus ist in dieser Zeit aufgerufen«.

»Pragmatisch« aber scheint dieser Pessimismus vor allem deshalb zu sein, weil er die Evidenzen auf seiner Seite hat, die von den »action news« verbreitet werden, und weil er nach schlagkräftigen Formen der Sanktion verlangt. Eine ganze Reihe von Linksintellektuellen hat letzthin immer wieder die anthropologisch fundierte, stets von neuem hervorbrechende Aggressivität als factum brutum des menschlichen Zusammenlebens dargestellt. Dieses Faktum als Prämisse des Gesellschaftsvertrages zu deklarieren, bedeutet, den Ruf der Rechten nach sanktionsbewehrten Institutionen, nach unhinterfragter Autorität, nach Tabus und Repression mit neuer Legitimation auszustatten. Das Dilemma dieser Intelligenz besteht darin, daß sie sich die gedanklichen Mittel zur Unterscheidung gleich zweimal selbst aus der Hand schlägt: Auf der einen Seite kann und will sie nicht mehr zwischen blind-destruktiven und sozialpsychologisch und sozialökonomisch sowie individualgeschichtlich oder individualpathologisch zu erklärenden Formen der Gewalt unterscheiden; zum zweiten kann sie nicht mehr ausmachen, wo pure Gegengewalt das einzig verbleibende und legitime Mittel ist und wo weniger martialische Mittel der Fest- und Durchsetzung von Normen und Verbindlichkeiten des Zusammenlebens sinnvoll und chancenreich sind.

Hans Peter Duerr etwa kennt – wie er dem *Spiegel* im Januar 1993 verriet – nur noch die vom totalen Zivilisationsverlust gezeichneten, rebarbarisierten Gegenwartsgesellschaften auf der einen Seite, und andererseits die »kultivierten« und »zivilisierten« traditionellen, überschaubaren Gesellschaften, die durch ihre fast lückenlose Überwachung des einzelnen in einer Weise Konformität erzwingen konnten, zu der eine moderne, anonyme Gesellschaft nicht in der Lage ist. Duerr sagt zwar nicht ausdrücklich, daß er die überschaubaren Verhältnisse zurückwünscht, und spricht nur vage von »Repression« und »Tabus«, ohne die es nicht gehe. Aber die traditionelle Form der Erzwingung von »zivilisiertem« Verhalten erscheint in seinen Ausführungen als die einzige Alternative zur totalen Anomie der Gegenwart.

Das aber ist – hier darf man das Pathos nicht scheuen – eine dramatische Kapitulation des Denkens: daß man die Unterschiede im Charakter und in der Motivation menschlicher Aggressivität programmatisch aus seiner Reflexion ausblendet; und daß man nur noch von »Autorität«, »Tabus«, »Repression«, »martialischer Gegengewalt« zu schwafeln weiß, ohne sich um die feinen Unterschiede, die bei der Durchsetzung von Normen, je nach Lage der Dinge, zu beachten sind, noch einen Dreck zu scheren. Die Erscheinungen der Gewalt werden aufs abstrakt-anthropologische Urphänomen reduziert, und Zivilisierung ist nur noch in rudimentärer Form als Niederringung von aggressiv-destruktiven Impulsen denkbar.

Diese Intelligenz hat nur die Vorzeichen vertauscht und irrt auf den alten Abwegen der Abstraktion; ihre Behauptung, der »Wirklichkeit« endlich nahe zu sein, straft sie damit Lügen. Vor allen den heute 45–50jährigen scheint die wieder einmal mit großem Bekenntnisdrang und deklamatorischem Aufwand in Szene gesetzte Neuorientierung nicht recht glücken zu wollen. Mißlungene Lernprozesse kann man wohl daran erkennen, daß das Resultat der Umorientierung in hohem Maße von dem determiniert wird, wovon man sich abstoßen, was man hinter sich lassen möchte. Die Generation, deren politische Sozialisation mit der Ablehnung, der rabiaten Verachtung aller Insignien staatlicher Gewalt einherging, muß sich und dem gesellschaftlichen Establishment heute beweisen, daß sie mit repräsentativer Demokratie, Rechtsstaat und staatlichem Gewaltmonopol ihren Frieden gemacht hat. Enzensberger dagegen erliegt nicht der Versuchung, staatstragende Gesinnung unter Beweis stellen zu wollen. Vielmehr entlarvt er mit Lust die Ohnmacht politischer Institutionen und setzt auf das konstruktive Potential unreglementierter Privatinteressen. Der Weisheit letzter Schluß ist dies mit Sicherheit nicht. Wenn aber die Intelligenz andernorts bei Disziplinarmächten Unterschlupf sucht, dann nimmt man die Dosis Anarchie, die Enzensberger zu vergeben hat, dankbar in Empfang.

Helga Cremer-Schäfer

Gewaltige Moral-Panik[1]

1

Die »ständig steigende Kriminalität« und die »wachsende Gewaltbereitschaft« bedroht das »Sicherheitsgefühl der Deutschen«. Die Verbrechensfurcht hat sich in den »Charts der Angst« die Spitzenposition zurückerobert, so verlautbaren es populäre Medien, gestützt auf Meinungsforschung und Polit-Barometer. Die Verbreitung polizeilicher »Lagebeurteilungen« über den Zustand von Gesellschaft und Staat und die Inszenierung von »Sicherheits-Paniken« zielt schon seit gut 25 Jahren auf das Einklagen von mehr Polizei, von mehr Überwachungstechnik; es zielt auf die Ausweitung von Befugnissen oder auf die Durchsetzung von »kurzem Prozeß«. Politiker als Adressaten solcher Inszenierungen haben ihr eigenes Interesse an Sicherheits-Paniken: Warum sollten sie sich, insbesondere zu Zeiten eines entgrenzten Populismus, nicht als Schutzmacht anbieten? Wenn das nur die einzigen Folgen der Politik mit »Kriminalität« und »Gewalt« wären!
Heute wird insbesondere mit dem Reden über »Kriminalität« und über »Gewalt« darüber verhandelt und bestimmt, wer »der Gesellschaft« (oder schlicht »uns«) die Probleme macht, wie darauf reagiert werden kann und welche Grenzen von Integration und Ausschluß gelten: Wer muß und darf ausgeschlossen werden, um innere Solidarität herzustellen? Das Kriminalitäts- und Gewaltthema ist wie kein anderes geeignet, die Armen (oder modischer ausgedrückt: die »Modernisierungsverlierer«), »die Jugend«, »die Ausländer« und »die Asylbewerber« als »Problem« und »Gefahr« für die Ordnung von Gesellschaft und Staat zu definieren.

1 Zuerst erschienen in *links*, 25. Jg. (1994), Heft 4, S. 30–31

»Jugend«, »politische Extremisten«, »chaotische Gewalttäter«, »skrupellose Dealer«, »Ausländerbanden«, »Straßenkriminalität«, »Organisierte Kriminalität«, alles diente seit dem Ende der sechziger Jahre wechselweise dazu, Bedrohungslagen und Krisenszenarien zu konstruieren. Daß sich Sicherheits-Paniken so hartnäckig halten, ist eine Folge davon, daß im System des politischen Liberalismus staatliche Überwachungs- und Ausschluß-Politik nicht so einfach durchzusetzen ist. Polizeiliche Kontrolle und staatliches Strafen brauchen besondere Legitimation. Die Gegenstrategie zu diesem Versuch, gewaltförmige und repressive Eingriffe des Staates zu reduzieren, ist die Dramatisierung von »Kriminalität« und »Gewalt« durch Sicherheitsapparate zur Bedrohungslage. Problematisch ist eigentlich nicht, daß immer wieder ein neues Verbrechen gefunden wird. Was wir seit zwei, drei Jahren in der öffentlichen Diskussion erleben, ist eine Intensivierung einer schon jahrelang stattfindenden »Panik«. Im Kontext der Fremdenfeindlichkeit, der Bilder von den »Asylantenfluten«, von der Bedrohung »unseres« Sozialstaates durch »parasitäre Mißbraucher«, wird »Kriminalität« nun zum Objekt einer Phobie des Bürgers gemacht. »Drogenhandel«, »Straßenraub«, »Organisiertes Verbrechen«, »Jugendgewalt« transportieren den Mythos, Wirtschaft, Gesellschaft und Alltag würden durch das »Kriminelle« und das »Fremde« durchdrungen. Sicherheits-Paniken arbeiten bevorzugt mit Kriminalitätsnachrichten und »der Kriminalität« als abstrakter statistischer Größe. Tägliche Pressemitteilungen der Polizei und ihre viertel-, halb- und jährlichen Zahlenwerke werden durch die Medien unterhaltsam zur Schreckensstatistik aufbereitet: Die Zahl der statistischen Trugbilder ist begrenzt, sie sind altbekannt, aber immer wieder eindrucksvoll.

Die »Landkarte der Angst« weist z. B. Frankfurt schon seit Jahren als »Zentrum der Kriminalität« aus, aber weshalb steht Oldenburg an zweiter Stelle, deutlich vor Hamburg? Weshalb wird außerhalb des Zentrums der Kriminalität am meisten vergewaltigt (so soll es in Bremen sein), weshalb behaupten sich Berlin, Lübeck und Braunschweig als die Städte mit der »größten Gewalt«? Wie kommt es, daß Leipzig und Schwerin als die »Autoknackerstädte« gelten und in Hamburg am meisten eingebrochen wird? Wenn sich nicht mehr verbergen läßt, daß die »Kriminalitätsbelastung« durch »ausländische Arbeitnehmer« leicht abgenommen hat, können wir ziemlich sicher sein, daß eine neue Gruppe »hochbelasteter« Fremder ausfindig gemacht wird: die Gefährlichkeit der »nichtintegrierten Asylanten« und der »jungen Immigranten« wird der aufgeweckte Journalist doch nicht tabuisieren! Die Bedrohungsszenarien des polizeilich-publizistischen Dramatisierungsverbundes beruhen auf der Sicherheit, daß das Publikum und die Politiker die Rechenoperation nicht mit den Risiken des Lebens vergleichen. Die »Kriminalitätsuhr« (alle 1,3 Minuten ein Ladendiebstahl, alle 11 Stunden ein Mord) ist besonders beliebt, ein Bedrohungsgefühl unabhängig von Schadensrisiken zu produzieren. Ihr steter Rhythmus drängt das Gefühl auf, mit jedem Schlag der eigenen Bedrohung näher zu kommen. Der Trick beruht darauf, eine mit der Bevölkerungszahl wachsende Anzahl von kriminalisierbaren Ereignissen und Anzeigen auf das Zeitbudget einer Person zu beziehen: Die Zahl der Delikte, die in Bad Vilbel, in Frankfurt, in Bonn, der gesamten Republik, auf der Welt passieren, wird immer durch 365 Tage, durch 52 Wochen, durch 24 Stunden, durch 60 Minuten dividiert. Das wird als das Risiko einer jeden Person ausgegeben, so als ob sie gleichzeitig an jedem Ort, in jeder sozialen Situation sein könnte. Das stellt die Wahrnehmung her, daß »die Bevölkerung« über alle Grenzen der sozialen und politischen Klassen, der Geschlechter, der Regionen und der Generationen hinweg bedroht sei.

2

Wie kritisch professionelle ErzieherInnen, Soziale-Probleme-Berufe, sanfte Kontrolleure und die Wissenschaften davon oder die Intellektuellen auch immer sein mögen, die im polizeilich-publizistischen Dramatisierungsverbund geschaffenen Kriminalitäts- und Gewaltwellen nehmen sie (meist) als »die Wirklichkeit«. Die fabrizierte Wirklichkeit, die bedrohte »Lage der Nation« wird für manche politische und professionelle Reform-Fraktion zwar Anlaß, alte Reformprojekte zur Sprache zu bringen und mal wieder auf die Notwendigkeit von Bildungs-, Jugend-, Arbeitsmarkt- oder Familienpolitik zu verweisen. Das ist sicher gut gemeint. Aber die Klage über die sozialen Probleme kippt regelmäßig um in eine über Personen, die zwar Probleme haben mögen, die aber aktuell »uns«, »der Gesellschaft« und »dem Staat« solche machen. Erst Moral-Paniken arbeiten aus, von welchen gesellschaftlichen Gruppen die Gefahren kommen. Erst damit wird besiegelt, daß wir ein Ausländerproblem hätten, daß Armut (wahlweise auch Arbeitslosigkeit, die Scheidungs- oder die unvollständige Familie, die gefühlskalte Mutter) eine Brutstätte für Kriminelle und Gewalttäter seien. Erst die Prädestinationslehren und Ursachen-Theorien der psycho-sozialen und intellektuellen Diskurs-Teilnehmer diskreditieren die Verarmten, die Jungen, die Nichtintegrierten sozial und bringen sie auch noch in der Moral-Hierarchie auf die niedrigste Stufe. Polizei und Politik alleine könnten das »Policing the Crisis« (Stuart Hall) nicht bewerkstelligen. »Policing the Crisis« beschreibt die Transformation sozialer Konflikte in moralische Kämpfe. Durch die Verdichtung des Etiketts »Gewalt« mit dem der »Kriminalität« werden aus traditionellen »Folk-Devils« »gefährliche Subjekte« und »Störer gesellschaftlicher Ordnung« geformt, deren Ausgrenzung Konsens schafft und den Widerstand gegen Arbeitslosigkeit, Sozialstaatsabbau und Armut in Grenzen hält.

Das Muster, nach dem »Kriminalitäts-« und »Gewaltdebatten« geführt werden, ist eine Hinterlassenschaft der Anti-Terrorismus-Kampagne und der »Sympathisanten«-Debatte. Beide Unternehmungen drehten sich um die Eingrenzung der »Radikalität« von Emanzipation, Demokratie und Liberalität. Ansetzend am »gewaltigen Extrem« als der »Spitze eines Eisberges«, konnte recht mühelos über den »desorganisierten Zustand« gesellschaftlicher Institutionen Klage geführt werden: das reichte von der Familie über die Schule und die Arbeit bis zu den Instanzen der Fürsorglichkeit und Kontrolle. Vielleicht ist es ein wenig in Vergessenheit geraten: Die öffentliche Anklage der »Terroristen« und ihrer »geistigen Wegbereiter« und Fürsprecher hat nicht nur die erklärten »Feinde von Gesellschaft und Staat« ausgegrenzt (und eingesperrt). Es ließ sich ein weiterer Kreis ziehen und öffentlich verhandeln, was die richtige Erziehung sei, wie Frauenemanzipation auszusehen habe, wie Schule organisiert werden solle, wie links Intellektuelle sein dürften (bzw. Jusos), wie radikal die Lehrer. Die »Sympathisanten-Debatte« diente dazu, die politischen Grenzen von Lebens- und Arbeitsweise und von Befreiungsmöglichkeiten darzustellen. Weil die politischen Grenzzie-

hungen sich der Stellvertreter und Sündenböcke bedienen und in einem normativen Gewand daherkommen, kann man dies als »Moral-Panik« bezeichnen und als »symbolischen Kreuzzug« interpretieren. Moral-Paniken rufen Herrschaftssubjekte zur Ordnung und schließen alle aus, die sich nicht auf diese Seite stellen. Heute arbeiten ehemalige Grenzgänger der Ordnung die Moral-Panik mit aus.
Wenn Erziehungs-, Psycho- und Soziale-Probleme-Professionen oder Intellektuelle sich heute zur Gewalt äußern, deuten sie sie als »Brutalisierung und Verrohung«. Das Beunruhigende an der »Gewalt« ist die Vorstellung, sie sei der »Spiegel der Gesellschaft« oder die »Spitze des Eisberges« von »Kulturverfall« oder gar »molekularer Bürgerkrieg« (Enzensberger). Und wenn erst die Beteiligung am Diskurs, die Beschwörung des Untergangs die »Allgegenwart der Gewalt« schafft? Wenn erst die Moral-Panik jene Angst und Hilflosigkeit verbreitet, die so empfänglich macht für die Unterstellung unter autoritäre Schutzmächte, weitere Sicherheits-Paniken und eine faktische Law-and-Order-Politik?

3

Das Etikett der »Gewalt« ist nützlich wegen seiner Abstraktheit. Aber was haben Männer, die ihre Frauen mißhandeln, Jugendliche, die randalieren, Migranten-Gruppen, die sich bis auf das Messer befehden, Mütter, die ihre Kinder verhauen, Schüler, die boxen, Skins, die Fremde und Linke bis zum Tod prügeln und Häuser anzünden, Kids, die Horror-Videos konsumieren, Vierjährige, die im Kindergarten Dreijährige beißen, nordafrikanische Straßenräuber und die brutale jugendliche Erpresserin gemeinsam? Nichts; es kann uns nicht einmal alles gleichermaßen moralisch empören. Wer unbedingt eine Gemeinsamkeit finden will, muß sich auf eine so abstrakte Ebene begeben, daß nur noch übrig bleibt, alle müßten ein »Defizit an Menschlichkeit« haben. Die moderne Version des »Bösen« im Menschen ist die unzivilisierte »Brutalität und Verrohung«. Weil zu dem Etikett »Gewalt« inzwischen alles paßt, wird Gewalt auch allgegenwärtig. Als Verstärker wirkt, daß alle, die sich als »verantwortliche Menschen« fühlen, sich auch in die Debatte einschalten, um sich damit als verantwortliche und »gute« Menschen zu beweisen. LehrerInnen, SozialarbeiterInnen, ReporterInnen, WissenschaftlerInnen aller Disziplinen, Seelsorger, Mütter, Elternbeiratsvorsitzende, Polizisten, MinisterInnen, echte und reuige Achtundsechziger, die »Gewaltkommission« der Bundesregierung und ihre Kritiker, die bayerische Gewaltkommission, die Experten des Hearings vom Jugendhilfeausschuß, die Fachtagung der ErziehungsberaterInnen, die Akademietagung, die angehörten ExpertInnen des Ausschusses für Frauen und Jugend, die Teilnehmer der Podiumsdiskussion der Schülervertretung, die Prominenten der Talk-Show – alle reden über die Gewalt (der anderen). Kein Medium, das nicht das Thema aufgegriffen hat. Vor allem das *Reden* über Gewalt ist allgegenwärtig, und so ist die Frage notwendig, ob nicht das die »Allgegenwart von Gewalt« konstituiert?

Ohne Aufklärung über die Mechanismen von Moral-Paniken wird es nicht möglich sein, sich aus dem Netz der Herrschaft zu befreien. Die Knoten des Netzes bestehen in der Unterstellung, Kriminalitätsanzeigen seien ein Syptom für die Verbreitung und Zunahme von Bedrohung, von unerwünschten und auszumerzenden Zuständen, und der moralische Wert einer Gesellschaft würde sich in ihrer Stärke ausdrücken, abweichende Personen und »Außenseiter« unter Kontrolle zu halten. Mit Moral-Paniken bringen sich viele »Retter« ins Gespräch und rangeln um die letzten Ressourcen für eine Politik des Sozialen, meist wird aber nur der Pädagogisierung und Familialisierung von Konflikten das Wort geredet. Dadurch wird das Gewaltproblem individualisiert und die Lösung in die »richtige« Erziehung bzw. in die »neue« Führungstechnologie verwiesen. Das Kriminalitäts- und Gewalt-Vokabular führt, weil es personalisiert und Konflikte individualisiert, immer wieder zurück zu einem Diskurs, der Individuen beschuldigt, sie mindestens sozial degradiert und versucht, sie moralisch an die Kandare zu nehmen. Im Rettungsversuch der Delinquenten können sich die KlägerInnen in der eigenen Moral wieder »gereinigt« fühlen: Die aggressionsfreie Gesellschaft wäre möglich, wenn man sie nur (sozial-)arbeiten ließe oder doch wenigstens auf sie hörte. Der moderne »Sonnenstaat«, die Ordnungs-Utopie und die funktionalistische Eugenik des Behaviouristen B. F. Skinner lassen grüßen.

Joachim Kersten

Die neue Unerbittlichkeit
Law and Order und gesellschaftliche Vergeltungsbedürfnisse

Szene 1 (irgendwo in Texas): Tränen für den Gesetzesbrecher – das Scheitern von Law and Order

Clint Eastwood, dessen Verkörperung des Polizeidetektivs *Dirty Harry* in der Bundesrepublik auf heftige moralische Bedenken der Berufsprogressiven stieß, macht nun Filme gegen Law and Order. In *Perfect World* geht es um Flucht und Ankommen, um Täterhatz und Versöhnung. Kevin Costner spielt einen Häftling, der mit einem Mitgefangenen aus dem Knast ausbricht. Er wird nicht als unschuldiges Opfer der Gesellschaft, widriger Schicksalsumstände oder des »Systems« gezeichnet wie Paul Newman in *Cool Hand Luke* oder Jack Nicholson im *Kuckucksnest*-Film. Er ist ein Täter, der bei der Flucht auch Gewalt anwendet, nicht so schlimm wie sein Mithäftling, aber immerhin. Die beiden Flüchtlinge nehmen einen kleinen Jungen als Geisel mit. Kevin Costner stellt eine Form von Männlichkeit dar, die ihn auf beiden Seiten des Spektrums, der des Gesetzesbrechers und der des -hüters, zum Sympathieträger machen kann. Er verkörpert eine Beschützermännlichkeit, und so freundet er sich mit dem Kind an. Um den Jungen zu beschützen, muß er dem mitentsprungenen Kumpel einen tödlichen Schuß verpassen. Er verwöhnt den Jungen, sieht in ihm seine Kindheit, bzw. das, was er in seiner Kindheit wohl nie hatte: Unschuld und die Gelegenheit, Furcht und Verletzbarkeit zu zeigen. In dieser Geschichte bleibt uns der Außenseiter, der aus der Gesellschaft zwangsweise entfernte Sträfling, nicht fremd. Wir kommen ihm näher, er ist der männliche Adoleszent im vorgerückten Alter; wir verstehen seine Härte, mögen seine Weichheit, können seine Suche nach Männlichkeit als Suche nach der Liebe des Vaters nachvollziehen. Niemand möchte an ihm sein Mütchen kühlen, möchte etwa, daß er von Ordnungshütern erledigt wird. Wir sehen einen Gesetzesbrecher in sozialen und emotionalen Beziehungen, identifizieren uns mit ihm, sind ihm verbunden. Er ist zwar auch Täter, aber eben nicht nur Täter.

Der Regisseur Eastwood verpaßt dem Publikum eine harte Ladung, keine Verdrängungs- oder Besserungsstory. Der durch Costner dargestellte Charakter dreht in einer schwarzen Familie, bei der sie auf der Flucht Aufnahme finden, durch, als der Mann seinen Sohn schlägt. Die Wut, das Vergeltungsbedürfnis, die »Erziehungsmethoden« des durch Costner dargestellten Manns sind eine Metapher für die Kultur des Erziehens durch Strafe und Schmerz. Der Sträfling bestraft den Kindesmißhandler, der die auch von genervten Müttern ausgeübte Form des en passant verabreichten Schlags ins Gesicht ausübt. Der Gesetzesbrecher identifiziert sich mit dem geschlagenen, dem ohnmächtigen Opfer, aber seine Gefühle haben jeden Bezug zu dem, was andere fühlen und erleiden, verloren. Er nimmt dem Vater jede Möglichkeit der Bewegung und macht ihm mit seiner Übermacht, der Schußwaffe, angst. Als die Großmutter und der Junge Mitleid mit dem Vater bekommen, kann der Rächer dies nicht zulassen. Er verklebt ihnen die Münder. Auch das Gebet angesichts der bevorstehenden Katastrophe muß unterbleiben. Der vermeintlich legitimierte Strafvollstrecker mutiert zum Gewalttäter: Auf Täterschaft festgelegte Individuen und ihre Familien werden ohne Erbarmen drangsaliert. Eine Kommunikation darf es nicht mehr geben. Das ist die Strafrechtspraxis. Im Film gebietet der Kleine dem Großen Einhalt, indem er in seiner Verzweiflung auf ihn schießt. Der Große ist verwundet, der Kleine wirft die Waffe, das Symbol der Übermacht von Gewalt über Kommunikation, weg. Der verwundete Mann folgt dem Jungen über eine Wiese, aber er will ihn nur um sich haben, ihm nicht wehtun, nicht mit seinem Schmerz allein sein. Die beiden versöhnen sich unter einem Baum.

In diesen Schlüsselszenen vermittelt der Film Einsicht in das Elend der Gewalt, in ihre Umstände, ihre Wiederholungszwänge – eine sich fortsetzende Tragödie für alle Beteiligten, auch für die, die die Täterrolle spielen, und die, die wirklich Einhalt gebieten und nicht nur Vergeltung wollen. Nur ein Mitfühlender kann Einhalt gebieten, kann den Täter und uns sehen und fühlen lassen, wie aus Gutgemeintem oder aus dem Beharren auf Vergeltung für die eigenen erlittenen Schmerzen Unrecht und Gewalt gegen andere wird. Der Junge macht in diesem Film aus dem Täter und dem Publikum Geläuterte. Er steigt vom Baum und setzt sich zu dem Schwerverletzten. Wir, die Zuschauer, sind dem Kind und dem Häftling nahe, jedenfalls bis zum Ende des Films näher als denen, die ihn jagen und auf der Wiese zur Strecke bringen wollen. Ein Law-and-Order-Mann vom FBI, *trigger-happy*, erschießt den Flüchtling, der gerade angekommen ist, weil er sich über den Jungen mit sich, seiner Kindheit und dem Vater (Vater, warum hast du mich verlassen) versöhnt hat. Wir und der Junge wollen ihn gerettet sehen. Der Junge weint verzweifelt, und der Soundtrack mischt sich mit dem Geschluchze und Geschneuze im Publikum. Der Polizist Clint Eastwood, der alte und desillusionierte Jäger der bösen Kerle, haut dem Mann vom FBI eine rein: Die Kriminologin, gespielt von Eastwoods Tochter, tritt dem Law-and-Order-Vertreter in die Eier. Sonst gibt es keinen Trost.

Auch in anderen neuen Filmen geht Eastwood ironisch, manchmal auch dezidiert ablehnend mit der Vergeltungsmentalität in unseren Kulturen um. In *Unforgiven* (*Erbarmungslos*) zieht der gealterte, ehemalige Law-and-Order-Legionär, der Strafvollstrecker, wiederum dargestellt durch Clint Eastwood, mit zwei Gefährten los, um im Auftrag und gegen Bezahlung das Geschäft der Vergeltung auszuüben, um vermeintliches Recht wiederherzustellen. Aber nicht um Unrecht wiedergutzumachen, denn das ist nicht mehr möglich: Eine Prostituierte ist mißhandelt worden, ihr Gesicht für immer entstellt, weil sie einen Mann in seiner männlichen Ehre, die bei ihm unter der Gürtellinie angesiedelt ist, beleidigt hat. Das Gesetz, repräsentiert durch die Macho-Gemeinde, läßt die Täter laufen. Die Kolleginnen des Opfers sammeln Geld und mieten sich Clint Eastwood. Die Handlung des Films zeichnet die Sinnlosigkeit und die Katastrophe von Law and Order, nicht bei den Tätern und auch nicht bei den Opfern, sondern bei den Vollstreckern. Die Solidarität der Prostituierten mit dem Opfer ist in dieser Parabel durchaus glaubwürdig. Man identifiziert sich mit dem Opfer, versteht es, sieht aber auch, daß, was dann im Namen der Vergeltung geschieht, keine Kompensation für begangene Gewalt sein kann.

Im Hollywood-Film sind wir gerne einmal sentimental. In den Alltagsmedien hingegen hat die Law-and-Order-Mentalität Einzug gehalten. Täterhatz und Bestrafungswut feiern fröhliche Urständ[1]. Diejenigen, die tatsächlich Verbrechensopfer wurden, wollen in der Regel keine Rache. Von Wissenschaftlern befragt, verlangen sie vom Täter Einsicht in das Unrecht und eine Form der diskursiven, materiellen und emotionalen Wiedergutmachung für sich selbst. Anders die Opferstellvertreter in Sendungen des privaten und öffentlichen Fernsehens. Sie heizen ein, sie wollen Vergeltung. Sie verbreiten jene Stimmung, auf die sich hastig zusammengeschriebene Parteiprogramme zu Fragen der Inneren Sicherheit berufen.

Szene 2 (ein Fernsehstudio in der Bundesrepublik): Uhu und Eule auf Täterjagd

Eine beliebte Talk-Show, spätabendlich vom »freundlichen Uhu« moderiert: Ein Rocksänger erzählt von seiner Eifersucht und wie er einmal ausgerastet ist. Er war eifersüchtig und jagte hinter seiner Geliebten auf der Autobahn her. Sie nahm gerade von einem Nebenbuhler Abschied, nach Meinung des Gehörnten mit etwas zu viel Aufwand. Die schlechte Nachricht: Führerschein weg, Ärger mit den Instanzen, Karriere im Eimer. Die gute Nachricht: Die betreffende Dame hat ihn dann doch erwählt. Applaus. Die wohl bekannteste öffentliche Anstaltsfeministin schließt sich der Runde an. Sie hat sich, noch im Publikum sitzend, während der Selbstdarstellung des Rocksängers in dessen Frau, das Opfer, »hineinversetzen« müssen, sagt sie. Der Kerl ist für sie ein Täter, punktum. Nach dieser ersten Erkennungsübung in Sachen Täterentlarvung wird die tödliche Affäre eines Politiker-Paares aufgerollt. Dieser Fall sei, sagt die Journalistin, ein Mordfall. Sie spricht hier als Ermittlerin, tritt mit dem Gestus und der Diktion der juristischen Expertin auf. Sie habe alles sorgfältig recherchiert, mit vielen Zeugen gesprochen, bevor sie ihr Buch, eine Art unbestelltes Gutachten über das Ende des Paares, schrieb. Er, der »Filou« und »Charmeur«, habe sie, die arme ängstlich-panische, aber

1 Joachim Kersten, Der Law-and-Order-Mann. Eine Begriffserklärung aus aktuellem Anlaß, in: *Süddeutsche Zeitung*, 4.7.1993

ganz besonders auf ihn angewiesene Pazifistin getötet, als sie schlief. So habe er ihr Vertrauen mißbraucht. Die Sache ist klar: Er ist Täter, weil er Mann ist, sie Opfer, weil sie Frau ist. Männer mißbrauchen Frauen. Applaus für die blinzelnde Eule in der schwarzen Robe für ihre erkennungsdienstliche Brillanz als Stellvertretungsopfer. Fall gelöst, auch der Uhu strahlt zufrieden. Welch unterhaltsame Lektion ist doch dieses Boulevardschwätzchen über Gewalt und Tod, die ideale Kombination von Enthüllung und Selbstdarstellung, Fernsehgericht und »XY-Ungelöst«. Hinter jedem Mann, ob noch lebender Rocksänger oder schon toter Ex-Militär und Politiker, muß immer auch der Mann als Täter stehen.

Szene 3 (Studio eines Privatkanals): Opfer und Täter im Fernsehvolksgerichtshof

In Sendungen zur privaten Gewalt nehmen die Opfer im Schein der Studiolampen für uns Gestalt an. Wir sind ihnen nicht nahe, können uns stets distanzieren. Opfer dienen dazu, daß unsere Vorstellungen über Täter Profil gewinnen können. Die Opfer stehen gefaßt da, wir dürfen gespannt sein auf das Erlittene. Es kommt die Aufforderung, mal forsch, mal mit emphatischem Timbre in der Stimme von ModeratorInnen: »Erzählen Sie uns doch mal, wie war das bei Ihnen?« Jetzt dürfen wir uns Leiden anhören, nicht vermittelt über Dritte, sondern aus erster Hand, aber in beruhigender Distanz (Gott sei Dank nicht aus der Nachbarwohnung): Siebzehn Jahre vom Ehemann mißhandelt, nach der Hochzeit eingesperrt, täglich dreimal vergewaltigt und dabei geschlagen, täglich vom Partner verprügelt. Die Opfer durchleben noch einmal ihre Angst und ihre Schmerzen bei der Selbstdarstellung. Sie fordern Schutz und Vergeltung. Die Kamera zieht durch die Reihen der Studiogäste, um Betroffenheit in den Gesichtern einzufangen. Auch wir dürfen uns jetzt betroffen fühlen. Die Konjunktur des Themas und das Strickmuster der Sendungen erfordern, daß eine Gegenposition sichtbar wird, damit sich die Zuschauer auch aufregen oder, besser noch, sich für oder gegen etwas entscheiden können. Sollen die Täter in den Knast, zum Beispiel? Wer in solchen Sendungen Einspruch erhebt und relativierend den Ursachen in Gewaltszenen nachgehen will, kriegt nur zögernden Applaus. Wer davor warnt, bei Konflikten immer von einer deutlichen Grenze zwischen Gut (= Frau) und Böse (= Mann) auszugehen oder die Kinder als Bündnispartner zu benutzen, wird kommunikativ niedergemacht, manchmal schon präventiv durch Unterbrechung des Arguments. So ist diesen Veranstaltungen die von Kritikern konstatierte Qualität eines Volksgerichtshofs im eigentlichen Sinne nicht abzusprechen.

Ein Opfer, das zur Täterin wurde und den Mann erschoß, der ihre Tochter umgebracht hat, sagt erregt so etwas wie: »Er ist ein Triebtäter, zack, weg mit ihm«, und das Studiopublikum klatscht und johlt zustimmend. Der adrette Moderator, Ankläger, Richter und Schiedsrichter zwischen den Pro- und Contra-Fraktionen, wird beim Thema Männergewalt zum allmächtigen Opferbeauftragten oder holt sich gleich ein Berufsopfer ins Studio. Dieses darf nach jedem sachlichen Argument gegen den Ruf nach härteren Strafen oder gegen die Pauschalbehauptung von zu milden Urteilen der deutschen Strafjustiz einen grausigen Fall erzählen, in dem es dem Opfer schlecht ergeht und der das Publikum in seinem Gefühl bestätigt, der Gerechtigkeit werde in deutschen Gerichten nicht hinreichend Genüge getan.

Eine Frau aus dem Publikum berichtet von gewalttätigen Auseinandersetzungen in ihrer Partnerschaft; der Mann, der sie bei solchen Anlässen (sie rastet aus, zerschmeißt Porzellan und Mobilar) schlägt, sitzt daneben und bestätigt seine Täterschaft. Wie wird er sich fühlen, wird er vom Moderator gefragt, wenn er morgen nach der Sendung, nach seinem Tatbekenntnis den Kollegen gegenübertritt? Er sei ja hierher mitgekommen, um etwas daran zu ändern, sagt er. Das heißt doch, er will sich bessern, oder? Nachgefragt wird lieber nicht, denn die Stimmung im Studio ist so schön, daß wir es alle auch daheim vor den Bildschirmen glauben möchten: Der Täter wird durch den Wortwechsel mit dem Moderator geläutert und als geheilt entlassen.

Die Frau als Opferkonstrukt kann sich in solchen Sendungen wohl am ehesten aller Sympathien sicher sein. Hört man aber selber Schreie aus der Wohnung von nebenan oder von der Straße, schweigen die meisten fein still. Keine Kamera zeigt dann die Verstörtheit in unseren Gesichtern. Kein Problemconferencier plappert uns gekonnt vor, was davon zu halten ist. Kein Studiobeifall bestätigt, auf welche Seite wir uns zu schlagen haben, welchem der widersprüchlichen Beiträge unserer inneren Stimmen wir Glauben schenken können, wenn in unserer Nähe Konflikte aus dem Ruder laufen.

Szene 4 (in der dunklen Studiogasse): Frauen schlagen zurück

»Was glauben Sie, warum die Gewalt gegen Frauen immer mehr zunimmt? Was sollen die Frauen tun?« fragt die Reporterin Volkes Stimme auf der Straße. Das Volk sagt: Die Gewalt gegen Frauen steigt, und es ist höchste Zeit, etwas dagegen zu unternehmen. Wir sehen eine junge Frau. Sie trägt, nachdem sie eine physische Attacke erlebt hat, stets Waffen bei sich. Es handelt sich dabei um ein im Handel erhältliches Spray und um ein ebenfalls im Handel erhältliches Messer. Führt eine Person letztere Waffe bei sich, so begeht sie eine Straftat. Das aber ist in solchen Sendungen offenbar nicht mehr erwähnenswert.
Eine andere Frau möchte ihre ungeschützten Geschlechtsgenossinnen mit Schußwaffen ausrüsten, um gefährlichen Triebtätern, als Beispiel nennt sie Exhibitionisten, wirksam begegnen zu können. Exempel: Frau geht durch den Park. Ein Kerl macht den Mantel auf (er will vielleicht nur pinkeln, aber wer weiß das schon). Peng, weg ist er, aber diese Szene wird nicht gezeigt.
»Gewalterfahrung« leitet auch das Kapitel »Selbstverteidigung für Frauen« ein. Das hier vorgestellte Opfer arbeitet in einem Bekleidungsgeschäft. Neulich kommt doch eine Gruppe Jungs in den Laden, berichtet sie, und einer klaut Hemden und verschwindet. Den anderen (sie vermutet, daß es sich um eine kriminelle Bande handelt) verstellt sie an der Tür den Fluchtweg. Sie sollen gefälligst den Namen ihres Kumpels nennen. Statt dessen schubsen die Bengels die Verkäuferin einfach beiseite und verduften. Das war das Schlüsselerlebnis: Bis hierher mit der Männergewalt und nicht weiter. Jetzt trägt die junge Frau einen orangenen Gürtel in einer fernöstlichen Kampfsportart. Ein Jahr trainiert sie schon. Sie schlüge jetzt hundertprozentig zu, wenn sie einer provoziert. Zur Demonstration ihrer Fertigkeiten haut sie vor unseren Augen ein Holzbrettchen durch, und in der

Tat, es hat keine Chance. Am Ende der Sendung macht sie gleich zwei veritable Bösewichter mit Damenstrümpfen über dem Kopf in der engen Gasse fertig. Die Reporterin redet zwar noch vor sich hin, daß gewaltsame Selbstverteidigung nicht die Lösung sein dürfe, aber die Bilder sprechen eine andere, deutlichere Sprache: Die Täter krümmen sich am Boden.

In der Sendung kommen auch eine Polizistin und eine Städteplanerin zu Wort, die sachliche Standpunkte skizzieren. Höhepunkte der Sendung sind eine Diskussion über Schußwaffen, passenderweise in einem Schießstand, und ein verbaler Schlagabtausch im Trainingsraum eines Kampfsportunternehmers. Dort streiten sich schwarzbegurtete Hieb- und TrittkünstlerInnnen untereinander und mit einem Verhaltensbiologen. Auch ein paar Gewaltopfer dürfen noch etwas zur Verwirrung beisteuern. Waffenhändler und Kampfsportanbieter dürften sich über derartige Sendungen zur besten Sendezeit in den öffentlichen Kanälen freuen. Die warnende Polizistin und die Städteplanerin unterliegen der Eine-Frau-sieht-rot-Riege klar nach Punkten.

Gewalt und Innere Sicherheit in Deutschland – Fiktionen und Fakten

Im Laufe der achtziger Jahre ist in Deutschland die bekannt gewordene Kriminalität gegen Personen in bestimmten Bereichen zurückgegangen bzw. hat sie zumindest stagniert, was entgegen einer verbreiteten Auffassung insbesondere auf das Delikt der Vergewaltigung zutrifft. Unsere Gefängnisse, in denen sich Gewalttäter in der Position einer Minderheit befinden, waren lange unterbelegt. Darum hat man uns im Ausland beneidet, denn Gefängnisse sind teuer, in der Regel problematisch, weil sie nicht helfen, sondern ihre Insassen langfristig eher verschlimmern als bessern. Andere Industrieländer weisen wesentlich höhere Kriminalitätsraten auf. Deutschland liegt im Vergleich aller zugänglichen und halbwegs vergleichbaren Daten eher in der Mitte. Länder wie die USA, Australien und Neuseeland hatten in den letzten zwei Jahrzehnten massive

Anstiege in der Kriminalität gegen Personen zu verzeichnen.[2] Unser Kriminalitätsanstieg ist rezenten Datums und hängt manchmal auf komplexe Weise, manchmal auch direkt mit den Veränderungen nach der Wiedervereinigung, der Öffnung Osteuropas und der ehemaligen Sowjetunion und mit den gegenwärtigen europäischen und globalen Krisen zusammen.

In völligem Gegensatz zu der momentan grassierenden Angst, daß Frauen, ältere Menschen und diejenigen, die durch harte Arbeit zum nun gefährdeten Mittelstand aufgestiegen sind, durch die ausufernde Kriminalität besonders bedroht seien, kommen Untersuchungen von Opfern zu einem gegenteiligen Ergebnis: Mehr oder weniger besitzlose junge Männer werden am häufigsten Opfer von Eigentums- und Gewaltkriminalität, die von Angehörigen derselben marginalisierten Bevölkerungsgruppe ausgeübt wird. Obwohl viele dieser Opfer im Vergleich zu versicherten Bessersituierten keine Anzeige erstatten, beherrschen sie zahlenmäßig bei weitem das sichtbare Feld der gemeldeten Opferwerdung.

Die überwiegende Mehrzahl gewaltförmiger Vergehen, einschließlich Mord, Körperverletzung, Vergewaltigung und Kindesmißbrauch, passieren nicht auf dunkler Straße und werden auch nicht von fremden Männermonstern verübt. Sie geschehen im Haus oder im Auto des Opfers oder des Täters. Angriffe gehen von Männern, viel seltener auch von Frauen aus, die das Opfer vorher kannte. Der lauernde Bösewicht ist eine Gestalt der Angst, aber er bestimmt nicht die Wirklichkeit der gewalttätigen Konflikte in unserem Land.

Die meiste Gewalt geschieht in den Familien. Etwa 150000 Kinder werden jährlich durch Mütter und/oder Väter körperlich mißhandelt. Das ist ein etwas zwiespältiger Umstand für diejenigen, die die Familie als das Allheilmittel gegen Kriminalität und Gewalt in unserer Gesellschaft ansehen. Leiden, Gewalt, Tätersein und Opferwerdung resultieren häufig aus Problemen in der Familie. Gewalt hängt außer mit wirtschaftlicher Not auch damit zusammen, daß die gesellschaftlich propagierte Fiktion von der heilen Familie und vom trauten Glück zu zweit eine Neurosenursache erster Ordnung ist.

2 Joachim Kersten, Crime and Masculinities in Australia, Germany, and Japan, in: *International Sociology*, 8/4, 1993, S. 461–478

Trotz aller Probleme in den eigenen vier Wänden: In der Wissenschaft werden die seit Mitte der achtziger Jahre kursierenden Behauptungen über das Dunkelfeld sowohl bei der Mißhandlung von Partnerinnen/Ehefrauen als auch beim sexuellen Mißbrauch von Mädchen (»Väter als Täter«) zunehmend als unseriös betrachtet.[3] Einige der Hochrechnungen (»Jede dritte Frau wird mißhandelt, jedes vierte Mädchen wurde mißbraucht«) beruhen auf einer Sichtweise, die mehr oder weniger alle weiblichen Gesellschaftsmitglieder als Opfer ansieht und alle männlichen als potentielle Täter einordnet. Gesellschaftlichen Gewaltproblemen wird eine ubiquitäre Verbreitung angedichtet, die moralische Empörung über die bösen Männer im Patriarchat auslösen soll, tatsächlich aber zum gegenteiligen Effekt führt. Gewalt und Mißbrauch werden als so alltäglich und weitverbreitet dargestellt, daß sich die Parallele zum Falschparken aufnötigt. Nicht jede, auch nicht jede dritte und mit einiger Wahrscheinlichkeit auch nicht jede zehnte Frau macht die Erfahrung sexuellen Mißbrauchs mit körperlichem Kontakt. Die Kampfparole »Väter sind Täter« unterstellt, daß es vor allem die leiblichen Väter sind, die ihre Töchter sexuell mißbrauchen. Diese These war zur Zeit der völligen Tabuisierung des sexuellen Mißbrauchs verständlich, vielleicht sogar notwendig. Vor dem Hintergrund neuerer, methodisch sorgfältigerer Untersuchungen ist sie nicht mehr zu halten. Etwa ein Fünftel der Täter sind ihnen zufolge biologische Väter oder Stiefväter. Väter und fremde Täter sind in der Minderheit gegenüber Tätern aus dem Bekanntenkreis. So notiert Michael-Sebastian Honig: »Die Gruppe sexueller Übergriffe, die die größte Empörung auslöst und im Vordergrund der öffentlichen Diskussion steht, kommt also vergleichsweise am seltensten vor: nämlich diejenigen sexuellen Gewalttaten, die von Vätern an Töchtern verübt werden, lange andauern und den Charakter von Vergewaltigungen haben.«[4]

Auch die Forschung über Mißhandlungen in der Ehe läßt erhebliche Zweifel an den Standardannahmen aufkommen. Heinz Steinert

3 Peter Wetzels, *Prävalenz sexueller Kindesmißhandlung in der BRD. Ergebnisse einer retrospektiven Befragung*, Kriminologisches Forschungsinstitut Niedersachsen, Hannover 1994

4 Michael-Sebastian Honig, *Verhäuslichte Gewalt*, Frankfurt 1992

schreibt dazu: »Die Kampagne gegen die Gewalttätigkeit der Männer kommt nicht in erster Linie von den Unterschicht-Frauen, die ihr tatsächlich besonders ausgesetzt sind, sondern stellvertretend von Mittelschicht-Frauen, die wenig Erfahrung damit haben, sie schlecht abwehren können, wo sie ihnen doch begegnet, und die sie besonders moralisch verwerflich finden. Wer das Problem unmittelbar hat, muß damit pragmatisch umgehen, in Abwehr, in Vermeidung, in balancierender Hinnahme (wenn der Mann nicht immer prügelt, sondern auch seine guten Seiten hat), vielleicht auch in Resignation angesichts von Ausweglosigkeit. Moralische Empörung ist in dieser Situation wenig hilfreich und wird daher oft eingespart.«[5]
Zumindest bei der Kriminalität, auf die sich die Angst der Bevölkerung vorwiegend bezieht, hat sich die Entwicklung im Vergleich zu früher nicht so dramatisiert, daß eine allgemeine Krisenstimmung, einschneidende Eingriffe in Grundrechte und ein schärferes Durchgreifen des Staates als gerechtfertigt erscheinen. Die Angst vor den bösen Tätern verkauft sich gut, denn sie läßt uns die Angst und die Ohnmacht angesichts bedrohlicher ökonomischer, ökologischer und politischer Zustände vergessen. An der Konjunktur des Unsicherheitsgefühls beteiligen sich neben den in wichtigen Fragen konzeptionslosen Volksparteien auch Vertreter sozialer und wissenschaftlicher Gruppierungen. Als Propheten einer düsteren Zukunft und als ErsatzrächerInnen können solche ExpertInnen medienöffentlich über das Böse im Mann, wahlweise in der Gesellschaft unken. Die Verpflichtung zur begründeten Analyse wird durch Gesinnungsbekundung und berufsmäßige Dauerbetroffenheit ersetzt. Das Übel wird stets bei den anderen vermutet und berechtigt zur Aggression gegen sie, insbesondere gegen Kritiker, auch schon mal zur handgreiflichen – wie jüngst gegen Katharina Rutschky – ganz wie bei der gewaltbereiten Jugend.

Kriminalitätsangst wird vor allem herbeigeredet. In der Kriminologie kennt man seit längerem Ergebnisse, die darauf hinweisen, daß die quantitative Entwicklung der Kriminalität in einer Gesellschaft

5 Heinz Steinert, Zur Lage der inneren Unsicherheit, in: *Neue Kriminalpolitik*, 5/4, 1993, S. 38–42

und das Ausmaß der Angst vor dem Verbrechen zwei voneinander unabhängige Größen sind. Es gibt Zeiten, in denen trotz rückläufiger Kriminalitätsraten die Angst zunimmt.[6]

Kriminalitätsangst und darauf aufbauende Strategien der »Strafe-muß-sein«-Fraktion in Politik, Feminismus und Pädagogik beziehen sich stets auf Kriminalität im traditionellen Verständnis. Es wird in bestimmte Angstbilder investiert, die deshalb so attraktiv sind, weil sie mit der Realität so gut wie nichts zu tun haben.

In der Realität des schweren Verbrechens sind es vor allem die Vertreter von Industrie, Wirtschafts- und Finanzunternehmen, Verwaltungen und Regierungen, die weltweit den größten ökonomischen Schaden verursachen und die Gesundheit, sogar das Leben von arbeitenden Menschen und Kindern fahrlässig aufs Spiel setzen, häufiger zum Nutzen der Firma oder Organisation, der sie angehören, als zum Zweck persönlicher Bereicherung. Man nennt dies in der anglo-amerikanischen Fachsprache »Organisational Crime« oder auch »White Collar Crime«.

In Deutschland gibt es zur Zeit keine realistische Diskussion über Kriminalität. Statt dessen werden bei uns die populistischen Konstrukte des bösen Mannes, der finsteren Süd- oder Ostmafia und der gewaltbereiten Jugend verkauft. Was an Stimmung über Kriminalität und Jugendgewalt verbreitet, als Prävention von Kriminalität und als Vergeltung gerechtfertigt wird, schlägt auf die Kriminalpolitik durch. Es ist falsch zu behaupten, daß allein die Medien Kriminalitätsangst erzeugen. Sie bringen nur an Mann und Frau, was latent da ist, was in Bildern von Gefahr, von Tätern und Opfern gestaltet und gemeinsam ausgekostet werden kann und darf. »Crime pays«: Verbrechen zahlt sich aus. Nicht für die gewöhnlichen Täter, aber sicherlich für das Medienkapital wie für die Moralunternehmer jeglicher politischer Couleur. Und nicht zuletzt für die, deren rechtsbrecherisches Handeln aufgrund der verbreiteten Fixierung auf die Täter in den dunklen Straßen auch im hellen Tageslicht der Management- und Politiketagen unbehelligt bleibt. Die neue Unerbittlichkeit, die aus der Mitte der Gesellschaft wächst und deren rechtsstaatliche Substanz

6 Klaus Boers, Kriminalitätsfurcht. Ein Beitrag zum Verständnis eines sozialen Problems, in: *Monatsschrift für Kriminologie und Strafrechtsreform*, 76/4, 1993

auszuhöhlen droht, ist die falsche Antwort auf die nicht zu bestreitende Tatsache, daß die zweite deutsche Republik in einer schweren Krise steckt.

Wer ist eigentlich orientierungslos? Wissenschaft und Jugendgewalt

Seit der Wiedervereinigung stehen »Ausbrüche von Jugendgewalt« im Mittelpunkt medialen Interesses und wissenschaftlicher Besorgnis. In der gegenwärtigen Jugendgewaltdiskussion fallen bei den besonders populären Erklärungsansätzen gewisse stereotype Muster auf. Eines davon ist die Pädagogisierung des Problems. Irgend jemand muß schuld sein, am besten eine allgemeine Instanz wie »die Gesellschaft« oder auch »die antiautoritäre Erziehung«. Eine Leidenschaft der Jugendforschung ist das aufgeregte Erklären von Problemen, die man sich gar nicht genau angeschaut hat.

Eine andere Vorliebe erstreckt sich auf die »Theorie« von *der* Desintegration *der* Gesellschaft und von *der* Orientierungslosigkeit *der* Jugend. Keine dieser populären »Erklärungen« von Jugendgewalt kann Neuigkeitswert für sich beanspruchen. Oft erinnern sie, zum Teil wörtlich, an die Ansätze der amerikanischen Kriminalsoziologie der zwanziger, dreißiger und fünfziger Jahre. Befreit von der Verpflichtung, sorgfältig mit empirischen Daten zu arbeiten und begründet zu argumentieren, unterfüttert man Alltagskonzepte (es wird alles immer schlimmer, die Jugend hat es schwer) mit soziologischen Stretchkonzepten wie »Modernisierung« und »Individualisierung«. Dadurch wird eine allgemeine Stimmung des Werte-GAU erzeugt, die dem Drang der Medien nach Dramatisierung und Vereinfachung in die Hände spielt.

Ob beim »Wochenend- und Hau-mal-rein!«-Kampfsportvergnügen der Hooligans aus der Mittelschicht oder beim Angriff von Skins auf Asylanten: Schon genaueres Hinschauen würde ein zutreffendes Bild vermitteln. Ein Ansatz, der Jugendliche nur als Opfer gesellschaftlicher Prozesse auffaßt, unterliegt einem Denk- und Perspektivenverbot.

Jugendexperten sehen sich gerne als Therapeuten und Stellvertretungsanwälte. So werden in einem Buch über Skinheads von Farin und Seidel-Pielen[7] deren Vernichtungswünsche, die sich auf Andersartige, Ausländer, Menschen anderer Rassen und Abweichende richten, sowie ihr Ordnungsfanatismus und Nationalismus als »ehrliche« Aussagen charakterisiert, aus denen wir viel über »Verletzbarkeit« und »Phantasien« der Jugendlichen erfahren könnten. Eine weniger helferisch ausgerichtete Lesart kann dagegen viele Orientierungen an »harter Männlichkeit« in den Äußerungen von Skinheads erkennen: Farbige Männer »nehmen uns unsere Frauen weg«; das »Männermäßige bei Türken« wird bewundert; Asiaten sollten nicht »ohne Sinn und Verstand angegriffen werden oder ohne Grund brutal zusammengeschlagen« werden. Im Klartext: Der Glaube an die Wertlosigkeit ausländischer Menschen in Deutschland macht ihre gezielte, möglichst »saubere und effektive« Beseitigung, eben mit »Sinn und Verstand«, zum Mittel der Wahl. Dahinter steckt der rassistische Machtanspruch, den rechte Jungs mangels Zugang zu anderen Darstellungsmöglichkeiten hegemonialer Männlichkeit in Reinform vertreten.

Die Orientierung von Skins bezieht sich auch darauf, daß sie gerne Beschützer der Frauen und der deutschen Nation sein möchten, als »Deutschlands rechte Polizei« (Skingesangsformation *Störkraft*), z. B. bei Skin-Aktionen wie in Hoyerswerda, wo, wie einer von ihnen sagt, »das Volk dahinter« stand. Einige Jugendforscher wollen in der Skinhead-Szene die Widerstandskultur der deutschen Arbeiterjugend erkennen, ähnlich wie früher in Rockern, Fußballfans oder anderen Gruppierungen marginalisierter Jungmänner. Etwaige antirassistische Selbststilisierung wird als politisch-menschliche Haltung aufgefaßt. Sogenannte Redskins beschützen aber keineswegs türkische Kinder auf dem Spielplatz oder halten Nachtwache vor Asylbewerberunterkünften. Die Abgrenzung gegen rechte Boneheads dient vor allem der Berechtigung, sich mit letzteren zu prügeln.

Fehlinterpretationen der genannnten Art sind kennzeichnend für die deutsche Jugendsoziologie: Ob Halbstarker, Rocker, aufsässiger Demonstrant, passiver Widerständler, Autonomer, Punk, Skin oder Stinknormaler (hier ist auch *die* Stinknormale zu nennen, ansonsten

7 Klaus Farin und Eberhard Seidel-Pielen, *Skinheads*, München 1993

sind diese Kulturen männlich dominiert), man wird routinemäßig seines Geschlechts und damit zusammenhängender Orientierungen entkleidet und unter »die Jugend« subsumiert. Ob man dann als Opfer der Gesellschaft bemitleidet, als Widerständler gefeiert, als Produkt mißlungener Sozialisation pathologisiert oder mit kriminologischer Unterstützung kriminalisiert wird, hängt vom Zeitgeist ab. Bevor noch genau hingeschaut wird, gehen in der deutschen Jugendforschung pädagogisch begründete Hilfs-, Bevormundungs- und Strafbedürfnisse eine ungute, oft kaum zu durchschauende Verbindung ein. Momentan wird deutlich wie selten in der deutschen Nachkriegsgeschichte: Wer gestern noch für pädagogische Milde und Nachsicht plädiert hat, ruft heute nach dem Staatsanwalt und drakonischen Strafen.

Die Wunschbilder hinter den Zuschreibungen von Werteverlust und Orientierungslosigkeit bei den Jugendlichen entstammen dem obsoleten Milieu des heilen Familienlebens, der sinnvollen Jugendgemeinschaft und der behüteten Werkstatt von fröhlich verschwitzten Jungarbeitern. Sie sollen als Kontrastprogramm zum gegenwärtig beklagten Desintegrationsszenario herhalten. Vor lauter pädagogischem Eifer ist man blind für die Tatsache, daß das Herbeizitieren dieser Versatzstücke dem reaktionären Abbau von sozialstaatlicher Verpflichtung und der allgemeinen Regression auf Zwang, Ausgrenzung und Strafe die schlagendsten Argumente liefert.

Anderswo. Frankreich und Italien

Lothar Baier

Alte Klamotten und neue Fähnchen
Kostümfest bei der Nouvelle Droite

Ein reizloseres Schreibthema als die französische Nouvelle Droite hätte ich mir kaum aussuchen können: Es ist ein schrecklich alter Hut. Anfang der achtziger Jahre hatte mich das Thema eine Zeitlang beschäftigt, da hatte die Bewegung um den rührigen Publizisten Alain de Benoist in Frankreich viel Staub aufgewirbelt, und es schien mir angebracht, in der benachbarten Bundesrepublik darüber zu berichten. In meinem 1982 erschienenen Buch *Französische Zustände* ist das Ergebnis der damaligen Beschäftigung festgehalten. Die Darstellung hat selbstverständlich ihre Mängel, sie könnte die eine oder andere Ergänzung und Korrektur vertragen, aber sie ist, im Unterschied zu anderen mehr als zehn Jahre alten Texten, nicht nennenswert veraltet. Das liegt nicht an der herausragenden prognostischen Qualität dieses Artikels, sondern daran, daß es über diese Nouvelle Droite nichts aufregend Neues zu sagen gibt. Sie ist auf eine auch schon wieder bemerkenswerte Weise mit sich selbst identisch geblieben.
Was ist die Nouvelle Droite? Im Kern ein Pariser Herrenclub, zusammengesetzt aus ehemaligen Aktivisten nationalistischer Studentengruppen der sechziger Jahre. Man bekämpfte damals den Gaullismus von rechts, weil man dem General nicht verzieh, Algerien in die Unabhängigkeit entlassen zu haben. Der um den 1943 geborenen Alain de Benoist entstandene Zirkel will dann Ende der sechziger Jahre seine »Kulturrevolution« erlebt haben, jedenfalls nahm er die Ereignisse vom Mai 1968 zum Anlaß, die heftigen Tatenergien ein Stück weit von der politischen Ebene abzuziehen und auf die kulturelle Ebene zu verlagern. Es wurde eine Vereinigung mit der »Griechenland« bedeutenden Abkürzung G.R.E.C.E. (Groupement de recherche et d'études sur la civilisation européenne) ins Leben gerufen und die Zeitschriften *Éléments* und *Nouvelle École* gegründet. Letztere

diente vor allem dazu, im universitären Bereich Sympathisanten für Benoists Verein zu gewinnen, indem sie publikationssüchtigen Altgermanisten und Mythenforschern Veröffentlichungsmöglichkeiten bot, während *Éléments* mehr unmittelbar politische Identifikationsbedürfnisse zu befriedigen versuchte, dabei diesen oder jenen Blick auf den Zweiten Weltkrieg aus der Sicht von Goebbels' Propaganda warf und bedauernd hervorhob, daß der Nationalsozialismus an dem »romantischen (nichtwissenschaftlichen)« Charakter seines Rassismus gescheitert sei. Im Lauf der Zeit allerdings trat solch augenzwinkerndes Verhältnis zu Nazideutschland in den Hintergrund, der Nationalsozialismus wurde überhaupt zum großen Abwesenden, vor allem wenn es darum geht, die Naziverstrickungen verehrter Vordenker wie des Rassenforschers Hans F. K. Günther oder des Archäologen Herbert Jankuhn durch Verschweigen zu bearbeiten.

Mit der Bezeichnung »Herrenclub« will ich auf den bemerkenswerten Umstand hinweisen, daß es sich bei der Nouvelle Droite, wie sich Benoists publizistisches Kleinimperium seit den siebziger Jahren gern nennt und nennen läßt, um eine reine Männergesellschaft handelt, in der Frauen nichts verloren haben. Einem weiblichen Autorennamen bin ich dort jedenfalls noch nie begegnet. Das scheint mir auch kein Zufall zu sein, denn der Blick, der dort auf die Welt geworfen wird, ist ein durch und durch patriarchalischer Blick. In einer Herrenwelt haben Frauen nichts zu melden, umso mehr sorgt man sich jedoch um den Zustand der häuslichen Tugend. Es gilt, den Nachwuchs zusammenzuhalten und jeder sittlichen Gefährdung der Schutzbefohlenen vorzubeugen. Die konstante Sorge der Nouvelle Droite gilt der Integrität des gesamten Hauswesens, das sie, wie schon der Name »Forschungs- und Studiengruppe für die europäische Zivilisation« andeutet, mit der »europäischen Zivilisation« gleichsetzt. Kein potentieller Vergewaltiger und Schänder der Töchter soll in dieses europäische Haus eindringen können.

Was die Nouvelle Droite von ihren geistigen Ahnen, von Arthur de Gobineau bis Oswald Spengler, geerbt hat, ist die obsessionelle Furcht vor der Degeneration des Abendlands. Sie drückt diese Obsession nur etwas anders aus, etwas moderner. Die große Bedrohung, der sich diese europäische Zivilisation zu erwehren hat, nennt sie den »Totalitarismus«. Damit meint sie allerdings nicht das, was Hannah

Arendt in *Elemente und Ursprünge totaler Herrschaft* untersucht hat: Nationalsozialismus und Stalinismus sind für Benoist und seine Mitstreiter keine ernsthaften Themen, sie zählen zu flüchtigen historischen Erscheinungen, von denen sich ein Tiefenforscher der europäischen Zivilisation nicht täuschen läßt. Der wahre Totalitarismus ist viel älter und struktureller Art. Er ist bereits mit dem Christentum in die Welt gekommen, das nämlich damit begonnen hat, den Gedanken der Gleichheit aller Menschen vor Gott in die Welt zu setzen. Nun wäre ein bloßer Gedanke noch nicht weiter schlimm gewesen, wenn er nicht in der Welt auch aufgegriffen worden wäre und zahlreiche Adepten gefunden hätte. Zum ersten totalitären Staat der Erde wurden in diesem Sinn die Vereinigten Staaten von Amerika, weil sie die bloß religiöse und so noch harmlose Gleichheitsidee in einer irdischen Verfassung verankerten. Die Folge war der amerikanische »melting pot«, der ohne Rücksicht auf Herkunft und Qualität alles gleichmacherisch in sich aufnimmt und deshalb der Nouvelle Droite, wie schon ihren geistigen Vätern von rechts, ein besonderer Greuel ist.

Sie besteht nämlich entschieden auf der Erhaltung der Differenzen. So hat sie das Schlagwort vom »Ethnopluralismus« in Umlauf gesetzt, aber gleich hinzugefügt, daß different nicht nur »verschieden« heißt, sondern auch »ungleich«. Jene »europäische Zivilisation«, die vor dem Verfall gerettet werden soll, zeichnet sich für die Nouvelle Droite eben durch ihren Willen aus, die Differenzen zwischen ihren Völkern zu erhalten. Armin Mohler, ihr alter Freund und Mitstreiter, Ko-Autor Alain de Benoists in einem Carl-Schmitt-Dossier, hat diesen Gedanken in einem Artikel für die Wochenzeitung *Junge Freiheit* (4.2.1994) für seine Beurteilung des Einflusses der Besatzungsmächte auf die Nachkriegsdeutschen aufgegriffen. Die Russen, schrieb er, wollten die Deutschen nicht umerziehen, sondern »wie sie eben waren, auf ihrer Seite haben«. Sie waren doch irgendwie Europäer. Ganz anders die Amerikaner: »Die von der amerikanischen Ostküste ausgehende antiautoritäre Umerziehung wollte die Deutschen in ihrem Kern umkrempeln – und hat dies mindestens für eine Generation erreicht.« Mohler kann sich freilich die Anmerkung nicht verkneifen, daß es »aus Mitteleuropa emigrierte Psychologen« waren, von denen der Impuls zur »Gehirn- und Seelenwäsche« der Deutschen ausging, auf deutsch von jüdischen Psychoanalytikern, denn welche sonstigen Psychologen sollen damals »aus Mitteleuropa« in die USA emigriert sein. Wobei wir beim nicht sehr häufig ans Tageslicht tretenden neurechten Subtext sind.

Über Amerika und alles, was sich mit Amerika assoziiert, liberale Demokratie, melting pot, Egalitarismus, wird das Anathema geworfen. »Doch Amerika ist kein neues Rom. Es ist ein neues Karthago. Und wir als *Graeculi* warten in Ermangelung eines europäischen Fichte auf Cato«, schrieb Benoist in seiner 1979 erschienenen Aufsatzsammlung *Les idées à l'endroit*. Vielleicht sieht sich der Vordenker der Nouvelle Droite selbst als dieser Cato, jedenfalls hat er vom römischen Redner das Rezept übernommen, die einmal gefundene Formel wieder und wieder auszusprechen. So ist die Botschaft der Nouvelle Droite seit den siebziger Jahren im wesentlichen die gleiche geblieben, auch wenn wohlmeinende Beobachter unerhörte Neuerungen aus ihr herauslesen wollten, einen »Gramscismus von rechts« zum Beispiel, hinter dem meiner Kenntnis nach nicht viel mehr als die bloße Erwähnung des Namens Gramsci in Aufsätzen Benoists steckt.

Es gibt also nichts eigentlich Neues über die französische Neue Rechte zu sagen. Wenn es heute dennoch etwas über sie zu sagen gibt, dann deshalb, weil die Welt, in der sie ihre alten Botschaften wiederholt, sich inzwischen radikal verändert hat und dadurch auch den Botschaften eine veränderte Bedeutung verleiht. Um nur ein paar Stichworte zu nennen:

1. Nach 1984 ist die rechtsextreme Partei Front National zu einem ernsten politischen Faktor geworden, dessen Wahlerfolge zeigen, daß national-populistische und xenophobe Parolen auf einen fruchtbaren Boden fallen. Die Nouvelle Droite kann somit ernten, ohne sich beim Säen schmutzige Finger machen zu müssen.
2. Das Verschwinden der Konfrontation zwischen dem westlichen und dem sowjetischen Lager läßt die Rivalität zwischen Amerika und Europa verstärkt hervortreten, wobei die Nouvelle Droite eine Sprache bereithält, die diese Rivalität mit einem tieferen geistigen Sinn zu versehen scheint. Wie ein Echo auf ihre Thesen hört sich das seit ein paar Jahren von Medien aller Couleur in Umlauf gesetzte Gerücht an, die USA seien im Begriff, das europäische Erbe zu verschleudern und, unter der Parole *political correctness*, den Minderheiten die kulturelle Macht zu überlassen.

3. Der in Frankreich stark beachtete deutsche Historikerstreit und die in den achtziger Jahren in Gang gekommene eigene Debatte über die Vichy-Vergangenheit haben Unsicherheit in der Bewertung des Antagonismus von Nationalsozialismus und Sowjetkommunismus einziehen lassen und damit auch das fest etablierte Nachkriegsschema Résistance versus Kollaboration erschüttert. In diesem Zusammenhang gewinnt ein fait divers exemplarische Bedeutung: Das von einem Sensationsjournalisten neu in Umlauf gesetzte alte antikommunistische Gerücht, der im Panthéon beigesetzte Résistanceführer Jean Moulin sei ein heimlicher Agent des NKWD gewesen, wurde diesmal, auch von Historikern, ernsthaft diskutiert.
4. Was die Nouvelle Droite mit den antidemokratischen, xenophoben, organizistischen Elementen der Vichy-Ideologie verbindet, in die ihrerseits ältere französische Traditionen einflossen, verschwindet unter diesen Bedingungen im Nebel der Ungewißheit. Während sich eine durch das ruhmlose Ende der sozialistischen Ära und durch das Verschwinden des Kommunismus als belebendem Widerpart verunsicherte Linke selbst im Archaismus erstarren sieht, kann sich etwas noch viel Archaischeres als erfrischende Neuigkeit präsentieren: die Botschaften der Nouvelle Droite.

Alain de Benoist, ein zweifellos äußerst aufmerksamer Beobachter der aktuellen geistigen Entwicklungen, hat seine Chance sogleich erkannt und genutzt. Es gelang ihm in der zweiten Hälfte der achtziger Jahre, sich nach außen als ein von seiner Vergangenheit gänzlich emanzipierter, einfach nur enorm belesener, interessanter und origineller Intellektueller zu präsentieren. Zu Diskussionssendungen des Kulturprogramms des öffentlichen Radios France Culture wurde er von nun an eingeladen. Eine Gruppierung von eher linksorientierten Sozialwissenschaftlern mit dem Namen M.A.U.S.S. (»anti-utilitaristische Bewegung in den Sozialwissenschaften« – daß die Abkürzung auf den Gleichklang mit dem Namen des bedeutenden Soziologen Marcel Mauss hinausläuft, ist sicher kein Zufall) nahm Benoist als Mitglied auf: Der in Frankreich mit dem Ausdruck »anti-utilitaristisch« unüberhörbar konnotierte Antiamerikanismus kann immer wieder erstaunliche Arbeitsgemeinschaften schaffen. Ohne die Arbeit an den anderen Blättern der Nouvelle Droite aufzugeben, brachte Benoist

1988 eine neue Zeitschrift mit dem Titel *Krisis* heraus, ein auf den ersten Blick ganz unverdächtiges Blatt, das sich mit Allerweltsthemen wie »Krise?«, »Europa?«, »Mythos?« beschäftigt und neben in Deutschland ganz unbekannten Verfassern spröder akademischer Papiere oder neokonservativer Herzensschreie bekannte linke Autoren wie Régis Debray, den ehemaligen sozialistischen Regierungssprecher Max Gallo, Jacques Julliard, Leitartikler des Wochenmagazins *Le Nouvel Observateur*, Olivier Mongin, den Chefredakteur der linkskatholischen Zeitschrift *Esprit*, Jean Baudrillard, Roger Garaudy und andere zu Wort kommen ließ.

Was war da passiert? Öffentlich zur Rede gestellt, verteidigten sich einige dieser Überraschungsgäste Benoists mit der Auskunft, ihre Artikel seien mehr oder weniger ohne ihr Wissen von *Krisis* nachgedruckt worden. Andere, vor allem wenn sie sich direkt von der Zeitschrift hatten interviewen lassen, erklärten, daß die Zeiten sich eben geändert hätten, daß die alten Berührungsängste nicht mehr gälten und daß Benoist sich außerdem fundamental gewandelt habe seit den Zeiten, als die Publikationen der Nouvelle Droite den nationalsozialistischen Rassenkundler Hans F. K. Günther aufs Tapet hoben.

Am 13. Juli 1993 erschien in *Le Monde* unter der Überschrift »Appel à la vigilance« ein Aufruf, der diese angebliche Wandlung des Vordenkers der Nouvelle Droite nachdrücklich in Zweifel zieht. Den Autoren, die bei Benoist veröffentlichen, wirft der Text vor, sich entweder aus Blindheit oder gar willentlich für die Zwecke des Herausgebers einspannen zu lassen: »Diese Veröffentlichungen werden dann als die öffentliche Beglaubigung dafür ausgegeben, daß der angebliche Wandel Wirklichkeit geworden sei.« Nach dem Motto: Wenn linkskatholische Publizisten, ehemalige Berater Mitterrands und Autoren linksliberaler Wochenmagazine bei Alain de Benoist schreiben – was kann dann an dieser Nouvelle Droite überhaupt noch Anrüchiges sein?

Diesen von Pierre Bourdieu, Jacques Derrida, Umberto Eco, Rossana Rossanda und vielen anderen unterzeichneten Aufruf habe ich mitunterzeichnet, weil ich nach meinem in der Bundesrepublik gewonnenen Kenntnisstand nicht das geringste Anzeichen für irgendeine »Wandlung« Benoists erkennen kann. Es genügt, in eine Buchhandlung zu gehen und dort im Verzeichnis lieferbarer Bücher nachzuschlagen, um sich einen Überblick über Benoists neuere Pro-

neuere Produktion zu verschaffen: Von irgendeinem sogenannten Paradigmawechsel ist dort nichts zu erkennen, dafür spricht aus der Benoistschen Produktion der unerschütterliche Sinn für Kontinuität. Unter seinem Namen finden sich folgende Buchveröffentlichungen in deutscher Sprache:

Die entscheidenden Jahre. Zur Erkennung des Hauptfeindes. Aus dem Französischen von Patrick de Trevillert, Thule-Forum 1, Grabert, Tübingen 1982; *Heide sein, zu einem neuen Anfang*. Aus dem Französischen von Patrick de Trevillert, Veröffentlichungen des Thule-Seminars, Grabert, Tübingen 1982; *Aus rechter Sicht. Eine kritische Anthologie zeitgenössischer Ideen*, Bd. 1, Grabert, Tübingen 1983; *Aus rechter Sicht*, Band 2, Grabert, Tübingen 1984; *Demokratie. Das Problem*. Übersetzt von Patrick de Trevillert, Hohenrain, Tübingen 1986; (als Hg.) *Der Bildhauer Emil Hipp. Das Richard-Wagner-Denkmal für Leipzig*. Grabert, Tübingen 1989; (zus. mit anderen Autoren), *Gedanken zu Großdeutschland*, Arun, Vilsbiburg 1990; (unter dem Pseudonym Uwe Christiansen), *Wilhelm Petersen. Der Maler des Nordens*. Kleine Bibliothek der deutschen Kunst 2, Grabert, Tübingen 1993.

Anzeichen für eine im Lauf der achtziger Jahre eingetretene Kehrtwendung sind dieser Liste beim besten Willen nicht zu entnehmen: Alain de Benoist hat demnach seinen alten Themen und Steckenpferden, etwa seiner stillen Liebe zum nationalen Deutschland, auf eindrucksvolle Weise die Treue gehalten, vor allem auch seinem deutschen Verleger Grabert in Tübingen. Nichts gegen solche Nibelungentreue, doch wenn sie ausgerechnet dem Hause Grabert gilt, zu dessen Hervorbringungen unter anderem das laut Bundesgerichtsurteil von 1983 aus dem Verkehr gezogene Machwerk *Der Auschwitz-Mythos* von Wilhelm Stäglich gehört, dann hat sie eine eigene Aussagekraft. 1993 in diesem Verlag ein Buch herauszubringen, das jenen Wilhelm Petersen feiert, dem Heinrich Himmler seinerzeit antrug, ein Denkmal für den ermordeten Reinhard Heydrich zu entwerfen, weist auch nicht gerade auf einen durchgreifenden Gesinnungswandel hin. Den verlange ich auch nicht von Benoist, dessen Hobbies seine Sache und die seiner Getreuen sind, nur soll mir niemand einreden wollen, aus dem Denker »Großdeutschlands« und dem Monographen des Nazikünstlers Petersen sei über Nacht ein völlig anderer gewor-

den, mit dem zu reden gewissermaßen zu den Pflichten demokratischer Intellektueller gehöre. Das nämlich suggerieren die linken Mitarbeiter von Benoists Zeitschrift *Krisis*. Was sie von ihrem Redakteur unterscheidet, ist nicht in erster Linie ihre politische Gesinnung, es ist ihr Mangel an Schlauheit: Sie verwechseln eine Maßnahme zur Markterweiterung wie die Herausgabe der neuen Zeitschrift gleich mit einem Richtungswechsel. Benoist seinerseits denkt überhaupt nicht daran, sein Einflußgebiet, nur weil er anlehnungsbedürftigen Linksintellektuellen Avancen macht, zu verkleinern und es mit seiner alten, auf Nazi-Nostalgie abonnierten Kundschaft zu verderben.
Der »Aufruf zur Wachsamkeit«, der auf dieses Doppelspiel aufmerksam macht, hat selbstverständlich den heiligen Zorn der Herren der Nouvelle Droite erregt. Heiliger Zorn bei Leuten, die ein »neues Heidentum« aufs Panier schreiben? Merkwürdigerweise fielen der Nouvelle Droite sogleich Begriffe aus der christlichen Kirchengeschichte ein, als sie erregt nach Worten suchte, Vergleiche mit der Verfolgung der Häretiker durch die römische Orthodoxie wurden herangezogen, vor einer »neuen Inquisition« wurde gewarnt. Unter dem Titel *La nouvelle Inquisition. Essai sur le terrorisme intellectuel et la police de la pensée* (Éditions Le Labyrinthe, Paris) wurde Ende 1993 in Buchform die Gegenattacke geführt. Zu meiner Überraschung erfuhr ich bei der Lektüre des Bändchens, daß die Nouvelle Droite eigentlich »Nouvelle Culture« heißt, daß diese »Neue Kultur« selbstverständlich mit irgendwelcher Nazi-Nostalgie oder mit Sympathien für den National-Bolschewismus gar nichts zu tun hat, ja, daß sie zum »Pantheon ihrer bevorzugten Autoren« Georg Simmel, Émile Durkheim, Martin Buber, Simone Weil und Hannah Arendt zählt.
Es darf herzlich gelacht werden. Denn im öffentlich zugänglichen Pantheon der Autoren, die der Nouvelle Droite lieb und teuer sind, ist auch Ende 1993 eine ganz andere Versammlung anzutreffen. Im Prospekt der von Benoist herausgegebenen Reihe »Révolution conservatrice« findet man viel Carl Schmitt und Ernst Niekisch, aber keine Spur von jenen anderen »bevorzugten Autoren«. In einer anderen, mit der Zeitschrift *Éléments* verbundenen Buchreihe, »Grands Textes Retrouvés« (große wiederentdeckte Texte) überschrieben, locken die Namen Charles Maurras, Maurice Barrés, George Sorel und Friedrich Nietzsche (*Der Wille zur Macht*), doch Martin Buber

und Hannah Arendt harren dort immer noch ihrer »Wiederentdekkung«. Man hat sich mit dem neuen Pantheon der »Neuen Kultur« eben ein kleines Späßchen erlaubt, die Kundschaft, die es nach Carl Schmitt und Charles Maurras verlangt, wird es rasch durchschauen, nur ein paar humorlose Linksintellektuelle werden es erfahrungsgemäß wörtlich nehmen und in der sehr ernsthaften linkskatholischen Zeitschrift *Esprit* über die interessanten Wandlungen im Denken Benoists diskutieren.

Unter der Überschrift »La Nouvelle Droite répond« hat die Zeitschrift *Éléments*, deren Leitartikler Alain de Benoist ist, eine etwas anders geartete Antwort auf den »appel à la vigilance« angefertigt. Diesmal spart man sich die Umwege über »Neue Kultur« und Martin Buber und knüpft direkt an die Tradition an, für die der Name Charles Maurras steht, das heißt die Tradition der rechtsextremen »Action Française«. In den zwanziger Jahren hatte diese Bewegung viele Lacher auf ihre Seite gezogen, indem sie ihre Attacken nicht mehr mit politischen Argumenten, sondern mit persönlichen Invektiven und mit Schlafzimmergeschichten bestritt. So besteht nun auch diese »Antwort« der Nouvelle Droite darin, die Personen einiger der Aufrufunterzeichner der Sittenprüfung zu unterziehen. Einer Historikerin wird nun in gedruckter Form und nach Herrenart mitgeteilt, daß man über ihre gegenwärtige Liaison ebensogut Bescheid weiß wie über ihre verflossenen Liebesbeziehungen und daß man sogar in der Ferienkolonie ihrer Kinder auf Horchposten war; ein anderer Unterzeichner, der jüdische Religionswissenschaftler Maurice Olender, wird, indem man einen anonymen Zwischenträger vorschiebt, mit dem Epitheton »Kellerassel« (cloporte) belegt – wobei der oben zitierte, von Armin Mohler gehandhabte Subtext ein Stück weit wieder Klartext wird, »jüdisch« und »Ungeziefer« und dazu »bösartiger Fälscher« in einen assoziativen Zusammenhang bringend. Weit vom alten rechten Stamm ist dieser Apfel mit dem Etikett »Neue Kultur« fürwahr nicht gefallen.

Wenn es ein neues Problem mit der Nouvelle Droite gibt, dann rührt es nicht von deren Wendungen und Wandlungen her, sondern von der wachsenden Bereitschaft linker und liberaler Intellektueller, gegen allen Augenschein an solche Wendungen und Wandlungen zu glauben. Offenbar sind sie als erste der Rede vom »Ende der Ideologien«

zum Opfer gefallen, die ein Benoist zwar auch gern im Munde führt, die er aber selbst nicht ernstnimmt. Ihn und seine Mitstreiter, fixiert auf den »Totalitarismus« der liberalen Demokratie, hat das Ende der Ost-West-Konfrontation viel weniger in Verlegenheit versetzt als das linksliberale Milieu. Dieses zeigt sich, desorientiert und etwas schuldbewußt, nur schlicht unfähig, ein gar nicht so furchtbar raffiniertes Doppelspiel zu durchschauen unter hinter ein paar neuen Fähnchen die alten rechten Klamotten zu erkennen.

Eine andere Frage betrifft den Umgang mit der Nouvelle Droite und, in der Bundesrepublik, mit ihren gelehrigen, bei der *Jungen Freiheit* versammelten Schülern. (»Längst riecht man einander nicht nur über die österreichische Grenze hinweg, sondern auch in Frankreich, in Serbien, in Südtirol oder in den baltischen Staaten«, verkündet die Redaktion der neurechten Wochenzeitung am 4.2.1994). Das Gebot demokratischer Toleranz verpflichtet dazu, Benoist und seinen Herrenclub oder dessen deutsche Jugendabteilung gewähren zu lassen, auch wenn man ihre Ansichten für verabscheuenswert hält, es sei denn, es wird gegen geltende Gesetze verstoßen. Diese indifferente Toleranz kann aber nicht gleichbedeutend sein mit wohlwollender Blindheit gegenüber dem Gehalt dieser Ansichten. Das Toleranzgebot kann schon gar nicht die Verpflichtung einschließen, sich mit den Vertretern dieser Ansichten an einen Tisch zu setzen: Zur Freiheit der Rede gehört auch die Freiheit des Nichtredens und Neinsagens; wer mich, und sei es auch nur durch moralischen Druck, dazu verpflichten will, mit Leuten zu diskutieren, deren Ansichten ich nicht nur indiskutabel, sondern auch schlicht uninteressant finde, der hat keine demokratische, sondern eine autoritäre Auffassung von Demokratie. Die modische Rede vom »Ende der Berührungstabus« hat eine durch und durch antidemokratische Botschaft im Schlepptau, die den Zwang zur Berührung mit allem und jedem auferlegen will. So wenig wie ich Lust habe, mich mit Astrologen oder Rosenkreuzern auseinanderzusetzen, so wenig habe ich Lust, mich mit Verfassern von Traktaten übers Heidentum oder »Großdeutschland« zusammenzusetzen, ihre Leidenschaften interessieren mich als Diskussionsthema einfach nicht.

Umberto Eco, einer der Unterzeichner des gegen die Nouvelle Droite gerichteten »Aufrufs zur Wachsamkeit«, hat in einem Gespräch mit

Le Monde (5.10.1993)[1] sehr anschaulich dargelegt, wo die Freiheit des Redens ihre Falle versteckt hält. Ein Atheist, sagt er dort, kann selbstverständlich mit einem Jesuiten Umgang pflegen, wenn er die Unterhaltung mit diesem Christen interessant findet. Unter bestimmten Umständen allerdings muß er seinen Jesuiten hinauswerfen, zum Beispiel wenn er sich zum Sterben anschickt: Andernfalls kann er nie mehr die symbolische Botschaft dieser Begegnung dementieren, die dann natürlich sagt, es habe zuallerletzt doch noch eine Konversion zum katholischen Glauben stattgefunden.
In einer vergleichbaren Situation befinden sich zum Beispiel Autoren, die, dem Pluralismus zuliebe, in Zeitschriften der Nouvelle Droite oder der Neuen Rechten hierzulande veröffentlichen. Was auch immer sie sagen oder schreiben, sie können nie mehr dementieren, Autoren von *Krisis* oder *Junge Freiheit* gewesen zu sein. Denn nicht auf Inhalte, sondern auf den Mitarbeiterkatalog kommt es denen an, er ist der einzige greifbare Beleg für das, was sie als Trumpfkarte vorzuweisen haben, ihre angebliche, demokratisch geläuterte, Vorurteilslosigkeit. So geht die *Junge Freiheit* mit ihren Gelegenheitsautoren Ephraim Kishon, Günter Nenning, Karin Struck, Michael Wolfssohn und dem Mecklenburger PDS-Vorsitzenden Johannes Scheringer hausieren. Neu ist an dieser Praxis nichts: Kirchen und kommunistische Parteien haben vorgemacht, wie man gutwillige und arglose Geister erfolgreich vor den jeweiligen Karren spannt.

1 Deutsch: Umberto Eco, Das Denken ist ständige Wachsamkeit, in: *Die Zeit*, 5.11.1993

Ulrich Hausmann

Italien: Demokratischer Umbruch mit offenem Ausgang

Zwischen Italien und Deutschland gibt es, wenigstens aus deutscher Sicht und für die jüngere Vergangenheit, eine merkwürdige Wahlverwandtschaft. Beide sind »verspätete« Nationen, womit gemeint ist, beide Staaten hatten es nicht oder erst sehr spät vermocht, aus Kleinstaaterei und Provinzialismus zu einem einheitlichen, nationalstaatlichen Gebilde zu finden, und beide mußten für diese Verspätung im 20. Jahrhundert mit Faschismus respektive Nationalsozialismus zahlen. Das Land, »wo die Zitronen blühen«, war für das deutsche Bildungsbürgertum spätestens seit den Zeiten eines Goethe oder Seume ein kulturelles und ästhetisches Traumziel. Daß die phantastischen Projektionen nicht selten enttäuscht wurden und zu bitterbösen Beschreibungen, siehe Heine, Anlaß boten, gehört genauso dazu.

Italien als Projektionsfläche deutscher Träume, das ist in der Neuzeit ein immer wiederkehrender Topos. Von der Verehrung für den »guten« Faschismus eines Mussolini, der typisch lateinisch – angeblich – der »Übertreibungen« des deutschen Nationalsozialismus entbehrte, bis hin zu den – alten und neuen – Linken, die Rhetorik mit realer Politik verwechselten und Italien seit Ende der sechziger Jahre fast schon für das Modelland einer unmittelbar bevorstehenden Revolution in einem modernen Industriestaat hielten. Aber eine Rossana Rossanda für so etwas wie eine neue Rosa Luxemburg zu halten, einen Sofri oder einen Negri für einen neuen Liebknecht, das war eine genauso kitschige Verkennung wie auf der Gegenseite die Lesart, die der *Spiegel* mit seiner berühmten Titelseite »Spaghetti und Revolver« anbot.

Was hinter den Projektionen verschwand, war das Interesse an den tatsächlichen Zuständen eines Landes, das sich bei allem oberflächlichen Wirrwarr aufgemacht hatte, eine industrielle Großmacht zu

werden – Italien gehört zum Club der Großen Sieben und liegt in seinem wirtschaftlichen Potential noch vor Großbritannien. Man übersah, daß Italien – trotz aller Streiks, Demonstrationen und offen bewaffneten Auseinandersetzungen auf der Straße – ein Land beispielloser politischer Kontinuität war, symbolisch vollkommen korrekt repräsentiert in der Gestalt eines Giulio Andreotti. Dieser hatte seit 1948 ununterbrochen in der einen oder anderen Funktion in der Regierung gesessen und in der, immer durch die Christdemokraten bestimmten, politischen Mehrheit die Fäden gezogen.
Und man übersah weiter, daß die italienischen Kommunisten, jene famose größte kommunistische Partei der westlichen Welt, von ihrer Geschichte einmal abgesehen, kaum auf eine revolutionäre Praxis blicken konnten und sich längst die typisch italienischen Laster des Transformismus und des Populismus zueigen gemacht hatten. Für die KPI galt in der Tat jene ironische Pointe von Andreotti: »Die Macht verschleißt denjenigen, der sie nicht hat.« Zerfressen vom Verlangen, endlich Regierungspartei zu werden, hatte die KPI bereits seit dem Konzept des »compromesso storico« letztlich die Idee einer politischen und programmatischen Alternanz aufgegeben und immer wieder versucht, mit der DC ins Regierungsgeschäft zu gelangen. Und einmal war ihr das auch de facto gelungen, nämlich zu Zeiten der Entführung Moros (1978). Da bildete sich die sogenannte »intesa nazionale«, das Einvernehmen aller großen Parteien, das darin bestand, wegen Moro nicht mit den Roten Brigaden zu verhandeln und gleichzeitig eine ganze Reihe außerordentlich illiberaler Verschärfungen des Straf- und Polizeigesetzes zu beschließen.
Erst der Zusammenbruch des Ostblocks und der damit verbundenen Logik, daß der Feind meines Feindes mein Freund ist, schuf die Voraussetzung für einen wirklichen Bruch in der italienischen Nachkriegsgeschichte. Nur daß dieser Bruch nicht etwa von den Kommunisten oder anderen »Progressiven« verursacht wurde, sondern von neuen politischen Gruppierungen wie der Initiative für eine Reform des Wahlrechts um den ehemaligen Christdemokraten Mario Segni, vor allem aber von der Lega Nord, die sich wirklich frontal gegen das alte politische Regime stellte. Mit ihrer Forderung nach einer föderalen Neuordnung unter Einschluß einer kommunalen Finanzhoheit und eines Abbaus der zentralstaatlichen Befugnisse Roms – logische

Konsequenz aus der immer weniger von der Hand zu weisenden Einsicht, daß der alte Staat und seine Institutionen von der herrschenden politischen Klasse wie ein Lehen gehandhabt wurden[1] – stach die Lega in ein Wespennest. Von den Kräften des alten Regimes einschließlich der Kommunisten wurden ihre Anhänger en bloc bald als Separatisten, bald als reaktionäre und xenophobe Faschisten verteufelt. Hinter der Lega standen jedoch, wie der römische Ökonom Paolo Leon treffend analysierte, jene sozialen Schichten, die aus dem großen Konsens zwischen *partitocrazia* und industrieller Großbourgeoisie in Italien, also den Agnellis, den Pirellis, Falcks und Olivettis (resp. De Benedettis) herausgefallen waren. Will sagen, die kleinen und mittleren Unternehmer, die Selbständigen und Freiberufler, die politisch wenig Einfluß hatten, gleichzeitig jedoch die Garanten des kleinen italienischen Wirtschaftswunders der achtziger Jahre waren, und die, wenn sie wirklich steuerehrlich gewesen wären, mehr Abgaben hätten abführen müssen als sie Einnahmen hatten. Dazu gesellten sich ganz unterschiedliche Kräfte, die in der Lega die einzige Partei sahen, die wirklich ernsthaft und frontal gegen das »alte Regime« vorgehen wollte. Und daß die Forderung nach mehr regionaler Autonomie und mehr Föderalismus eine so breite Unterstützung gewinnen konnte, zeigte nichts weiter an, als daß der Gründungsmythos der ersten italienischen Republik, nämlich die Geburt aus dem Widerstand, inzwischen schwach geworden war.

Weil man aber das alles hierzulande nicht sehen wollte, weil man auch ganz froh war, daß – vermeintlicher oder wirklicher, das spielte gar

1 Die Beispiele sind so zahlreich, daß man allein mit deren Aufzählung Bücher füllen könnte. (Vgl. z.B. Michael Braun , Italiens politische Zukunft, Frankfurt/Main [Fischer Taschenbuch Verlag] 1994). Interessant aber ist es, zu vermerken, daß sehr viele Tatsachen bereits seit langem – und zwar auch einer breiten Öffentlichkeit – bekannt waren, aber niemand ernstlich glaubte, die Tatsache, daß jemand korrupt sei, würde schon automatisch das Ende von dessen Karriere bedeuten. Im Gegenteil, nicht selten wurde das sogar noch für ein Zeichen besonderer Tüchtigkeit gehalten. Und nicht wenige Richter, die bereits zu Beginn der achtziger Jahre Ermittlungen wegen Korruption begonnen hatten, wurden ihrer Ämter enthoben und mußten sich auch noch als profilneurotische Karrieristen beschimpfen lassen. Die eigentliche Wende in Italien besteht darin, daß auf einmal Korruptionsvorwürfe ein öffentliches Echo fanden und tatsächliche Verfahren nach sich zogen. Als das letzte italienische Parlament Neuwahlen zu beschließen hatte, stand es vor einem beinahe »russischen Dilemma«: Gegen mehr als die Hälfte der Parlamentarier waren Untersuchungsverfahren beantragt oder eingeleitet, die wegen der Immunität nicht weiter verfolgt werden durften.

keine Rolle – Rechtsextremismus nicht nur ein deutsches Problem war, wurde die norditalienische Lega flugs in die Schublade »Schönhuber, Le Pen et al.« abgelegt. So konnte man natürlich auch nicht erkennen, worin denn, wenn überhaupt, gewisse Parallelen in der deutschen und der italienischen Nachkriegsgeschichte zu finden wären. Die Italiener wie die Deutschen wählten in der historischen Umbruchsituation nach dem Zweiten Weltkrieg konservativ. In Italien, das seit 1943 eine massive, bewaffnete Resistenza gegen die Republik von Salò und die deutschen Besatzer entfaltet hatte, bedeutete der Sieg der Christdemokraten um de Gasperi (und seinen Sekretär Andreotti), die im Vatikan »überwintert« hatten, eine riesige Enttäuschung für die Linke und die Liberalen, die gehofft hatten, bei den Wahlen 1948 den verdienten Lohn für ihr Engagement einzustreichen. Und genau in diesem Punkt liegt allerdings auch ein wesentlicher Unterschied zwischen der italienischen und der deutschen Situation. Die Italiener hatten sich, wenn auch spät, so doch mit einer sehr breiten Unterstützung gegen den Faschismus erhoben. Die Deutschen dagegen hatten sich allerhöchstens weggeduckt. Und weggeduckt gingen sie auch 1948 zur Wahl. Das Ergebnis in beiden Fällen entsprach den Erfordernissen der neuen politischen Landkarte Europas. Nüchtern betrachtet muß man sagen, daß ein Sieg der Linksallianz unter Führung der Kommunisten in Italien genauso wenig in die sich herausbildende Blocklogik gepaßt hätte wie in der Bundesrepublik ein Sieg der nationalistischen Sozialdemokraten um Kurt Schumacher. Als es nach dem Fall des Eisernen Vorhangs wieder um eine entscheidende Wahl ging, votierten die Deutschen wie die Italiener ein weiteres Mal konservativ.

Es macht gewiß einen Unterschied aus, ob als Resultat einer solchen Wahl ein Helmut Kohl oder ein Silvio Berlusconi an der Spitze der Regierung steht, ob gestandene Konservative Ministerämter einnehmen oder Mitglieder einer neofaschistischen Partei wie in Italien. Aber auch hier empfiehlt es sich, genau hinzuschauen und nicht zu reagieren wie der Pawlowsche Hund. Das Votum der Italiener für das Rechtsbündnis hat klar erkennbare Motive, die wesentlich mehr mit einer Entscheidung für eine demokratische Erneuerung als gegen sie zu tun haben. Zunächst einmal muß man festhalten, daß die Neofaschisten wie die Lega in der Tat nichts oder nur sehr wenig mit den

Affairen und Machtspielen des alten Regimes zu tun haben[2]. Und daß die Wähler die Sozialisten und die Christdemokraten praktisch zum Verschwinden gezwungen haben, kann man nur begrüßen und als Ausdruck einer gewissen demokratischen Reife interpretieren. Weiter ist die Frage durchaus berechtigt, ob die italienische Politik im Falle eines Wahlsiegs des Linksbündnisses heute nicht letztlich in den Händen der Geheimarchive des KGB resp. deren heutiger Verwalter wäre. Denn die italienischen Kommunisten haben zwar ihre Vergangenheit revidiert, aber niemals in einer demokratischen, sondern immer in jener bigotten, auch für die Kirchen und speziell den Vatikan typischen Weise[3].

Diejenigen, die heute angesichts des Wahlergebnisses in Italien im Chor zu jenem altbekannten »Wehret den Anfängen« anheben, wollen ganz offensichtlich die Schneckenhäuser ihrer alten Gewißheiten nicht verlassen. Es liegt auf der Hand, daß die Berufung auf Tradition und Werte des Widerstandes, die mit Ausnahme der Neofaschisten in gewisser Weise alle Parteien teilten, heute nicht mehr trägt, um bei der jungen Generation politische Ziele zu legitimieren. Und genau in diese Falle sind nahezu alle Vertreter des Linksbündnisses getappt. Zunächst haben sie, in alter typisch linker und zentralistischer Manier, die Forderung nach mehr Föderalismus abgelehnt und die Lega Nord verteufelt, um sich dann erkennbar scheinheilig und für niemanden glaubwürdig die Forderung doch noch zueigen zu machen[4]. Inzwischen aber hatte sie die Chance versäumt, mit der Lega ins Ge-

2 Das gilt ganz und gar nicht für den neuen Ministerpräsidenten Silvio Berlusconi und seine »Forza Italia«. Der Herausgeber der Zeitschrift *MicroMega*, Paolo Flores d'Arcais, hat vor kurzem in einem Artikel in der *Frankfurter Rundschau* darauf hingewiesen, daß Berlusconi ein Intimus von Bettino Craxi war und durch und durch ein Mann des alten Regimes ist, der seinen Aufstieg gerade dessen Machenschaften verdankt. Das Bündnis mit der Lega benutzt er vor allem, um sich von diesem Makel »reinzuwaschen«.

3 So der angesehene Historiker und Journalist Sergio Romano.

4 Die einzige prominente Ausnahme innerhalb der Linken bildet der Bürgermeister von Venedig, der Philosoph Massimo Cacciari. Er schlägt vor, die »Verfassungsreform an die erste Stelle zu setzen und sich für einen wirklichen, funktionierenden Föderalismus einzusetzen. Wenn sich die Linke beispielsweise entschieden für die Steuer- und Finanzhoheit der Kommunen und Regionen einsetzte, dann, so bin ich überzeugt, würde sie die Rechts-Allianz gehörig durcheinanderbringen« (*L' Espresso*, 22. 4. 1994, S. 57; vgl. auch seine Kontroverse über Föderalismus mit Gianfranco Miglio von der Lega in: *MicroMega*, I/1994).

spräch zu kommen und dadurch einen Prozeß in Gang zu setzen, an dem sich das, was an ihren Vorstellungen autoritär, und das, was daran demokratisch ist, etwas deutlicher scheidet. Die Linke, die es nicht nötig hätte, als Verteidiger des alten Systems aufzutreten, tut doch genau dies, wenn sie in Gestalt einiger prominenter Vertreter, wie Norberto Bobbio oder Gianni Vattimo, jeden Gedanken an eine Verfassungsreform mit dem Bannstrahl belegt.

Eine solche Linke, die so wenig Neues zu bieten hat und die zugleich ihre eigene Vergangenheit so wenig transparent und öffentlich aufgearbeitet hat wie die italienische KP (jetzt PDS)[5], hat es schwer, nach außen hin überzeugend aufzutreten. In den für Berlusconi und sein Rechtsbündnis siegreichen Wahlen vom März dieses Jahres hat sie dafür die Quittung bekommen. Daß dessen Spielen mit der Furcht vor den Kommunisten überhaupt ziehen konnte, haben sich die Linken selbst zuzuschreiben. Vollkommen zutreffend kommentierte der Ex-Widerständler und bekannte Kolumnist Giorgio Bocca dies so: »Sollte die linke Opposition weiterhin dieselbe manichäische Politik (wie gegen die Lega, U.H.) verfolgen, nach der Methode, wir sind die Guten, Berlusconi und die anderen sind die Bösen, die teuflischen Schwarzhemden und die Hexe als Parlamentspräsidentin, dann könnte es gut sein, daß sie am Ende einen wichtigen Beitrag zum autoritären Ausgang dieser neuen Regierung leisten.« Denn die Linke habe bisher noch nicht einmal die Logik des Machtwechsels, den sie doch gewollt hatte, aber eben nur zum eigenen Vorteil, akzeptiert und sich eine Strategie für die Opposition erarbeitet.

Um es noch einmal klar zu sagen: Die italienische Rechtsallianz ist in keiner Weise mit der Partei eines Le Pen oder mit Schönhubers Republikanern vergleichbar. Sie war in einer Situation des Umbruchs und des Neuanfangs der italienischen Republik diejenige Partei, die zum Teil mit Grund, zum Teil nur dem Anschein nach besser die Idee des Bruchs mit dem korrupten alten Regime zu repräsentieren verstand.

5 Letztlich hat selbst die groß angekündigte Auflösung und Neugründung als PDS (Demokratische Linkspartei), die eigentlich eine Öffnung zur demokratischen Mitte und zum radikaldemokratischen Spektrum hin in Gang setzen sollte, daran gar nichts geändert. Am Ende wurden nur die überzeugten Altstalinisten um Cossutta »ausgeschwitzt« (jetzt »Rifondazione«), und es blieb einzig die Änderung des Namens.

Deutliches Anzeichen dafür, wie sehr das, was man demokratische Kultur nennen könnte, durch dieses Regime zerstört wurde, ist die Tatsache, daß dieses Wahlergebnis Neofaschisten fast noch wie Unschuldsengel nach oben spülte.

Typisch für diese Situation ist der Konflikt, wie er sich jetzt um den staatlichen Rundfunk- und Fernsehsender RAI anbahnt. Da beschwert sich Ministerpräsident Berlusconi, selbst Inhaber eines riesigen privaten Medienkonzerns, es sei unnormal, wenn das staatliche Fernsehen gegen die gewählte Regierung Front mache. Was bei Verfechtern eines unabhängigen öffentlichen Rundfunks im Stile der BBC lautes Gelächter auslösen müßte, liegt in Wirklichkeit voll und ganz auf der Linie, die die RAI schon immer verfolgte. Jeder, der mit den italienischen Verhältnissen vertraut ist, weiß, daß dort zu Zeiten der alten Regierung nichts, aber auch gar nichts ohne direkte politische Einflußnahme geschah. Tag für Tag saßen Hunderte von Kontrolleuren mit vorgedruckten Bogen und Stoppuhr in der Hand vor den Fernsehschirmen und notierten, wie lange die Vertreter welcher Partei ins Bild kamen. Monatlich wurden diese Bogen dann von Kontrollkommissionen ausgewertet. Die drei Kanäle wurden politisch verteilt, RAI 1 an die DC, RAI 2 an die Sozialisten und DC, RAI 3 an die Sozialisten und Kommunisten; die Redakteursposten – wie auch die meisten anderen Stellen – wurden nach dieser Logik vergeben. So berechtigt die Kritik an diesen Zuständen ist – die selbst bereits Gegenstand gerichtlicher Ermittlungsverfahren sind –, so falsch und scheinheilig ist Berlusconis Intervention, denn sie setzt eigentlich nur die schlechte Tradition fort. Und wenn nun umgekehrt die Opposition auf einmal die RAI verteidigt, dann macht sie sich schlicht lächerlich.

Das Beispiel zeigt, wie schwierig es ist, den unausweichlichen Umbruch der italienischen Republik in einer Situation zu bewältigen, in der noch nicht einmal mehr Einverständnis darüber besteht, was den Kern einer demokratischen Ordnung ausmacht.

Eine verantwortliche und demokratische Linksopposition sollte dennoch zunächst einmal das demokratische Zustandekommen der neuen Kräfteverhältnisse akzeptieren und auf der Grundlage einer Strategie die tiefen Konflikte, die Berlusconis Regierungsbündnis durchziehen, akzentuieren. Demokratie ist eine Veranstaltung mit offenem Ausgang und ohne Garantie auf Gelingen. Erst wenn die Linke dies beherzigt, wenn sie aufhört zu glauben, die Seite des Guten gepachtet zu haben, erst dann wird sie auch überzeugend als eine Alternative in der Demokratie agieren können.

Die Autorinnen und Autoren

Lothar Baier
Geboren 1942, Schriftsteller, Kritiker, Essayist und Übersetzer. 1982 wurde ihm der Jean-Améry-Preis verliehen. Im Fischer Taschenbuch Verlag erschien zuletzt *Jahresfrist* (Bd. 10923, 1993).

Helga Cremer-Schäfer
Geboren 1948, Dr. phil., Soziologin, Lehr- und Forschungstätigkeiten in den Gebieten Sozialgeschichte sozialer Kontrolle, Politik sozialer Probleme, Medienanalyse, Biographieforschung; Lehrbeauftragte am Fachbereich Gesellschaftswissenschaften der Universität Frankfurt, Redakteurin der *Neuen Kriminalpolitik*, Beiratsmitglied des *Krimonologischen Journals*.

Ulrich Hausmann
Geboren 1948, studierte Philosophie und politische Wissenschaften, unterrichtete zehn Jahre an der deutschen Schule in Rom; arbeitet seitdem als Journalist und Übersetzer.

Joachim Kersten
Geboren 1948, Studium der Naturwissenschaften, Geschichte und Politik in Berlin, Kanada und Tübingen. Dr. soz. Von 1986 bis 1991 Hochschullehrer an der Universität Melbourne. Veröffentlichte zuletzt *Crime and masculinities in Australia, Germany, and Japan* (in: International Sociology 8, 1993).

Otto Köhler
Geboren 1935, Studium der Germanistik, Philosophie und Volkswirtschaftslehre in Würzburg und Westberlin; Redakteur bei *Pardon* und

Konkret, Medienkolumnist des *Spiegel* in der Zeit der Studentenbewegung, seither freier Journalist und Autor. Zuletzt erschien *Die große Enteignung. Wie die Treuhand eine Volkswirtschaft liquidierte* (1994).

Dieter Rudolf Knoell

Geboren 1951, Studium der Soziologie, Philosophie, Politikwissenschaft und Germanistik. Dr. phil. Z. Zt. Lehrbeauftragter für Soziologie an der Universität Koblenz-Landau. Veröffentlichte *Kritik der deutschen Wendeköpfe* (1992) und *Zur geschichtlichen Stellung der Kunst* (1993 u. 1994).

Wolfgang Kraushaar

Geboren 1948, Studium der Philosophie, Politologie, Soziologie und Germanistik in Frankfurt/Main. Dr. phil. Seit 1987 Mitarbeiter des Hamburger Institutes für Sozialforschung. Veröffentlichte zuletzt *Revolte und Reflexion* (1990).

Andreas Kuhlmann

Geboren 1959, freier Publizist. Dr. phil. Im Fischer Taschenbuch Verlag erschien zuletzt *Philosophische Ansichten der Kultur der Moderne* (als Hg., Bd. 12167, 1994).

Dirk van Laak

Geboren 1961, Studium der Germanistik und Geschichte in Essen. Dr. phil. Seit 1993 wissenschaftlicher Mitarbeiter am Historischen Institut der Universität Jena. Veröffentlichte zuletzt *Gespräche in der Sicherheit des Schweigens. Carl Schmitt in der politischen Geistesgeschichte der frühen Bundesrepublik* (1993).

Ludger Lütkehaus

Geboren 1943, Promotion und Habilitation in der Neueren Germanistik, hat als Gastprofessor an mehreren amerikanischen und deutschen Universitäten gelehrt. Lebt heute als freier wissenschaftlicher Publizist in Freiburg. Im Fischer Taschenbuch Verlag erschien zuletzt *Philosophieren nach Hiroshima. Über Günter Anders* (Bd. 11248, 1992).

Klaus Naumann

Geboren 1949, Dr. phil., Historiker. Langjähriger Redakteur und jetziger Mitherausgeber der »Blätter für deutsche und internationale Politik«, z. Zt. Projektkoordinator am Hamburger Institut für Sozialforschung. Veröffentlichte zuletzt *Soviel Mitte war nie. Bundespräsident Richard von Weizsäcker, Konformist und Außenseiter* (in: Blätter für deutsche und internationale Politik, 1994).

Elke Schmitter

Geboren 1961, Studium der Philosophie in München, anschließend Lektoratstätigkeit. Von 1989 bis 1992 Kulturredakteurin und bis April 1994 Mitglied der Chefredaktion der »tageszeitung«, seitdem freie Autorin. Veröffentlichte zuletzt »Provinz und Sexus, und ein Drittes« (in: *Arno Schmidt, Leben. Werk. Wirkung,* Hamburg).

Norbert Seitz

Geboren 1949, Studium der Politik, Soziologie und Geschichte in Frankfurt/Main. Dipl. Soz., Dr. phil. Seit 1989 Redakteur der Monatszeitschrift *Die Neue Gesellschaft/Frankfurter Hefte*. Zahlreiche Veröffentlichungen und Buchbeiträge.

Volker Ullrich

Geboren 1943, Studium der Geschichte, Philosophie und Germanistik, Dr. phil., leitet seit 1990 das Ressort »Politisches Buch« bei der Wochenzeitung *Die Zeit*. Zuletzt erschien *Als der Thron ins Wanken kam. Das Ende des Hohenzollerreiches 1890–1918* (1993).

Hans-Ulrich Wehler

Geboren 1931, Dr. phil., Historiker. Von 1970 bis 1971 Professor an der FU in Berlin, seit 1971 Professor für allgemeine Geschichte des 19. und 20. Jahrhunderts an der Universität Bielefeld. Gastprofessuren in Harvard, Princeton und Stanford. Veröffentlichte 1987 die ersten beiden der auf vier Bände angelegten *Deutschen Gesellschaftsgeschichte*.

Wolfram Wette

Geboren 1940, studierte Politikwissenschaft, Geschichte und Philosophie. Dr. phil. Seit 1971 Historiker am Militärgeschichtlichen Forschungsamt; Privatdozent an der Universität Freiburg. Im Fischer Taschenbuch Verlag erschien zuletzt *Stalingrad. Mythos und Wirklichkeit einer Schlacht* (als Hg. zusammen mit Gerd R. Ueberschär, Fischer Tb 11097, 1992).

Maria Zens

Geboren 1966, Studium der Germanistik, Politikwissenschaft und Anglistik in Bonn sowie der Internationalen Beziehungen an der University of Wales. Seit 1992 Redakteurin der Monatszeitschrift *Blätter für deutsche und internationale Politik*.